内閣調査室秘録

戦後思想を動かした男

志垣民郎 ［著］　岸 俊光 ［編］

文春新書

1226

編者による前書き

岸俊光

内閣調査室（内調・現在の内閣情報調査室）は六十七年前の発足当初から、そのありようが議論の的になってきた政府機関である。ほとんどの国民にとっては、名前を聞いたことはあっても、何をしているか分からない謎めいたイメージが先行しているのではないだろうか。

内調は、日本がアメリカを主とする連合国の占領下にあった一九五二（昭和二十七）年四月九日、内閣総理大臣官房調査室として新設された。以来、この首相直属の情報機関を取り上げた著作は相当な数にのぼる。

例えば、松本清張が一九六一（昭和三十六）年に『文藝春秋』にまる一年かけて連載した『深層海流』はその代表的なものの一つである。内調を厳しく追及してきたジャーナリスト、吉原公一郎氏も、内調の元職員から内部文書を入手し、自らの著作に利用した（『小説日本列島』『謀略列島　内閣調査室の実像』など）。

『小説日本列島』と『深層海流』はともに、日本独立直後の実現することのなかった新情報機関を小説仕立てで描いており、吉原氏が入手した内部文書の一部が元職員から清張にも流れ、その著作にも生かされたと考えられる。

『深層海流』は、『日本の黒い霧』の続編ともいうべきものだ。『日本の黒い霧』は占領下の日本に起こった奇妙な事件、すなわち、下山事件、帝銀事件、松川事件や朝鮮戦争などを取り上げた清張の代表作で、「黒い霧」は当時流行語になった。

ここでは一貫して、怪事件の背後にはＧＨＱ（連合国総司令部）の謀略があったとの解釈に立っており、人気を博した一方で反発も強かった。そこで清張は連載終了の直後に「なぜ『日本の黒い霧』を書いたか」と題する一文を著した。反米的な意図で書いたのではなく、それぞれの事件を追及してみて、帰納的にそういう結果になったにすぎないと述べている。

『深層海流』についても「あとがき」的なものを書く必要を感じた清張は、連載終了後の『文藝春秋』一九六二（昭和三十七）年新年特別号に「『深層海流』の意図」と題する小文を寄せた。

その中で清張は、執筆の意図を次のように述べている。


さて、「日本の黒い霧」は書き終ったが、日本が「独立」した以後のことにも、実質的に見てその延長と呼ぶべきものがある。占領政策は終ったが、アメリカの政策は一挙に日本から引揚げて行ったのではない。その占領政策は別のかたちで日本に継続された。それは日米安全保障条約（旧安保）によって具体的に示されている。

（中略）

情報それ自体の蒐集は、国策を運営する上において当然のことだ。ところが、**内調の役目がその辺を逸脱して謀略性を帯びていた**となれば、少々見逃すわけにはいかない。

（ゴチック部分は筆者）

政府の極秘文書を手に入れても内調の実態に触れるのは困難で、小説という形態で戦後政治史の裏面を描くしかなかったのだと、吉原公一郎氏も、『小説日本列島』の「あとがき」に清張と似た思いを綴っている。清張らは占領期のＧＨＱとは違うかたちで日本を「親米反共」国家にしようとする力が作用していたことを描こうとしたのである。そして、それが内調である、と。

それから六十年近くが経ったが、いまだに当時の内調についての実状は明らかにされていない。関連する公文書はほとんど公開されておらず、組織の正史も作られていない。内調の実像とは一体、どのようなものなのだろうか。

この物語の主人公の志垣民郎氏は、吉田茂首相が国家地方警察本部警備課長だった村井順に命じ、内閣総理大臣官房調査室を創設した際の四人の配下の一人である。草創期の内調を知る今や唯一の証人といえるだろう。

内調の組織は、第三代室長の古屋亨の時に六部制に整備された。資料によって六部の内訳は若干異なるが、志垣氏によると、一部（治安・労働・経済）、国際一部（中国・東南アジア）・国際二部（ソ連・欧州・CIA）、三部（弘報関係）、四部（資料）、五部（学者）、総務部（人事・会計・総括）という構成だった。志垣氏は五部をはじめ、三部や六部（審議員会議）を担当した。

その志垣氏の手元には、長年書いてきた膨大な日記が残されている。志垣氏は語る。

「世の中では内調を面白可笑しく取り上げて揶揄する傾向がある。しかし、創設以来のメンバーは自分であるから世間の皆に事実を正確に知って欲しい」

内調は本当に、松本清張や吉原公一郎氏が書いたような、日本を「親米反共」国家にするための謀略機関だったのか。

志垣氏の回想に耳を傾けてみよう。

（この回想録は、志垣氏が小学校五年生の頃から書き続けている日記や内閣調査室の内部資料に基づくものであり、原則そのまま記載してある。ただし、明らかにプライバシーに関するものは著者の了解を得て割愛した。また、現在、検証できる部分については極力確認作業を行ったが、記録の性格上、すべてが確認できたわけではない。本書が広く多くの方の検証を得て、歴史的により価値のある史料になれば、編者としても喜びである。人名・機関名・団体名は、初出の際になるべくフルネームにした。個人を特定できない場合も情報機関の人脈を検討する素材になると考え、名字のみなど日記の記述のまま残したものがある。〔　〕内は編者が補った文言を示す。数字の表記などは読みやすいように改めた。また、引用を除き漢字、仮名遣いも新字、現代仮名遣いにしてある。明らかな誤字のたぐいは適宜改めた。現代の読者に必要と思われる解説をところどころに入れた。小見出しは編集部が補った。なお、一部に今日からみると差別的とされる表現があるが、歴史的な史料であることから原文のママとした）

内閣調査室秘録——戦後思想を動かした男◎目次

第一部　回想編1

1　内調発足

創設者は公安・警備警察のプロ

内閣総理大臣官房調査室（内調）の生い立ちを語るには、まず宰相吉田茂と村井順氏の関係を知る必要がある。村井氏は第一次吉田内閣（一九四六〈昭和二十一〉年五月二十二日～四七年五月二十四日）の総理秘書官であったし、吉田総理の実父らの地元である高知県の衆院選挙などでは大いに吉田総理のために闘った仲であった。

村井順（一九〇九〈明治四十二〉～八八〈昭和六十三〉年）は、内務・警察官僚で、戦前は対中政策、中国占領政策を一元的に統制する興亜院などに勤務した。戦後、青森県警察部長時代に吉田茂の知遇を得て、総理秘書官に抜擢。その後、内務省公安第一課長のときに特高に代わる警備警察創設の中心となる。退官後は日本で最初の警備会社である綜合警備保障（ＡＬＳＯＫ）を創業。内務・警察ＯＢとして隠然たる力を持った。

吉田は高知県の自由民権運動家、竹内綱の子として生まれ、横浜の貿易商、吉田健三の養子となったが、選挙は父の地元である高知県から出馬した。

その村井氏が、一九五二（昭和二十七）年四月二十八日の日本の独立を前にして、吉田総理に意見具申をしたのである（註）。

「独立するからには、日本にもＣＩＡ（米中央情報局）のような情報機関が是非必要である」、「国際情勢も多岐にわたり今後日本の立場も大変である」と。「それでは、お前やれ」というのが吉田総理の返事であった。

そのお声がかりで内閣総理大臣官房調査室は発足したのである。村井氏が総理官邸の一室を占拠し、内調は出発することとなった。正式には、一九五二（昭和二十七）年四月九日付となる。

発足以来、内調が最初に遭遇したのはメーデー事件であった。この年の五月一日、極左的破壊分子と警察部隊が皇居外苑で衝突し、デモ隊側に死者を出した流血の惨事である。当時内調は発足間もなく、スタッフも充分でなかった。だが、村井室長が吉田総理を大磯の私邸に訪ね、事件の概要を説明することによって一応の責務を果たしたといえる。

事件に先立つ四月十日、私は村井氏を訪問した。彼は、旧制東京高等学校と東京大学で私の先輩であり、結婚の仲人まで頼んだ親しい間柄であった。村井氏は国家地方警察本部警備部副部長に昇任し、内閣総理大臣官房調査室長兼務という辞令が新聞に出た。挨拶すると、内閣調査室に来いという。その頃私は経済調査庁〔総理庁の外局として一九四八（昭和二十三）年に設置され、五二年に廃止された〕に勤務し、コバルト調査等を担当していたが、先輩らに相談して、結局承諾することになった。ここに内調生活二十五年の歴史は始まる。

当初、内調は村井氏のもと、わずか四人で発足した。三枝三郎〔内務・警察官僚。後に自民党衆議院議員〕、工藤真澄〔同。後に新潟、群馬、鹿児島県警本部長〕、岡政義、そして私（志垣）の四人である。しかし、このメンバーは次第に増えて行くのである。警察庁をはじめとして、各省からシンパも多く保有することとなった。例えば、旧軍人の辰巳栄一中将グループなどは村井氏のことを「室長閣下」と呼んでいたことが印象的であった。

辰巳栄一（一八九五〈明治二十八〉～一九八八〈昭和六十三〉年）は元陸軍中将。戦前、吉田茂が駐英大使を務めていた際、駐在武官として仕えた縁で、戦後も吉田内閣の軍事顧問を務める。さらにGHQと吉田の橋渡し役となり、旧軍人の追放解除リストを作るなど、警察予備隊の事実上の生みの親となった。

吉田総理は内調の資料をよく読んでおり、時折ここが知りたい、と名筆で書いてきた。吉田氏の達筆ぶりは見事なもので、私はその字を感嘆の心で読んだ。私が見たのは「在日朝鮮人問題についてもっと詳しく知りたい」という彼の直筆であった。当時在日朝鮮人の数は五十万人とも八十万人ともいわれ、革命勢力になるおそれがあった。

吉田総理がその後言っていたことは、中ソは必ず仲違いするということであった。その頃中国は祖国ソ連といってスターリンを尊敬していたが、元来中ソは仲が悪く、必ずや対立するであろうというのであった。果たせるかな、中ソは後年対立し、ことごとにいがみ合うことになる。われわれは吉田総理の見識に、恐れ入ったものである。

左翼だが共産党ではない候補者を応援せよ

内調は当初わずか五人であったが、外務省の曽野明氏（後にソ連課長、西ドイツ大使など）が強力な「助っ人」であった。曽野氏は対共産党対策の柱石を担っていて、内調の使命もまたここにあるとの考えを持っていた。対外情報もさることながら、国内をしっかりすることが大事なことだという意見であった。従って外務省でありながら、国内対策に相当な力を注いでいたのである。

曽野氏はいろいろなアイデアを持ち実施したが、その中に選挙の応援があった。衆議院選挙の時に、左翼の人だが共産党とは違う、それより少し右寄りの人を応援するというのである。第一弾は、自民党最左翼に位置する宇都宮徳馬氏であった。

一九五二（昭和二十七）年九月十九日、私は彼の選挙事務所に出向いて、事務長の石井貫一氏に会った。林大士郎という偽名を用いて選挙応援の趣旨を説明し、納得してもらった。そして金二万五千二百円を渡した。

次は右派社会党の菊川忠雄氏である。その事務所に行き、豊田事務長と会った。曽野、菊川の間で話がついており、簡単に了解。相手は三万五千円を受け取った。

九月二十三日には、〔戦前〕日本共産党に入党し、転向した鍋山貞親事務所を、東京・世田谷の三軒茶屋に訪れた。鍋山氏が主宰する世界民主研究所事務局長の風間丈吉氏と会見し、学生運動のことなどを話してから金三万五千円を渡した。鍋山氏とも話をしたのである。私自身、投票の際はもちろん彼に入れた。

（註）内調の内部資料や近年米国で公開されたＣＩＡ文書により、内調が創設される前に情報機関についてさまざまな動きや構想があったことが明らかになっている。

2　進歩的文化人攻撃

ヒトラーを礼賛していた清水幾太郎

外務省の曽野明氏の発想は確かに役人離れしたものであった。別のアイデアに「進歩的文化人」を批判するというのがあった。彼らの昔の言説と現在の言説とを並べて比較してみたら面白いのではないかというのである。

私も戦後、雨後のタケノコのように出てきた多くの「進歩的文化人」を苦々しく思っていたから、早速これをやってみようということになった。全貌社という出版社の水島毅社長に話を通し、時事月刊誌『全貌』に連載を始めたのである。

私の助手だった照井大助君に、当時上野にあった国立図書館に行って、昔の言説を探し出して書き留めてもらった。これと、現在彼らが書いている言説とを比較するのである。出るわ、出るわ。戦前は「軍国主義」を賛美するような言説を展開していたのと同じ人が、戦後は「民主主義」だとか「平和」だとか、歯の浮いたような論陣を張っていた。

その一例が清水幾太郎氏である。彼は戦時中、読売新聞の論説委員を務め、戦後は上智大学、東北大学などの講師をした後、二十世紀研究所を設立し、所長として活躍。平和運動や文化人の会などの中心をなしていた。

彼は戦時中は戦争賛美であった。

「戦争は社会を審《つまび》らくものであると言へないであらうか。それは社会の優れた特質を明かにすると同時に、その弱い部分を明示するのである。(中略)

戦争は屢々基礎的社会の改新を実現することがある。戦争を通じて基礎的社会が新しいものとなり高いものとなることがあるのである」(一九三九〈昭和十四〉年九月、『現代の精神』三笠書房刊)

そして、「大東亜戦争といふ名称の底に潜む雄大な意図と構想とは生活観の是正を可能にするであらうし、またこれを前提としてこの大規模な戦争の遂行も可能になるのであらう」といっている。(一九四二〈昭和十七〉年新年号『改造』)

そして彼の言論は、ヒトラー礼賛へとつながる。

「ヒトラー総統の下に全ドイツの青年が自己の力と生命とを文字通り民族の力と生命とに化してゐる背後にドイツに於ける青年研究の伝統が横たはつてゐることを知るべきである。(中略)世界の歴史を通じて幾多の英雄が民族を滅亡の危機から救ふことを得たのも、その一半は彼等がよく青年の力を動かすことに成功したからであり、従つてまた英雄に相応しい鋭い眼を以て青年の本質を見抜いてゐたからであらう」（一九四二〈昭和十七〉年五月、河出書房刊『思想の展開』）

このようにいっていた彼は、戦後は平和論者になった。平和問題懇談会〔平和問題談話会の誤記か〕主宰、平和教育委員会委員、雑誌『平和』編集評議員等々、戦争反対を唱えている。雑誌『世界』（一九五二〈昭和二十七〉年十二月号）では、社会党左派の応援を行ったり、共産・労農党との統一戦線が必要であるといったりしている。また、『人生手帖』（一九五二〈昭和二十七〉年十月号）で、「国内の平和と称せられているものは、大抵多くの不正をも含んで成り立っている。……不正を除き去ってこそ得られる真の平和……いろいろの機会に爆発する若い人たちの憤りはよく判ります」などといっている。

清水幾太郎氏はその後再回天し、反共主義になったが、オポチュニストであることに変わりはない。

醜の御楯論者だった長田新

次に、長田《おさだ》新《あらた》氏の言説を掲げよう（彼は、教育思想家、ペスタロッチ研究者として知られる広島文理科大学〈現在の広島大学〉学長である）。

「吾が国民が七度生れて国に報いるほどの力を発揮出来るのは愛国の至情から来てゐることは説明するまでもない。ここにも皇国の道の教育が考へられる。日本の軍隊の強いのは各自、天皇大御軍に醜の御楯とならうとするからである。軍隊教育の錬成が真に生命ある錬成であるのも、思へば醜の御楯として身命を捧げて、日々の訓練を行ふからではなからうか」(一九四四〈昭和十九〉年二月、『青少年指導』誌)

戦前は、天皇の楯となって外敵を防ぐ者を意味する「醜《しこ》の御楯《みたて》」論であったのが、戦後は、「『戦争はあってはならない。(Es soll Kein Krieg sein)』こういう理性の命ずるところに従って、自己の最善を尽くす外に、吾吾人間の生きゆく道はない。(中略)この地上に人類最大の夢乃至理想と言ってよい平和を実現すべく、自己の最善を尽くそうと私の思っているのは、全くカントの教えに従っているようなものである」(一九五二〈昭和二十七〉年十一月号、雑誌『平和』)と変節しているわけだ。

また長田氏は一九四三(昭和十八)年十月の『日本評論』では、

「……事実大東亜の盟主として十億の民族を引き具し、世界史を創造せずにをれないほどの意気に燃え立つ吾が民族意識は……」という名調子であった。

それが一転して今では、「平和運動はむしろそれがささやかなものであり、か弱いものであっても、それらのすべてが結集することによって、恐るべき力を発揮する。戦争でなくて平和であるなら何でもよい。少くとも平和を求めていることが明らかであるなら、われわれはいかなる平和集会、平和行事でも欣然参加すべきである」と云っている。平和と醜の御楯とはどう整合するのであろうか。

もう一つ例を挙げておこう。一九四一（昭和十六）年九月の『日本評論』に中村哲《あきら》氏〔政治学者。法政大学総長。参議院議員〕はこう述べた。

「日本の国家はいかなる理想目標に向つて進むべきであるのか、その内在的な理念が明らかにされなくてはならない。それは日本の国体がつねに宣明し来つた一、君、万、民、の、統治を実現することであつて〔後略〕」。そして『改造』一九四二（昭和十七）年二月号には「民族戦争と強力政治」と題して「八紘一宇の東亜政治の理想をその内在的な理念とする戦争論が樹立されねばならない」といっている。

八紘一宇を声高に叫んでいた先生は、戦後は法政大学法学部長、平和教育委員会委員等左翼的団体に拠って「破防法と平和憲法の擁護」なる文を寄せ、

「平和と民主主義の憲法を護るものは政府ではなくて、国民である……、今日急に、反政府運動が活発になったからといって、これを取締る刑罰法を設けるというのは、正に憲法や刑法を国家が設けている理由を無視するものといわなくてはならない」という。

三十数名の戦前の「言質」

この他、いわゆる「進歩的文化人」の変節ぶりは三十数名に及んでいる。これは一書を成して、一九五四（昭和二十九）年に『学者先生戦前戦後言質集』（全貌社）という本になった。編者は内外文化研究所となっているが、実は内閣調査室が手がけた仕事であった。名前こそ出ていないが、全て私が執筆したものである。

ここに、当時私が書いたはしがきを載せよう。

はしがき

こゝに本書を編纂して世に問う所以のものは、世間では一かどの学者先生であり、進歩的文化人として普く知られている人々が、よく調べてみると少しも尊敬に価しないばかりか、その発言は読者大衆を誤らせる虞れが充分にあると信じたからである。

このような人々の書いたものや言つたことは、一般大衆、特に次代を担うべき学生、青年層に与える影響は大きい。従つてその発言は慎重になさるべきであり、その結果には責任をとるべきである。

ところが、こゝに掲げた人々は過去の発言に対して、何らの責任をとらぬばかりか、現在では、それと全く反対の言葉をも発して平然としているのである。

かつて八紘一宇論で、青年を戦場に送り込んだその同一人が、今はマルキシズムを唱え、平和論をぶつている。学生、青年層は、概ね過去の彼等の発言内容を知らないから、今日いう所のもののみを信じて尊敬したり、賛成したりしている。この事態は国家のために危いといわねばならぬであろう。

本書は読者大衆が、いわゆる学者先生の著作を読む場合に、これらの学者先生に対する適正な判断を下すための客観的な資料を提供する意図を以て刊行された。

読者はこれによつて、世の大家然とした学者先生が、如何に迎合的であり、無節操で、且つ人間的弱味をもつているかに想到されるであろう。そしてこれらの人々に、果して思想というものがあるかを疑われるであろう。本書の内容が全貌誌上に連載されていた時、一部の読者から反論の投書を受取つた。それは、『人間は進歩し、変るものである。昔の発言が過つていても、いま正しいことを云えばよいのである』という意味であつた。

しかし、本書に見られる如き変節の内容が、果して進歩という名に価するであろうか。また昔は過つていたというのならば、それに対するコンフェッションはなされたのであろうか。寡聞にして、これら学者先生が過去の発言に対して、告白し懺悔した例をあまり聞かない。

かくの如く自らの過去に責任をもたぬ人々の現在の言動に、信頼を置くことが出来るであろうか。

これらの学者先生が何故このような変転を行うか？　については日本の思想界、ジャーナリズムの根本的課題として深く反省されねばならぬであろう。

或いは日本人の熱し易く冷め易い性格に責を帰し、或いは時流に迎合しなければ食っていけない学者先生の経済的基盤の罪にし、或いは大衆の附和雷同性、事大主義に責任を転嫁するであろう。

とまれ、この問題は、戦後政治家の道義心の問題と共に、日本が直面する重大テーマたるを失わないのである。

昭和二十九年三月二十五日　　編者

この本に載せたいわゆる「進歩的文化人」なる人々は次の通りである（敬称略）。

中村哲（法政大学法学部教授）、宮原誠一（東京大学教育学部教授）、平野義太郎（科学技術行政協議会理事）、長田新（広島大学教授）、蜷川新（元駒沢大学教授）、清水幾太郎（学習院大学教授）、今中次麿（広島大学法学部長・九州大学教授）、前芝確三（立命館大学教授）、木村禧八郎（前労働者農民党参議院議員）、高良とみ（参議院議員・緑風会）、柳田謙十郎（日本戦没学生記念会理事長）、宗像誠也（東京大学教授）、末川博（立命館大学総長）、淡徳三郎（社会評論家・日ソ親善協会理事)、堀真琴(労農党参議院議員)、青野季吉(文芸評論家)、鈴木安蔵(静岡大学教授)、帆足計(社会党代議士)、木下半治(愛知大学教授)、信夫清三郎(名古屋大学法学部長)、高倉テル(作家)、戸沢鉄彦(名古屋大学教授)、堀江邑一(日ソ親善協会副会長・日本共産党員)、矢川徳光(平和教育委員会委員)、出隆(元東大教授・民主主義科学者協会哲学部会メンバー)、西園寺公一(元老西園寺公望の孫)、風見章(元司法大臣)、深尾須磨子(詩人・婦人団体連合会評議員)、名和統一(大阪商大教授)、小倉金之助(数学史家)、岩村三千夫(中国研究所調査部長)。

共産主義批判の大柱に

雑誌にこの連載が始まって、しばらくして吉田総理の賛辞があった。閣議でもしばしば『全貌』を読んだか。あれは面白い」といっていたようである。時の文部大臣大達茂雄も、これを引用してあちこちでしゃべっている。時事新報社長の板倉卓造も「総理は非常に喜んでいる」と証言していた。

緒方竹虎副総理もこれを読んで、『翼賛〈国民〉運動史』などを見て補足すればもっと良かった、といってくれた。また総理の白幡敬友秘書官にこの本を三冊寄越せといわれ、渡した。吉田総理が是非見たいということであった(一九五四〈昭和二十九〉年七月二日)。

私が直接耳にしたのは、渋谷で渡辺銕蔵氏〔経済学者。東大教授。三六年立憲民政党代議士となるが、翌年の総選挙で落選。戦後、東宝争議時の東宝社長〕が街頭演説したときのものだった。彼はこれを読んで眠れないほど興奮した、というのである。私は、この本がかなり影響力をもっていることに満足した。共産主義批判の大柱となったのである。

この本は後年、『進歩的文化人——学者先生戦前戦後言質集』と題名を変え、『全貌』編集部編として再発行（一九五七〈昭和三十二〉年四月）されることとなるのである。その際、吉野源三郎（岩波書店『世界』編集長）、羽仁説子（自由学園教授）、阿部知二（作家・日本文学学校長）、岩上順一（文芸評論家・日本共産党員）、窪川鶴次郎（文芸評論家・日本共産党員）、伊豆公夫（文芸評論家・別名＝赤木健介）、周郷博（お茶の水〔女子〕大学教授）、国分一太郎（教育評論家・日本共産党員）、安井郁（法政大学教授・原水協事務総〔「局」の誤記か〕長）、内山完造（日中友好協会副理事長）、三枝博音（評論家）、金親清（作家・日本共産党員）、和田敏明（元社会党代議士）、菅井準一（神奈川大学教授）、岡本清一（同志社大学教授）ら十数名が追加補足された。

序文に時事評論家の小汀利得《おばまとしえ》氏はいう。

ここに出てくる人物は、いずれも戦前戦後を通じて、時の花形学者である。

或者は、八紘一宇の堂々たる論陣を張つたかと思うと、戦後逸早くマルクス主義に転向している。また、強制兵役論者がなんの反省もなく無軍備論に早変りしている。スターリンは侵略主義者だと唱えた直後に、共産党の幹部になつたものもある。

さらに驚くべきは、デモクラシーを抑圧せよ！　言論は統制すべし！　と東条に迫り、戦争は人類進歩の原動力なりとまで極言したものが、今日、自由の戦士となつて現われる。戦後、日本の思想混乱の中で、はなはだしく古ぼけた左翼運動が、一部の運動家の手によつて激化したが、これらの学者たちは概ねその方向に走つた連中と見て差支えない。戦前と戦後で百八十度の超人的飛躍といわねばならない。

彼らの現在の言論は民主主義を唱え、中には革命をそそのかす者もあった。しかし戦時中の言論はおおむね戦争礼賛、軍国主義賛歌であったのである。こういった調子で、戦前と戦後の言論の在り方が問題にされた。

『中央公論』の粕谷一希氏（後に編集長）はいち早く『全貌』の原稿を読み、面白いといって嶋中鵬二社長に見せたところ、嶋中氏もこれをほめてくれた。『中央公論』では、一九五四（昭和二十九）年二、三月号に近藤日出造が『学者先生戦前戦後言質集』に言及している。粕谷氏はこの文章を多くの学者に紹介した。彼らはこの文章を高く評価し、貴重な文献だといってくれた。

哲学者の上山春平氏は丁重な文書を送ってよこした。御高著は戦後文化論の一翼をなすものというような意味であった。

3　〝腹巻事件〟

室長を含めわずか五人でスタートした内調は、血のメーデー事件や中国引揚者の尋問調査などを担当し、存在感を示し始めた。しかし一九五三年（昭和二十八）年九月、思いがけない事件が内調を襲った。内調の〝助っ人〟のはずの外務省職員が、逆に内調を大きく揺さぶることになる。すでに明らかなように、「親米反共」工作のアイデアの多くを発想した外務省の曽野明氏が、新聞を使って村井の追い落としを図ったのである。

産経新聞の捏造記事

内閣調査室の想い出の一つに「腹巻事件」というのがある。村井順氏が英国で腹巻まで調べられ、三千ドルを取られたという記事が、一九五三（昭和二十八）年九月十六日付産業経済新聞の三面トップを飾ったのである。

これには深い背景がある。外務省の曽野明氏は、村井氏が外務省をないがしろにしてまで内調を大きくしようとしていると思って、対立するに至った。そこで何とか、内調及び村井氏のイメージダウンを図ろうとした。

現地にいた上川洋書記官が書いてくる報告は、村井氏の荷物が開けられ、切られもしており、いろいろ調べられているというものであった。それを曽野氏は、適宜粉飾して新聞記者に流していたのである。各紙の新聞記者を手なずけることにかけては、曽野氏は抜群の腕をもっていた。従って曽野氏周辺の記者はみな反内調だったのである。

そうした中で、産業経済新聞の記者はついに大捏造記事を書くに至った。三千ドルは当時のレートで百万円ぐらい持っていただろうということだ。しかし、税関で腹巻まで調べられ、三千ドル取られたことなどは全くの捏造で、それをあえて書いたところに記者の暴走がある。日本では真相が分からず、一時大騒ぎになった。本気で心配する者も、何人かいた。私は曽野氏を訪ね、それが捏造であることを知っていたから平気だった。

村井氏が旅行から帰って来た時、産業経済新聞は、帰国歓迎の記事を腹巻事件の記事と同じスペースを使って載せた。村井氏が腹巻事件なんか何もなかったと呵々大笑した、と記事には書かれていた。当の記者はその後、左遷されたという。

事件は一件落着したが、これが村井氏を傷つけたことは間違いない。この頃から、次第に村井氏への風当りが強くなった。そして、福永健司官房長官（後に労働、厚生、運輸大臣を歴任し、衆議院議長〕が、村井氏の更迭という挙に出る源となったのである。

四面楚歌の村井室長

村井氏に対する外務省の策謀は相当なものだったし、時の官房長官福永健司とはうまくいかなかった。緒方〔竹虎〕氏が副総理に昇格して、後任の官房長官になった福永氏は年齢も村井氏より若く、村井氏は全く相手にしなかった。緒方氏とだけ接触して上司たる官房長官にはロクな報告をしなかった様に思われる。福永氏は次第に村井氏を疎んずるようになり、ついに京都国警に飛ばすことを考えた。外務省としても、「危険な」村井氏を放逐することが最もよかったのである。

村井氏はかつて、吉田総理から板倉卓造氏に会えといわれていた。板倉氏は時事新報社の社長で財政的に苦しんでいた。何か金銭的援助を期待していたものと思われる。そんなことは夢にも思わぬ村井氏は、会った時にいきなり天下国家を論じ、内調の在り方などを話した。これが板倉氏の心証を害したのであろう。吉田総理に何の役にも立たなかったと伝えたのである。これが吉田総理の村井不信の一因となったものと思われる。

吉田総理の支持をなくし、村井更迭の動きにも吉田総理の手助けは少しもなかったのである。緒方副総理も積極的に村井氏を助けようとはしなかったのである。かくて、福永官房長官は村井更迭を決断した。京都府国家地方警察隊長に転勤させるというのである。村井氏の心情は察するに余りあった。「内調をウンとでかくしてやるのだ」と云っていた村井構想はもろくも崩れ去ったのである。村井氏を送る会は「福永憎し」の一色に染まった。検察出身の佐久間幾雄などは「俺が〔福永氏の選挙区である〕大宮の地検に転じて福永をやっつけてやる」とまで言ったのである。

かくて村井氏は去り、〔警察官僚の〕木村行蔵氏が次の内閣調査室長に選ばれた。木村氏は可もなく不可もなく、「ＭＲＡ」を信奉するだけの人であった。「ＭＲＡ」とはMoral Re-Armamentの略で、道徳再武装運動とも訳すべき一種の宗教組織であった。キリスト教的な色彩が強く、自分の罪を告白し、皆の前で反省の弁を述べることが主な行事であった。このＭＲＡを室員に強力に押し付けたから、室員の反発には相当なものがあった。演芸にも興味を示し、安西愛子女史らによる歌唱指導などに力を入れた。官邸の一室を借り切って、週に一回歌う会には私も参加せざるを得なかった。業蹟には大したものはなかった。ただ、鳩山一郎内閣が日ソ国交正常化交渉を始めるきっかけになったとされる元ソ連代表部首席代理、アンドレイ・ドムニツキーらによる「ドムニツキー事件」（註）の当事者だったことは記憶に残っている。

（註）元ソ連代表部首席代理、アンドレイ・ドムニツキーが直接、音羽の鳩山邸を訪れ、

日ソ間の国交回復を申し入れた事件。正規ルートではない交渉に重光葵外相をはじめとする外務省は反発。以後、日ソ交渉の主導権は鳩山首相が握ることになる。

4　緒方竹虎の風圧

小泉信三に匹敵する風格

私自身が関わるものを若干記しておこう。

緒方竹虎氏が公職追放を解除され、政治の表舞台に復帰したのは、一九五二（昭和二十七）年の十月三十日（木）、吉田内閣の官房長官としてである。内閣調査室は緒方氏がつくったようにいう人があるがそれは誤りで、緒方氏が内調と関わるまで発足から七ヵ月を要している。

それでも、村井氏は緒方氏とたちまち意気投合した。これ以来、吉田総理との間はむしろ疎遠になって、緒方官房長官と親密の度を増していった。

読売新聞の正力松太郎氏は緒方氏との対抗意識が強く、緒方氏が時折打ち上げる「内閣情報局構想」――実は、村井氏の意向が反映していた――に対しても、読売新聞は挙げて反対し続けたのである。

私が書いた『中央公論』等の小論文を緒方氏が評価してくれたことがあった。村井氏との会話のほとんどを私の小論文が占め、話が私の経歴にまで及んだこともあったという。村井氏はその日（一九五二〈昭和二十七〉年十一月七日〈金〉）、緒方副総理と別れて室に帰ってくると、私を呼んで「君のことで今日はずいぶん緒方さんと話したよ。なかなか良かった」と褒めてくれた。それ以来、村井氏は私の書く物にあまり異論を挟まず、評価してくれた。

緒方氏の人物を間近に見る機会があった。高校の先輩で村井氏と同期の岡田宏氏より、しきりに勧められたからである。

秘書官を通じて会見を申込むと、いとも簡単に緒方さんに会わせてくれた（一九五四〈昭和二十九〉年六月十六日〈水〉）。〔韓国〕鎮海のアジア反共会議の件につき、岡田氏が副総理と会いたいと伝えたが、もう人選は終わり推薦したといわれ、そのまま引き下がった。

この時、緒方氏の風貌にふれた。悠揚迫らざる大人物とお見受けした。

いうことは平易だが、その言葉には重みがあった。私はいっぺんに緒方ファンになった。

私のようなチンピラ事務官を相手にしても英国風紳士の相好を崩さず、悠然たる面持ちに深く打たれた。生涯出会った人の中でも、皇太子明仁親王（現上皇）の教育の責任者を務めた経済学者の小泉信三氏に匹敵し、あるいはそれ以上の風圧を感じたのである。早世しなければ、日本の政界は大いに変わったであろうに残念でならない。

そして、第三代室長としてやって来たのが古屋亨氏〔内務・警察官僚。退官後、衆議院議員。

自治大臣）である。彼はまず内閣調査室の体制を六部制（七部の時も）に定めた。この基本は、現在までずっと踏襲されているといってよい。約七年に及ぶ長い室長時代に室の改革を行い、意欲をもって多くの事蹟を残した。

5　藤原弘達との二十五年

内閣調査室が最も重視したのは日本の共産化を防ぐことであり、外務省の曽野明氏のアイデアで志垣氏が進歩的文化人を徹底的に攻撃したことなどは2で述べられている。同時に、政府に味方する保守の言論人を確保することも、志垣氏の重要な役割だった。右に行くか、左に行くか分からない有望な学者に、テーマと研究費を与え、保守陣営につなぎとめる。その象徴的な例が藤原弘達であったという。

藤原氏は東京大学で丸山真男に師事した政治学者で、内調とのつきあいが始まった頃は明治大学助教授だった。後年、保守的な政治評論で知られるようになるが、このときは左翼の理論的リーダーとなる可能性も十分あった。

藤原氏はやがて『時事放談』のホストとして、お茶の間にも親しまれる政治評論家となり、学者の枠を越えて、社会に影響を及ぼす存在になる。いかにして藤原氏を保守の陣営につなぎとめたか。志垣氏の回想は生々しい。

（なお、志垣回想録の特徴のひとつは、いつ、どこで、誰と何を食べたか、何軒、どこで飲んだかなどについて、詳細な記述があることである。また、研究費などについても、具体的な金額が記されている。当時の風俗記録としても貴重であるので、そのまま掲載する。が、分量が多いため、活字を小さくし、段組を変えて載せた）

彼が左翼理論家になることを私は恐れた

政治学者の藤原弘達氏とのつきあいについて記しておこう。

藤原氏は当初、左に行くか右に行くか分らない存在であった。しかし、岸信介首相との会談を経てから次第に保守色を強めていったのである。藤原氏はわれわれと一緒に出掛けた調査等、「足で稼いだ」実態調査に基づき諸論文を書いた。成果は博士論文となり、後年『現代日本の政治意識』（創文社）として結実し、彼の代表作ともなった。

藤原氏を紹介してくれたのは、東京大学の泉靖一教授である。泉氏と内調の三枝三郎氏（後の自民党衆議院議員）が高校の同級だった縁で、三枝氏から依頼した。泉人脈は、藤原氏のほか、東大の福武直教授〔社会学者〕、東京都立大学の鈴木二郎教授〔社会人類学者〕ら豊富である。

初めは東大の泉助教授と明治大学の藤原助教授が内調に来室した。一九五四（昭和二十九）年八月十七日（火）のことである。その日は、「からす亭」で接待した。八月三十日（月）も九月十三日（月）も「からす亭」に招いた。

九月二十九日（水）～三十日（木）には、茨城県水戸市に出向いて調査を行っている。三十人ばかりの学生を常陸太田市に配置して世論調査をした。

十月四日（月）には総理官邸ホールで、十九日（火）には官邸小客間で泉氏と一緒に会合した。

十一月十一日（木）には、「菱形政治意識」を山王閣で仕上げてもらった。

こうした調査の後、藤原氏とのつきあいは次第に深まっていったのである。

実は、藤原氏と私は東大法学部の同級生である。彼がまだ若年で世間でもあまり知られていない頃から知っていたが、彼が左翼理論家になることを私は恐れた。できるだけわが陣営に近づけようとした。そのため彼を接待することに苦心した。その一つが渋谷のバー「ダイアナ」などに行くことであった。彼はそこで踊り、酒を飲み、大きく振る舞った。

一九五四（昭和二十九）年十二月九日（木）に神保町の「酔心館」で接待したのを手始めに、さんざん飲み歩いた。私の日記帳には当時の接待の様子が克明に記録されている（註）。

1955（昭和30）年
6月10日（金）「キャバレー松竹」など3軒。
9月12日（月）「キャバレーハイツ」など3軒。

1956（昭和31）年
3月6日（火）「君の名は」など4軒。
4月13日（金）「東京ステーションホテル」など。

5月30日（水）「サロンフジ」など2軒。
8月29日（水）「グランドハイツ」など3軒。
11月13日（火）「幸楽」など2軒。
12月21日（金）「さんとも」など3軒。

1957（昭和32）年

5月29日（水）「いとう」など3軒。
9月25日（水）「クラブハイツ」など4軒。
10月25日（金）「クラブハイツ」など4軒。
11月28日（木）「以上」など3軒。
12月26日（木）「ダイアナ」など3軒。

1958（昭和33）年

3月3日（月）「ダイアナ」など3軒。
3月26日（水）「おそめ」など3軒。
4月8日（火）「ダイアナ」など2軒。
5月8日（木）「シャルダン」など2軒。
5月30日（金）「いないいないばあ」など3軒。
6月3日（火）「クラブマリー」など3軒。
6月30日（月）「クラブハイツ」など2軒。
8月12日（火）「クラブハイツ」など3軒。
8月27日（水）「いそむら」など2軒。賀屋興宣氏と同席。
9月11日（木）「ダイアナ」など2軒。
10月27日（月）「豊年」など2軒。
12月1日（月）「スカイルーム」など2軒。
12月10日（水）「ダイアナ」など3軒。

1959（昭和34）年

5月20日（水）「カサブランカ」など2軒。
6月23日（火）「豊年」。
7月15日（水）「ダイアナ」など2軒。
7月30日（木）～31日（金）京都、名古屋旅行。
8月11日（火）「ダイアナ」など3軒。

藤原氏はこの年〔一九五九年〕、アメリカに行くことになった。私を含む内調の三人の職員もアメリカに行き、CIAの世話になった（CIA研修については7参照）。奇しくもアメリカで会うことになる。

1960（昭和35）年
3月22日（火）「たちばな」など3軒。
5月28日（土）「ダイアナ」など3軒。
9月1日（木）「河庄」など2軒。
9月9日（金）「チャイナタウン」など3軒。
11月22日（火）「つや」など3軒。
12月9日（金）「喜楽」など3軒。

1961（昭和36）年
1月18日（水）「朝村」など2軒。
2月28日（火）「いずみ」など5軒。
4月4日（火）「つや」など2軒。
5月16日（火）「喜楽」など3軒。

1962（昭和37）年
1月17日（水）「銀座の女」など3軒。
3月6日（火）「つや」など3軒。
3月13日（火）「黎明酒房」。
3月27日（火）「喜楽」など2軒。
5月30日（水）「つや」など3軒。
6月25日（月）「喜楽」など2軒。
7月23日（月）「モナリザ」など3軒。
8月29日（水）「ロンシャン」など4軒。
10月1日（月）「桔梗屋」など3軒。
10月22日（月）「つや」など3軒。
10月31日（水）「むらき」など3軒。
11月29日（木）「クラブレイン」など3軒。
12月26日（水）「クラブレイン」など2軒。

1963（昭和38）年
2月8日（金）「クラブレイン」など2軒。古屋亨総理府総務副長官と。

3月6日（水）「クラブレイン」など3軒。

3月27日（水）「賀茂鶴」など3軒。

4月26日（金）ドイツ風ビアホールなど4軒。浅沼清太郎首相秘書官と。

5月29日（水）「ちこ」など4軒。

6月28日（金）ホテルオークラのスナックなど2軒。

7月16日（火）「やなぎ」など4軒。古屋亨総理府総務副長官と。

10月21日（月）「秀花」など2軒。野田武夫総理府総務長官、古屋亨総理府総務副長官と。

10月30日（水）「むらき」など3軒。古屋亭総理府総務副長官と。

11月25日（月）「ちこ」など3軒。

12月26日（木）「おそめ」など。麻生良方衆議院議員、永末英一衆議院議員と。

1964（昭和39）年

2月3日（月）ジンギスカン料理など2軒。

3月2日（月）「さんとも」など2軒。

4月17日（金）「ファンタジア」など。古屋亭総理府総務副長官と。

5月31日（日）青年の家合宿で講演「世界の動向」。終業後「樽平」。

6月18日（木）「ざくろ」など3軒。

8月25日（火）「ちこ」など2軒
9月30日（水）「たい家」など2軒。

10月29日（木）「那が井」など2軒。古屋亭総理府総務副長官と。

11月27日（金）ホテルニューオータニ17階「Blue Sky Line」など3軒。

1965（昭和40）年

1月6日（水）「新六」など3軒。

2月5日（金）「三浦」。橋本登美三郎内閣官房長官、竹下登官房副長官と。

2月21日（日）岐阜・恵那で講演2カ所。

2月25日（木）「新六」など2軒。

4月7日（水）「フォンテーヌ」など2軒。

4月19日（月）「フォンテーヌ」など3軒。古屋亭総理府総務副長官と。

5月28日（金）「六番館」など2軒。

9月28日（火）「ひさご」など2軒。

10月20日（水）「藤野」など2軒。木田宏文部省大学学術局審議官と。

12月17日（金）「眉」など3軒。

12月24日（金）「千家」など2軒。

12月27日（月）「宝家」など3軒。古屋亭総理府総務副長官。

1966（昭和41）年

1月25日（火）「アクトレスバー」など2軒。

6月29日（水）「花束」など2軒。古屋亭総理府総務副長官と。

9月8日（木）「大野」など2軒。古屋亨総理府総務副長官と。
11月29日（火）「よし本」など2軒。古屋亨氏と。
1967（昭和42）年
4月6日（木）「もみぢ」など2軒。古屋亨衆議院議員と。
8月4日（金）新宿・キャバレーなど2軒。
8月31日（木）「宝家」。
10月2日（月）「瓢亭」。古屋亨衆議院議員と。
12月13日（水）「よし本」など2軒。古屋衆議院議員と。
12月25日（月）「スコッチ」など2軒。
1968（昭和43）年
1月22日（月）「峯也」。木村俊夫官房長官と。
2月1日（木）「司」など2軒。
3月18日（月）「シーザーパレス」など2軒。
4月24日（水）「司」など2軒。古屋亨衆議院議員と。
5月8日（水）「福田家」。村井順綜合警備保障社長同席。
6月19日（水）「たい家」など2軒。古屋亨衆議院議員と。
8月21日（水）「ざくろ」。
10月24日（木）「栄林」など2軒。古屋亨衆議院議員、石岡実内閣官房副長官と。
11月11日（月）「伯爵」など2軒。
1969（昭和44）年
1月16日（木）「那が井」など2軒。古屋亨衆議院議員と。
3月14日（金）「菅」など2軒。
6月24日（火）「宝家」など2軒。古屋亨衆議院議員と。
7月31日（木）「阿比留」。古屋亨衆議院議員と。
10月17日（金）「賀寿老」。楠田実首席秘書官と。
11月4日（火）「福田家」。古屋亨衆議院議員、法眼晋作外務審議官と。
1970（昭和45）年
1月26日（月）「ふくでん」。古屋亨衆議院議員と。
2月23日（月）「しろ芳」。古屋亨衆議院議員と。
7月1日（水）「山の茶屋」など2軒。古屋亨衆議院議員と。

9月30日（水）「阿比留」など2軒。法眼晋作外務審議官、古屋亨衆議院議員同席。

12月14日（月）「よし本」。

1971（昭和46）年
1月28日（木）「ふくでん」。古屋亨衆議院議員と。

3月22日（月）「たい家」。古屋亨衆議院議員と。

6月15日（火）「胡蝶」。

8月25日（水）「瓢亭」など2軒。古屋亨衆議院議員と。

11月29日（月）「ふく源」など2軒。古屋亨衆議院議員、法眼晋作外務審議官同席。

1972（昭和47）年
8月3日（木）「般若苑」。

8月31日（木）〜9月1日（金）川奈でゴルフ。

1973（昭和48）年
3月29日（木）霞山会館でマスコミ文化懇談会。「政治とマスコミ」講演。

5月21日（月）「ふくでん」。古屋亨衆議院議員と。

9月10日（月）「福田家」。古屋亨衆議院議員と。

11月8日（木）「朝村」。古屋亨衆議院議員と。

1974（昭和49）年
2月8日（金）「一（はじめ）」。古屋亨衆議院議員と。

5月13日（月）「吉本」。古屋亨衆議院議員、法眼晋作外務省顧問。

6月1日（土）習志野カントリークラブで弘達会のゴルフ。

8月2日（金）「ふくでん」。川島広守内閣官房副長官。

10月11日（金）「福田家」。古屋亨衆議院議員、法眼晋作国際協力事業団総裁と。

12月24日（火）「福田家」。古屋亨衆議院議員と。

1975（昭和50）年
9月11日（木）「瓢亭」。古屋亨衆議院議員と。

12月17日（水）「福田家」。古屋亨衆議院議員と。

1978（昭和53）年
12月28日（木）「はじめ〔「一」か〕」。秋富公正総理府総務副長官。

1979（昭和54）年

3月19日（月）「ふく源」。入江相政侍従長、秋富一公正総理府総務副長官。

以上で、藤原氏の接待は大体終わりを告げることとなった。私は既に官界を去り、社団法人・国民出版協会に転出し、自由の身となっていた。藤原氏との交流はその後も若干続くけれども、接待するほどのことはなかった。

（註）酒席には内調の同僚が同席した例も多いが、特記すべき人物のみ明示した。

思い出の中近東旅行

藤原氏との付き合いは一九五四（昭和二十九）年から一九七九（昭和五十四）年頃まで、約二十五年にわたって続けられたことになる。

彼とは大分親しくなっていたが、決定的だったのは、一緒に中近東に旅行したことである。藤原氏は一九六三（昭和三十八）年、「日本青年海外派遣団」の団長として、総理府より委嘱され、私はその副団長ということで六人の青年を率いて中近東旅行に出かけることになった。この派遣の裏には、古屋亨総務副長官の要望が強く含まれており、私の同行も古屋氏の指図だった。

一九六三（昭和三十八）年六月八日（土）から十四日（金）まで、御殿場での研修期間があり、七月二十九日（月）、横浜港出発。人も貨物も載せ、各港で交易しながらマルセイユに向かうというフランスの船（「ベトナム号」）で、上陸まで約一カ月を要した。

八月二日（金）香港、八月六日（火）サイゴン（ホーチミン）、八月九日（金）シンガポール、八月十四日（水）コロンボ、八月十六日（金）ボンベイ、八月二十一日（水）ジブチ、八月二十五日（日）スエズ、カイロ、八月二十九日（木）バルセロナ、八月三十日（金）マルセイユ、九月一日（日）リヨン、九月六日（金）パリ、九月七日（土）〜十一日（水）ジュネーブ、九月十二日（木）ミラノ、ベニス、九月十六日（月）フローレンス、九月十七日（火）〜二十四日（火）ローマ。

九月二十五日（水）、ユーゴスラビアのベルグラードでは佐藤栄作氏に会った。彼は保利茂氏と一緒だったが、藤原氏のことを「おっかない人だ」といっていた。

九月二十九日（日）アテネ、十月一日（火）イスタンブール、十月五日（土）アンカラ、十月十二日（土）プノンペン、香港、東京。

かくて二カ月余りの藤原氏との旅は終わったが、この間感じたことは藤原氏の英語能力のことである。初めのうち日常会話は大したことがなかったが、イタリア、ギリシャ、トルコと続けて学者たちと討論することになったら、彼は英語がうまくなった。専門の政治関係となると言葉がどんどん出てくるわけで、餅は餅屋という感を深くした。

ボッタクリと戦う

ローマでは、とんだ武勇伝があった。私と藤原氏が二人でローマの夕べを楽しんでいたところ（九月十九日〈木〉）、スペイン人のペドロというのが親しげに話かけてきた。私らも、お茶をサービスしたりして親しげにしていた。そのうち良いところを紹介すると、かのスペイン人はいう。二人はよしきたとばかり某所に連れ込まれた。そこには女性が数人居り、ダンス・歌など相当濃い待遇を受けたが、まさかこれに膨大な請求書がくるとは思ってもいなかった。請求書は六十七万四千リラ（日本円で百十万円ばかり）であった。その多額さに驚いた私は、警察を呼ぼうとあちこち動いたが、そんなものは全くいなかった。藤原氏は断固拒否の態度をとった。頼みもしないコニャックの値を下げさせた。先方も、ボスらしい男が出てきて交渉に入った。その時の藤原氏の態度は断固として頼もしかった。マフィアらしい男とも堂々とやり合ったのである。

その結果、二百ドルが百二十五ドルになり、百ドルまで下がり、果ては七十五ドルとなった。これを断固頑張って、五十ドルということで手を打った。この時の藤原氏の態度を今も思い出す。こぶしを振り上げ、断固という言がふさわしい。

どうも藤原氏だけは思うようにならない

彼の社会的名声はいうまでもなく私はただの小役人に過ぎなかったから、その差は歴然たるものがあった。私のことなど歯牙にもかけていないと思っていたら、案外そうではなかった。私と彼は東大法学部政治学科で一緒だった。それが彼の頭にあったのか、結構、私を意識していた。ネクタイの柄一つをとっても、私の選んだのをあえてくさした。

私が退官する時、社団法人・国民出版協会の会長になることに彼はこだわった。「君を含めて役人はけしからん」といった。それは、私はけしからんということだった。彼は私が大天下りしたとみたのだった。わずか二十万円の金で、丁度昔の額になるような地位でしかなかったのに。私は彼を説得して、「自分は中級官僚」だといった。これに彼は一応満足したらしく、その後はあまり私に対する悪口を言わなくなった。

その後も藤原氏との付き合いは多く、古屋亨氏も大いに利用して選挙運動にも来ていただくことになった。官邸の大食堂で各省連絡会議を開き、藤原氏に講演してもらったこともある。標題は「国民政治意識の基調とその変化」というものであった。

藤原氏の政治評論はなかなか辛辣で、自民党にも遠慮がなかった。「どうも藤原氏だけは思うようにならない」と言う自民党の政治家もいたわけで、これが彼の声価を高からしめたといえるだろう。

後年、『創価学会を斬る』で名をなしたが、この本を出版するまでの経緯が面白い。田中角栄まで登場する。竹入義勝に頼まれた田中が藤原氏を説得にかかった。しかし、彼は毅然として受入れなかったのである。そのほか出版妨害はありとあらゆる手段で行われた。「事前に原稿を見せろ」とか、「池田大作創価学会会長には触れないでほしい」とか、「題名をかえてほしい」とか、果ては「交通事故に気をつけろ」という脅かしまであった。

それでも藤原氏は一切受け付けず、毅然として出版に踏み切ったのである。本は大変な評判で、多量に売れ、印税も多額だったことはいうまでもない。この時の藤原氏の態度を台湾の人々も認めたし、国内の学者も改めて評価したのである。例えば永井陽之助氏が、「同じ政治評論をしている者として藤原氏の態度は立派だった」と言うのを私は聞いた。

この間の『創価学会を斬る』の顚末については、藤原弘達著作刊行会の『藤原弘達の生きざまと思索』〈7〉に詳しく載っている。

「わが国の『戦後』は終らない」の原作者

私と彼とは、いろいろなことで同席した。

最も華やかだったのは、京都に芸者をつれて行ったことだった。古屋室長の肝煎りで大挙して出張った。下野〔信恭〕氏、藤原氏、私、古屋氏のほか女性も三人居た。京都鴨川べりで酒を飲み、一夜を明かした。

もう一つは、賀屋興宣氏との会合だった。賀屋氏は大蔵省時代に、軍とやり合った自慢話をした。賀屋氏は、顔をこすることがよいと言っていた。昭和天皇の相談役、入江相政氏との会もあった。藤原氏が昭和天皇と似ているというので、秋富公正〔総理府総務副長官〕のあっせんで会ったのである。

「沖縄の祖国復帰が実現しない限り、わが国の『戦後』は終らない」。この名文句は、一九六五（昭和四十）年八月に沖縄を訪れた際の佐藤総理の言葉であるが、実は、原作者は藤原弘達氏である（註）。内調は沖縄返還についてもいろいろやったが、そのうちの一つに意見を書いて提出するというのがあった。藤原氏の原稿の中にこの文句があったので、私は下野氏と相談してこれを楠田実氏〔総理秘書官〕に届けた。それがあの名文句となって、佐藤総理の名を成したのである。

（註）この文言の起案者は、佐藤内閣の下で沖縄返還を担当した外務省北米課の枝村純郎首席事務官や、総理府特別地域連絡局の検討会参加者による合作など諸説ある。

6　日教組対策

向坂逸郎批判まで書かせられる

日教組は教員の組合であると同時に政治の組織であった。日教組出身の議員が二十数名を数え、猖獗を極めていた。自民党は当然、これに対抗措置をとった。内調も同調せざるを得なかったのである。

一九五三（昭和二十八）年九月二十八日（月）に文部省の伊藤〔良二調査局調査〕課長と日教組対策を考慮したことがあり、五四（昭和二十九）年二月四日（木）には緒方副総理も中野秘書官を通じて日教組の資料の説明を受けている。このように早くから日教組への関心はあった。五五（昭和三十）年一月二十四日（月）になると、文部省調査課を訪ね、日教組を出た二人の話を聞いている。十月二十七日（木）には警視庁警部補らを招き、打ち合せを行った。

一九五六（昭和三十一）年には、伊藤調査課長との連絡が多くなった。アメリカ大使館のビーチャム氏も日教組問題に関心があったようである。十月二十七日（土）には、伊沢甲子麿、高橋亨両氏の共著『日教組と教育』を二百冊買い上げている。

一九五七（昭和三十二）年になると、古屋室長自ら日教組関係資料をあちこちにバラまいている。文部省の木田〔宏初等中等教育局地方〕課長の話を聞いたりもした。十二月十九日（木）には、森山欽司氏〔衆議院議員。科学技術庁長官、運輸大臣〕の要望で日教組対策を検討した。

この頃、「日教組と勤務評定」という文章を私が書いた。これが好評で、四十頁ばかりの小冊子にして一九五八（昭和三十三）年一月に発行したが、これを時の官房長官赤城宗徳氏〔衆議院議員。農林大臣〕が読んでいたく感心し、これがいいと言った。のちに秘書官が追加注文したほどである。

このため私は文章が出来るということになり、いろいろな文章を書く仕事をさせられ、社会主義協会の中心にいた向坂《さきさか》逸郎氏〔マルクス経済学者。九州大学教授〕批判の文章まで書けといわれるようになる。のちに鈴木俊一〔内閣官房〕副長官〔内務・自治官僚。東京都知事〕と会食する機会があり、古屋室長以下多勢出たが、そのあと、銀座のバーに私だけ連れて行ってくれた。この冊子はその後、文部省をはじめ、あちこちに配ったのである。

自民党の日教組対策はその後も続き、三月二十七日（木）には砂防会館で町村金五氏〔内務官僚。警視総監。北海道知事。参議院議員。衆議院議員。自治大臣〕や森山氏らが出席して

「〔日〕教組対策小委員会」を開いた。四月七日（月）に院内で開いた「〔日〕教組対策委員会」には、警察庁の山口〔喜雄〕警備部長、文部省の内藤〔誉三郎〕初等中等教育局長らが出席したのに、皆そっちのけで党内の話ばかりだった。

九月二十二日（月）には、藤原弘達氏にパンフレット「日教組イデオロギー批判」の作成を依頼した。しかし、実は助手に書かせたもので「日教組の思想と行動」になって、あまりワサビの利いたものではなかった。その後、倫理学者の勝部真長《みたけ》氏〔お茶の水女子大学教授〕にも「日教組の新運動方針」の分析を依頼した。

六月には私は東南アジア班長となったので日教組関係からは一応離れたが、日教組との闘いはまだ続いていた。しかし、日教組の組合員は次第に減少して、昔ほどの勢いはなくなっていったのである。

第二部　記録編

志垣氏の回想録は、印象に残る出来事や人物を資料や逸話を入れて回想した部分と、日記から関係する出来事や人物を拾い出し、名寄せした部分とがある。以降は、それぞれのテーマや人物に関する日録をまとめたものである。これらの記録の中には、登場する人物に対する寸評が添えられていたり、従来知られていなかった交友関係が明らかにされていたりするところもあって、じつに面白い。会合を開いた店、渡したお金の額など、これまで表に出ることがなかった詳細が記録されており、志垣氏の日常が眼前に浮かび上がる。内調の活動をありのままに伝えるこの記録をそのまま掲載する。ただし、日録の体裁になっている部分は、段組を変えて、活字を小さくして全文を掲載する。

7　CIA研修

CIA（米中央情報局）は内調のメンバーを毎年三人招待してくれていた。そのうち私ども三人も招待されることになり、山本光利調査官と鈴木光昭事務官と私が、一九五九（昭和三十四）年八月二十五日（火）から十月十三日（火）まで、実に五十日間にわたって招待された。CIAからは日系二世のナガセ氏がずっと付いていてくれた（註）。旅行の行程は次の通りである。

8月

26日（水）　アンカレッジ。

27日（木）　シアトル。マツダ2世（親戚）の家に行く。

28日（金）　ロサンゼルス。市の警察を訪問。黒人の犯罪、少数民族の問題等を聞く。

29日（土）　ラスベガス。スロットルマシーンとルーレット。

30日（日）　グランドキャニオン。国立公園見物。

31日（月）　サンアントニオ。富豪ミスター・スミスの農場見学。

9月

1日（火）～2日（水）　ニューオリンズ。湖とミシシッピー川見物。

3日（木）　ワシントン。トラブル氏より説明、日本料理。ゲティスバーグ（南北戦争の地）。

8日（火）　日本大使館（安川壮参事官、海原治参事官と会う）。

9日（水）　CIAセントラルビルで講義（国防省、国務省）。

10日（木）　コール氏より、ビルマ、タイ、マラヤ、シンガポールのレクチャー。スミソニアン・インスティテュート、野球見物。

11日（金）　FBI（米連邦捜査局）見学、射撃実験等、ナショナル・ギャラリー美術館。マリーノ氏とウイリアムズバーグ（南北戦争物語）。

12日（土）　ワシントン記念塔。ナショナルミュージアム。

13日（日）　藤原弘達氏、大宅壮一氏と会う。

14日（月）　ナショナルズーロジカルパーク（猿、蛇、ゴリラ、象、カバ等）。インドネシア課長の説明。後藤誉之助氏（「もはや戦後ではない」などの流行語で知られる官庁エコノミスト、日本大使館一等書記官）に会う。石坂誠一氏（日本大使館科学アタッシェ）に会う（自宅）。

15日（火）　フルシチョフとアイゼンハワーを見る。警察で犯罪記録、用具等を見る。青少年犯罪の話。

16日（水）　ホワイトハースト氏より南北ベトナム、カンボジア、ラオスの説明あり（優秀）。東南アジア局長ランチ氏と話（台湾問題等）。ニューロータスでショー。

17日（木）　ジョーンズ氏より電話傍受の話。

18日（金）　ホワイトハースト氏の講義。ラオス問題、カンボジア、ベトナム。

19日（土）　メリーランド大学のフットボール試合見る。トラブル氏の家で話。

20日（日）　硫黄島記念碑、ワシントン生育地見学。ナショナルギャラリー・オブ・アート（ラファエロのマドンナ等）。

21日（月）　ジャクソン氏よりカメラ撮影上の注意。写真の見方。

22日（火）　ジャクソン氏、写真の扱い方について。

23日（水）　通産省の鈴木俊夫氏、文部省の宮山平八郎氏。石坂誠一氏と会食。

24日（木） ガレット氏、実用可能なスパイ技術の解説と実技。敵対行為の紹介と安全保障、人為的、職務上、非職務上の公式見解、工作員の獲得法。

25日（金） ガレット氏、工作員管理、工作員記録。実技解説、指示と統制、試験、後始末。

26日（土） マリーノ氏と一緒。ニューヨーク。住吉弘人氏と会う。ハーレム見物、コロンビア大学。

27日（日） クロイスターズ、マンハッタン島一周。

28日（月） エンパイアステートビル（世界一のデパート）。オペラ「マイ・フェア・レディ」。

29日（火） ボストン。ハーバード大学見学。

30日（水） バッファロー市内見物、ナイアガラの滝。

10月

1日（木） カナダ滝。シカゴ着。

2日（金） シカゴのヒストリーミュージアム。アートインスティテュート。

3日（土） デンバー。アートミュージアム。

4日（日） ソルトレイクシティ。ロッキーの山々。

5日（月） ソルトレイクシティ。露天掘り銅山。サンフランシスコ着。

6日（火） サンフランシスコ。アートミュージアム。

7日（水） ヨセミテ国立公園。キャンプカレーで火の玉落下見る。

8日（木） サンフランシスコ。センティネルドームで眺め。

9日（金） スタンフォード大学。

10日（土） 買い物。ホノルル着。

11日（日） 見物。

12日（月） 機内。

13日（火） 羽田。


帰国してからアメリカとの関係はいよいよ密となり、CIAのレディック氏は東南アジア担当として私と向き合うこととなった。十一月十日（火）には、赤坂の「司」で、ネルソン、トラブル、レディック、ヒューズ、ナガセ、中村各氏がCIAから来る。当方は古屋亨室長、山本、志垣、鈴木らが集まり、帰朝歓迎会となった。十一月十三日（金）には麻布桜田町の西村〔人物不詳〕宅で送別の宴となり、レディック、ジョージ、渡辺、志垣が集まった。十一月十七日（火）にはCIAのネルソン、トラブル、ヒューズ、長瀬各氏ら、当方は古屋室長、志垣らが上野の「たちばな」で宴を開いた。

十一月十九日（木）以降は麻布の西村宅で打ち合わせ会があり、両者が参集した。

以下、集まった日を記す。11月19日（木）、30日（月）、12月4日（金）、10日（木）、17日（木）、22日（火）、24日（木）。

1960（昭和35）年

1月1日（金）、14日（木）、21日（木）、27日（水）、28日（木）。

2月4日（木）　築地の「河庄」。CIA招待で懇親会。ウィラー、ネルソン、デニング、レディック、ヒューズ、カーン、エシュバッハ、宮本、平林、中村各氏。当方は古屋室長以下調査官、班長ら20人。

2月11日（木）、18日（木）、25日（木）、3月10日（木）、17日（木）、24日（木）、31日（木）、4月7日（木）、14日（木）、21日（木）、28日（木）。

30日（土）、内調3氏の渡米壮行会にネルソン、ジョージ氏ら来る。

5月9日（月）、12日（木）、19日（木）、26日（木）、6月2日（木）、9日（木）、16日（木）。

6月22日（水）　レディック氏より説明。W機関〔詳細不明〕とのジョイントワークは打ち切る。金は来年3月まで続けるが、それ以後は中止。レディック氏は近く帰国する。適当な後任者なし。CRO〔内閣調査室の意〕との接触も対日政策も不変。

6月30日（木）、7月7日（木）、14日（木）、21日（木）。8月11日（木）。

ここで記録は途切れる。〔ジョイントワークは〕恐らく中止になったものとみられる。
しかしCIAとの交流は続いており、ピーカン、ジョンソン、ビーチャムらと連絡があり、チャイルド氏とは資料交換していた。コンカード氏も中国問題で協力した。米国大使館ではUSIS（アメリカ広報・文化交流局）となっており、ビーチャム氏とバー氏らはここに属していたが、裏でCIAとつながっていたことは間違いない。

1962（昭和37）年
1月30日（火）　田村町の「新雅」で、CIAと交歓会あり。ウィラー以下ほとんど。当方も〔古屋〕室長、次長以下。カーン、モーリーらと話す。
7月17日（火）　ホテルオークラで大使館のコリンズ氏に会う。主として共産党の話。参院選の結果、共産党票の伸張などについて。党内派閥。中ソ関係等。
11月28日（水）　新坂町。カーン氏在り。中印写真展の件、NETテレビ〔現在のテレビ朝日〕の件。あとからネルソンとジョージ来る。

1963（昭和38）年
1月16日（水）　新坂町ハウスへ。カーン、ジョージら。展示会の予算60万円が75万円になる件説明。概ねOK。ビラを作ることも可。『時の課題』への注文、発行状況等。
4月9日（火）　新橋「ふじの」へ。ネルソン、カーン、ジョージ在り。CIAとの懇親会。お狩場焼き食って談笑。

1964（昭和39）年
1月29日（水）　目黒の「柳生」。ネルソン、カーン、ジョージ。皆で大名料理。あと銀座の「ファンタジア」へ。
5月19日（火）　高円寺・蚕糸試験場前のジンギスカン料理へ。ネルソン氏送別会。ホーガン、カーン、ジョージ在り。すぐ古屋〔亨総理府総務〕副長官来る。9時頃、「ファンタジア」へ。
5月26日（火）「永田荘」つくばの間へ。ネルソン氏帰国送別会。ジョージも来る。当方は内調アメリカ行き経験者8人。
1965（昭和40）年
6月3日（木）池袋の「沖縄御殿」へ。CIAのレイナー、カーン、ジョージ3氏。レイナーの日本文化通に驚く。
1967（昭和42）年
3月25日（土）「えびす」行き。ネルソン氏歓迎の会。すし食ってベトナムの話など。
1968（昭和43）年
5月10日（金）CIAの田島氏来る。資料と民研〔民主主義研究会〕のこと聞く。
12月23日（月）代々木のスミス宅へ。A〔アメリカの意か〕の関係者カクテルパーティ。ジョンソン大使夫人。石岡〔実〕官房副長官ら。
1970（昭和45）年
4月7日（火）京橋角の竹葉亭行き。しばらくしてネルソン氏と古屋代議士来る。久闊。うなぎ料理。8時過ぎ、新橋の「朝村」へ。芸者をあげて飲み直し。
1971（昭和46）年
6月8日（火）山王ホテル行き。ガーデンルームでスミス氏のお別れパーティー。日曜に発って本国で休み、10月にサイゴン行きの由。後任ウェルズ氏と握手。カッシュマン中将（CIAのナンバー2）も来る。日本側は警察、防衛庁、内調など。ジレット、ハーグリーブス、ネルソンその他と話す。
6月9日（水）CIAのスミス氏と後任のウェルズ、ネルソンとナガセ来る。〔川島広守〕室長室で室長、次長ら出席。総合調整はうまくできているか、海外派遣（駐在）は考えられないかなど質問あり。中ソ国境の重大性をウェルズは強調。川島氏がうまく答える。
6月29日（火）築地の「河庄」行き。CIAのウェルズの招待会。ネルソン、ハーグリーブス、ナガセと4人。両者の協力約束。
12月17日（金）「松亭」へ。Aさんたちとの年末懇親会。ウェルズ、ネルソン、ヘリング、ハーグリーブス、ナガセほか1名。ハーグリーブスと石油問題、日米経済問題、ニクソン人柄、選挙などについて話し合う。

1972（昭和47）年

12月16日（土）代々木上原のウェルズ宅。クリスマスパーティー。例年のもの。ネルソン、ボーレン、モリガン、永瀬、ジョージ中村、伊藤。当方は室長ら。警察庁、防衛庁の人々も。すし、朝鮮焼きなど食べ懇談。

1973（昭和48）年

12月11日（火）青山の久保田宅へ。Aさんとの会合。ウェルズはアメリカ行き。マリガン、エドモン、永瀬、ジョージ、ネルソンら在り。当方は室長、次長ら。川島〔広守〕副長官も来る。

1974（昭和49）年

5月15日（水）ユニバックそばの「吉本」。ネルソンとジョージ中村在り。先方の招待。ネルソン氏送別会。

この年八月、私は警察庁発令となり、一応CIAとの縁が切れた。しかし、CIAは恐ろしいところだと思う。何でもやるところだ。このような組織は国際情勢の複雑化する今日、日本にもあってよいと思う。

（註）CIA関係者を特定し、フルネームを割り出すのは困難なため、表記は基本的に志垣氏の日記の記述に従った。赤旗が一九七六（昭和五十一）年四月に報道した「在日米大使館など米政府出先機関のCIA要員リスト」のうち、少なくとも二人が志垣氏の日記にある人物と同姓で、二人の滞日期間も矛盾がなかった。

8　中国核実験後の若泉報告

一九六四（昭和三十九）年十月十六日に行われた中国初の核実験は日本と世界に衝撃を与えた。米原子力潜水艦の寄港問題を手始めに、数年前から核政策をめぐる委託研究を進めていた内閣調査室は、国際政治学者の若泉敬に報告を委託する。若泉の報告は、日本が核武装しない国是を貫き、安保条約を前提にアメリカの核の傘の保障を取り付ける一方、核武装の潜在的能力を持つよう説くものだった。内調と若泉は、若泉が東京大学法学部を中心とする学生有志の研究団体、土曜会の会員だった頃からつきあいがあり、中国核実験当時は「内調の準職員のような存在で、盛んに行き来していた」（志垣氏）という。しかし、若泉の著書『他策ナカリシヲ信ゼムト欲ス』（文藝春秋）でも、内調との関係は一切ふれられていない。

1962（昭和37）年

3月8日（木）昼、官邸行き。12時半頃、東大教授の向坊隆氏来る。若干話してから小客間へ。食事してから各省連絡会議で向坊氏の話。「エネルギーについて」。エネルギーの新しい資源、原子力と太陽熱等について説明。あと質問若干。2時10分終了。結構面白い。やはり原子力の問題に話題集中。

3月13日（火）11時、5部に行く。向坊、宮木高明教授来て在り。宮木氏の生物学、発生学、医学等の分野の鳥瞰図説明を聞く。初歩解説。昼、すしの弁当を一緒に食べて話。政府補助金の実情、遺伝のこと、ガンのこと、原子力経費のことなど。4月10日に再会を約して別れる。向坊氏の誘いにより山葉ホールに行き、原子力発電会社の科学映画（岩波）を見る。メダカの発生の映画（20分）もあり。1時より45分間。帰庁2時。

11月6日（火）午後、「核時代の軍縮問題」を70冊ほど無料で配布する相談。

11月27日（火）10時半より向坊教授の教養講座「各国の原子力事情」。429号室。昼、三会亭に至り、向坊教授と中華料理。

1963（昭和38）年

3月7日（木）10時半より班長会議。始まってすぐ防衛庁広報課より2佐来訪。「中共の核実験に対する世論の動向」について話す。有識者調査（中共核実験）10部とその他資料渡す。

3月16日（土）防衛庁広報課より2佐来る。資料交換。有識者調査の「中共の核実験問題」の要約持参。自民党国防部会に配るというので、その扱い方相談。来週返事することにして別れる。

12月14日（土）4時、歩いてホテルオークラへ。大平善梧グループの会。大平、久住忠男〔軍事評論家〕、関野英夫〔軍事評論家〕、林三郎〔毎日新聞論説副委員長、外交・国際問題評論家〕、蠟山道雄〔国際政治学者〕各氏。関野氏から「核戦略と外交」について1時間ばかり報告。あと討議。核拡散が世界の平和バランスに是か非か、核と外交戦略の関係、フランスと中共の関係など。食事してもっぱら話。原爆裁判のこと、国際法違反のこと、徳川家康のこと、東海村学者のこと。8時解散。

1964（昭和39）年

10月1日（木）5部の業務報告。押田〔敏一〕より中共の核実験の基礎について。工場の所在など。久住〔忠男〕氏を指名し、中共の核爆発能力をフランスと比較してもらう。まだ不発だが、中共核実験は皆興味あり、質問多し。

10月15日（木）　午後、押田君と中共の核実験近いと話す。

10月16日（金）　登庁9時40分。新聞、資料読む。フルシチョフ解任の報詳しく読む。藤原〔弘達〕氏に電話し、意見聞く。英国労働党優勢の報も入る。

12時より調査官会議を〔本多武雄〕室長室にて。食事しつつテレビニュース聞いてからフルシチョフ辞任問題をあれこれ協議。詰め腹説を主張。工藤〔真澄〕氏を呼び、今朝〔官房〕長官宛てに出したメモの内容など聞く。中共の核実験も近いというので、あらかじめ長官談話を準備。世論調査なども考慮することとする。夜12時半、押田君より電話。中共核実験やれりと。

10月17日（土）　9時半登庁。中共核実験の記事等読む。11時より室長室にてこの問題の検討会。中共核実験とフルシチョフ辞任を無理に結びつけようとする傾向もあり反対する。いきさつの検討に終始するのも欠点。これからの問題、何をなすべきかの問題意識に欠けるうらみあり。一般に情勢分析も確かではない。

10月27日（火）　11時より室長室にて長官報告の検討会。「ソ連政変と中共核実験の各国共産党に及ぼした影響」。文章平凡、若干修正。情報メモもやり、12時10分終了。

10月29日（木）　10時半、班長会議司会。押田君より、中共核実験の技術的水準高い、と報告。他に中共核実験の各国共産党に与えた影響についての報告など。

11月4日（水）　昼、調査官らと〔内閣調査室近くの〕白亜ビル行き。審議員会議（審議員会議については10参照）。核問題など討議。

11月5日（木）　主幹会議5時半了。退庁。国民出版協会行き。五目ソバと柿食って討論会。中共核実験と日本の安全保障、ソ中関係、ソ連政変等々。日本も核武装一歩前まで準備すべし云々と。8時20分終了。

11月6日（金）　12時、車で梶工業ビル総合研究所行き。食事して定例研究会。桑原寿二氏〔中国問題研究家〕の「中共核実験と日本の受取り方」、若泉敬氏の「日本の政変に対する英米論調」。

11月13日（金）　6時前退庁。デモ隊あり。虎ノ門の「吉平」に赴く。防衛懇談会。防衛庁の堀田〔政孝教育〕局長、防衛二課の伊藤〔文顕〕氏ら。粕谷〔一希〕君、村松剛、大島康正、中村菊男、西義之、佐伯彰一の諸先生に奈須田〔敬〕君。原潜問題。中共核実験問題。中共の科学、兵器、技術水準について。わが国の核武装問題。防衛問題等。10時まで話す。村松、大島は核を持てというのが7割ぐらいの強い意見。ハイヤーで佐伯氏と帰る。帰宅10時半。

11月18日（水）『調査月報』編集会議12時了。すぐ白亜ビル行き。審議員会議。若泉〔敬〕君が「中共の核実験とわが国の安全保障について」報告。質疑応答、比較的活発。2時終わり、帰庁。

12月2日（水）　昼、白亜ビル行き。審議員会議。若泉〔敬〕君から「中共の核実験と日本の安全保障」について修正報告（註1）。（要点筆記し、室長に後刻報告）。帰庁2時過ぎ。

1965（昭和40）年

1月28日（木）　10時より4階にて講演会。班長会議のメンバーに事務官等も出席させる。原子力燃料会社の植松邦彦博士。「中共の核実験と科学技術的水準および原子力平和利用について」。なかなか分かりやすく、プルトニウム239とウラン235のことなど説明。1時間余。質問活発。12時終了。あと一緒に昼食。室長、5部の者出席。1時まで懇談。有効であった。

5月15日（土）　午前、押田君来る。中共原爆実験予測できずと反省。

5月26日（水）　12時、白亜ビル行き。審議員会議。久住〔忠男〕氏の「核政策の問題点」、若泉〔敬〕君の「各国の核政策」。それぞれ質問と説明あり。2時了。

1966（昭和41）年

5月6日（金）　6時15分前退庁。〔大津英男〕室長、海江田〔鶴造〕と山王飯店行き。間もなく朝日新聞の渡辺誠毅〔論説委員、のち社長〕ら3氏来る。食事しながら話。中共核実験問題、中共の変化の可能性、社会党の安保政策、朝日の陣容、公明党問題など。割りに活発。主として渡辺氏の発言。8時半解散。朝日と顔をつなごうという趣旨。相互協力の約束。

11月18日（金）　5時半過ぎ退庁。半蔵門会館に至る。大平善梧、桃井真、佐伯喜一3氏続いて来る。「核政策の現状と問題点」の審議内容と日程について討議。各人1日を割り当て、来年1月まで審議を続けることとする。

1967（昭和42）年

1月19日（木）　12時、白亜ビル行き。審議員会議。佐伯〔喜一〕氏より「わが国の核防衛について」説明1時間余。なかなか論理的で参考になる。質疑あって2時過ぎ終わる。あと若泉〔敬〕君と彼の論文（中央公論発表予定、核軍縮平和外交問題）について討議。修正意見出す。帰庁3時半。

1月26日（木）　11時半過ぎ出て白亜ビル行き。審議員会議。矢部〔貞治〕氏らと選挙の話など。岸田純之助氏12時15分頃来る。食事してから、日本の核開発能力について説明してもらう。技術的に可能で、決定してから3年～5年で出来る。1時頃終わり、あと質問多く出て割りに詰めることができた。40分頃終了。

2月23日（木）　11時半白亜ビル行き。大平善梧氏が早く来ていて、紀元節の制定事情など話す。12時より食事。審議員会議。大野〔勝巳〕氏より核政策答申の基本態度説明。対米協調の基本線など。第2次案修正個所の説明。質疑あり1時15分終了。あと中共核実験映画の映写行う。効果的。2時終。

3月8日（水）　朝、日本交通の車迎えに来る。9時20分出発。矢部宅10時前到着。一緒に官邸へ。時間余りまず内調に入り、〔大津〕室長と話。官邸大臣控え室に案内。佐伯〔喜一〕氏も間もなく来る。矢部、佐伯、大津の3人で総理室に入り35分、11時半終。核政策問題説明したと（註2）。あと記者会見。1年やってきたので国際情勢研究会の成果について話したと説明。

6月28日（水）　10時より班長会議。久住〔忠男〕氏より中共水爆の技術的要点と影響の説明。

11月1日（水）　3時、新橋の喫茶店へ。野沢豊吉氏〔東京工業大学〕と関根瑛応氏〔動力炉・核燃料

開発事業団〕在り。委託計画の話。「核エネルギー政策の反省と提言」ということにして、来年8月までにレポート。約80万とする。

1968（昭和43）年

2月29日（木）　12時、白亜ビル行き。審議員会議。向坊〔隆〕氏の「科学者の見た核外交政策」。講話40分。原子力発電、核拡散防止条約の是非等について。あと質疑30分。

4月18日（木）　12時、白亜ビル行き。審議員会議。〔外務省国際連合局の〕沢井〔昭之〕調査官より核拡散防止条約の説明。30分。質問30分。

1970（昭和45）年

1月23日（金）　2時より自民党本部5階の会議室で核防条約に関する懇談会。40人余りで盛況。外務省〔国際連合局〕の小木曽〔本雄外務参事官〕より外務省の立場説明。科学技術庁〔原子力局〕の梅沢〔邦臣〕局長より意見。あと瀬川〔正男〕動燃理事、宗像〔英二〕原研理事長、大島〔恵一〕東大教授、野沢〔豊吉〕東工大、倉前〔盛通〕亜細亜大教授ら8人の意見開陳。議員は灘尾〔弘吉〕、赤城〔宗徳〕、田中竜夫、源田〔実〕、小坂善太郎、三木与吉郎ら20数名。産業関係者は査察のことに固執。野沢氏、例により長広舌。源田は反対（条約の精神に反対と）。

（註1）若泉は、日本が核武装しない国是を貫き、米国の核の保障を取り付ける一方で、核武装の潜在的能力を持つよう主張した。

（註2）日本に核拡散防止条約（NPT）に協力するよう求めながら、米国の核抑止力を最高度に活用し、核エネルギーの平和利用を非核保有国にも認めることなどを提案した。

9　核武装研究「カナマロ会」

若泉敬による「中共の核実験と日本の安全保障」や、矢部貞治、佐伯喜一らによる佐藤栄作首相への核政策答申の後も、内閣調査室は永井陽之助、垣花秀武、前田寿、蠟山道雄の四氏に委嘱して、さらに精密な核政策研究に取り組んだ。研究会は四人の頭文字をとって「カナマロ会」と呼ばれた。一九六八（昭和四十三）年一月に始まったカナマロ会は、国際文化会館を主会場に、軽井沢での泊まりがけの研究会も含め、十六回ほどの会合を重ねた。一九六八年九月に完成した「日本の核政策に関する基礎的研究（その一）」と、七〇年一月に完成した「日本の核政策に関する基礎的研究（その二）」は、内調の核政策研究の集大成ともいうべきもので、佐藤政権の非核政策を裏打ちする形になった。

1965（昭和40）年

2月25日（木）　10時より班長会議。５部斡旋の関根〔瑛応〕、垣花〔秀武〕氏〔東京工業大教授〕が来る。暗幕してスライド映写。原子力の解説映画。分かりやすく説明。約40分。次いで垣花氏の講演。原子力開発の問題点。日本の開発が遅れていること、安全性の問題にこだわりすぎていること、中共の科学水準が意外に高いことなど。あと30分質疑応答。室長熱心。12時終了。両氏と会食。愛国的心情から原子力開発の促進を話し合う。

12月16日（木）　10時20分より教養講座。垣花教授。東欧を回った印象記。科学者の国家奉仕のこと、東西ドイツのことなど話す。

1967（昭和42）年

8月1日（火）　班長会議12時前了。垣花氏を迎え、霞山会館へ。3人ですしを食い、喫茶。一高同期生の三ヶ月章〔東大教授、法相。志垣氏とは陸軍経理学校の同期〕のこと、永井陽之助のこと、中共文化革命と原水爆のこと、軽井沢の家のことなど。話して面白い。

11月28日（火）　6時前退庁。「もみぢ」行き。前田寿（朝日新聞）、波多野里望（学習院大学）、鈴木光男（東京工業大学）各氏に垣花教授来る。（永井陽之助氏は病欠）。ふぐと酒。マクナマラ辞任、ベトナム戦争、ポンドのこと、大統領選とジョンソンのこと、ケネディのこと、沖縄問題、核問題等々の話。8時40分頃までやって解散。

1968（昭和43）年

1月30日（火）　6時前退庁。四ツ谷の「福田家」行き。永井陽之助氏と前田寿氏在り。間もなく垣花秀武氏も来る。プエブロ号事件、朝鮮問題、ベトナム問題等話し合う。来年度の研究会運営方式について相談。核政策について今後どうするか議論が行われ、蠟山道雄氏を加え4人の常任理事を中心として運営、月1回の会の記録（テープ、速記）をとることにする。ゲスト方式もとる。あと全学連の話などして9時過ぎ了。私は永井氏を官舎まで送り、業界の話。

2月9日（金）　午後前田寿氏を乗せ、国際文化会館へ。蠟山氏に会い、共同研究の依頼してOKをとった。永井、垣花グループに入り、やってほしいと。早いテンポで研究の要あり、実際のわが国の核能力を認識する要ありという話になる。人選も若干やり、リポート作成方式など相談し、3時辞去。

4月26日（金）　午後、帰り支度して国際文化会館へ。カナマロ会。岡本正彦氏〔人物不詳〕と岡本哲史〔航空工学者〕氏の話。技術の問題ではなくマネジメントの問題ないしポリシーの問題と。5時半ごろ両岡本氏去り、次の相談。永井氏に委託費増額の話をする。

5月2日（木）11時20分、垣花氏来る。報告書を説明し提出。濃縮ウランのことなど話す。

5月13日（月）6時「王府」行き。カナマロ会。前田寿『軍縮交渉史』出版祝いを兼ね懇親会。垣花、永井、蠟山、前田。ベトナム問題、ジョンソン分析、原潜放射能問題、自民党内情等、話題弾む。9時まで大いに食い話す。

5月24日（金）3時退庁。国際文化会館行き。カナマロ会。前田氏より取りまとめ方の説明質疑若干。垣花氏よりプルトニウム生産の隘路や人的不足のことなど説明。異なる部門間の協力が困難なことなど話す。永井、蠟山両氏も発言。放射能災害防御の意見も出る。

6月15日（土）2時退庁。国際文化会館行き。カナマロ会。今井〔隆吉〕氏の講義。プルトニウムの製造過程の問題点、技術上のことは何とかなる、人的組織のこと大切、原研の憂うべき現実など。次の打ち合わせ。軽井沢会談のことなど。

7月12日（金）8時40分車乗り出発。上野駅9時半着。10時5分前に「白山」急行に乗り込む。永井、前田、蠟山、佐藤〔栄一か〕君（国際問題研究所）ら在り。座席は離れ、新聞読み。12時40分頃、軽井沢着。タクシーで高原ホテル（警察の寮）行き。室割り。垣花は自分の別荘より来る。3時頃から一室に集合して報告書検討。佐藤氏がまとめたもの。口語体が多く、文章としてもまずい。あちこちでひっかかり難航。原爆兵器作成は不可能に近いことが述べられている。今までの勉強会の集成。技術、組織、人、財政等の面から多角的にやったもの。6時一応終り。7時頃食事。海外アヴァンチュール物語り等。皆で近くの万平ホテルに行き、ウィスキーで懇談。9時まで。皆帰り。永井、蠟山と私は垣花氏の別荘訪問。昨年建てたばかりの山小屋風山荘。優雅な生活を楽しむ如し。弟子と秘書2人。10時迎えの車来て退出。永井氏と風呂で長話。沖縄問題（本土並みで米と交渉する姿勢とれと。核付きになっても日本のコンセンサスは得られる）の話。若泉を若干批判。アメリカに利用されていると。上がって蠟山氏と話。同室。1時半までベトナム問題、核防条約など。

7月13日（土）　8時起床。朝食後9時過ぎより会合。昨日の宿題で担当して補正したところを読み上げ直す。永井氏の分は核技術者の組織のところ、蠟山氏のは財政のところ。この2カ所の検討で12時となる。あとは前田氏が全部通読して修正することとする。チェックアウトして退出。「栄林」へ集合。シナ料理で打ち上げ会。映画の話など。2時解散。

8月20日（火）　10時半、明産ビルミーティンググルーム行き。カナマロ会。関野英夫氏を招き、中共の核兵器のこと、日本のＡＢＭ体制のことなど聞く。核抑止力、中ソ対立、金門馬祖攻撃中止のことなど議論。中共原潜の存在についても。出席者は垣花、永井、前田、蠟山に内調から白倉〔鉄夫〕、志垣ら。午後1時終わり、あと「えびす」に行き昼食。ＴＶやマクルーハン、マッカーシーの話など。

　この頃、「日本の核政策に関する基礎的研究（その一）」が発行された。

10月22日（火）　6時前退庁。ホテルオークラ行き。カナマロ会。垣花、永井、前田3氏に佐藤氏来る。蠟山欠席。食事してもっぱら学生対策の話。永井氏の話、有益。

10月26日（土）　歩いて国際文化会館3時半着。カナマロ会。高坂正堯氏の中共の核兵器と国際関係の報告。カナマロ4氏のほか白倉ら。台湾問題と中共の対日態度（要求）のこと、日本への核脅迫のこと、日本人の心理の問題、米中ソ関係など。結局は日本は核の傘の下にあって通常兵力を増大するのがよいということ。5時半過ぎ終了。永井氏と学生運動の話、世論の味方を得ることなど。

11月8日（金）　3時、国際文化会館行き。蠟山氏より中共の核戦力についての考え方報告。4時まで。あと質問1時間。中共の意図の問題に至る。総合的対策が必要ということで学生対策、東大論など。5時半解散。永井氏の主張参考になる点が多い。

11月26日（火）　国際文化会館1時着。カナマロ会。例のメンバーで統計数理研究所の鈴木達三氏の話を聞く。世論調査による核問題、防衛問題等。国民の意識の曖昧さ、等質性など出る。永井氏に講演依頼しておいて3時半先に出る。

1969（昭和44）年

2月7日（金）5時退庁。国際文化会館行き。カナマロ会。永井氏は東京工業大の騒動で来られず。蠟山氏、暇なくてまとめしていないと。京都会議のことなど話す。沖縄の核は不要という論理で詰めることにし、結論を急ぐこととする。垣花氏来て東工大のストの問題を話し合う。前田氏より上智大の話。

2月21日（金）3時、国際文化会館行き。カナマロ会。蠟山氏よりまとめの4項目などの話。中共核の抑止力、対日脅威、米国の傘の信頼性、ゲリラ、ナショナリズムとの関係、核防条約可否論など討議し、大筋の結論を出す。5時終了。あと永井、垣花両氏と東工大問題を話し合う。次第に悪化の様相。

9月18日（木）「まぐろ鷹の羽」。垣花秀武氏より東京工業大学の内情の話あり。

1970（昭和45）年

1月18日（日）午後、「核政策に関する基礎的研究」蠟山リポート読む。

1月21日（水）午後、〔大津英男〕室長に蠟山報告の要約を見せる。OK。

　この頃、「日本の核政策に関する基礎的研究（その二）」発行（註）。

（註）「基礎的研究（その一）」、「基礎的研究（その二）」は、技術的、外交的、政治的に日本は核兵器を持つことはできないが、安全保障にマイナスとはならないと述べた。

10　各界トップの審議員会議

一九六二（昭和三十七）年ごろ、内閣調査室は外郭団体の社団法人・国際情勢研究会の一機能として「審議員会議」を発足させていた（註1）。志垣氏が審議員会議の担当になったのはそれから二年後で、設立の詳細な経緯はよく分からない。藤原弘達のような有名人と内調との交流を一層強化する狙いがあったと思われる、と志垣氏は述懐する。

志垣氏が審議員会議を担当する六部を兼務したのは一九六四（昭和三十九）年八月からで、日記にはその後定期的に審議員会議の記録が頻出する。審議員の名簿などは残っていないが、志垣氏の証言によると、初期メンバーは横田喜三郎（最高裁判所長官）、花井忠（元検事総長）、福島慎太郎（元ジャパンタイムズ社長）、植田捷雄（東京大学名誉教授）、加瀬俊一（元国連大使）、長谷川才次（時事通信社代表取締役）、田中重之（元内務官僚）、気賀健三（慶応義塾大学教授）、木村健康（東京大学教授）、今井久（元防衛事務次官）、若泉敬らだった。一九六六（昭和四十一）年に多くの審議員が交代し、新たに矢部貞治（元拓殖大学総長）、大平善梧（一橋大学教授）、小倉謙（元警視総監）、佐伯喜一（野村総合研究所代表取締役副社長兼研究所長）、大野勝巳（元外務事務次官）、平沢和重（外交評論家）、林健太郎（東京大学教授）、馬場義続（検事総長）が選ばれた。石川忠雄（慶応大学教授）らは参与になった。

審議員会議のメンバーはまず、警察庁、法務省、外務省、大蔵省、防衛庁などのOBを優先的に入れた。その他のメンバーは、内調独自の考え方で採用した。横田喜三郎、花井忠らのような各界の重鎮の中には名目的な参加者もいたが、会長の人選は官房長官まで上げるほど重視されていた。若泉のように、内調と関係が深く、若いが優秀な学者と評価され、選ばれた者もいた。会議はおおむね木曜日に開かれ、委員には5万円強が支払われた。テーマは中国問題を主に、ソ連、東南アジア、日米関係、朝鮮半島、沖縄、北方領土、経済問題など、多岐にわたった。若手中心の会議のような深みはなかったが、核政策に関する問題意識は強烈だったという。志垣氏が抜粋した審議員会議の主な動きは次の通り。

1964（昭和39）年

8月26日（水）午後、車に便乗し白亜ビル行き。休み明け初回の審議員会議。加瀬〔俊一〕、長谷川〔才次〕両氏欠席。食後、田中重之氏より「中共の対日政策」についてプリントで報告説明。石川忠雄氏より若干質問あり。2時過ぎ終了。

9月30日（水）　11時半、白亜ビル行き。審議員会議。加瀬〔俊一〕氏が「ドゴールの外交政策」について説明。あと長谷川才次氏より〔ウィリアム・〕バンディ〔米国務次官補〕来日後の発言について説明。

11月18日（水）『調査月報』編集会議12時了。すぐ白亜ビル行き。審議員会議。若泉〔敬〕君が「中共の核実験とわが国の安全保障」について報告。質疑応答、比較的活発。

12月2日（水）　昼、白亜ビル行き。審議員会議。若泉君から「中共の核実験と日本の安全保障」について修正報告。

1965（昭和40）年

1月13日（水）　12時過ぎ、食事して白亜ビル行き。審議員会議。今井久氏より「ソ連の軍事情勢」の報告説明。割りに質疑応答活発。

3月17日（水）　昼、白亜ビル行き。審議員会議。気賀健三氏より「ソ連の現状」について報告。長谷川才次氏と福島慎太郎氏らが、ジョンソン・佐藤会談について対中政策の話し合いのことなど。「中共討つ」と言ったこと、真偽不明。両者の意見分かれる。

4月7日（水）　12時、車で白亜ビル行き。審議員会議。日韓問題議題。〔内調の〕下野〔信恭〕氏よりマスコミ論調紹介。法務省から在日朝鮮人の法的地位の説明。なかなか明快。

5月26日（水）　12時、白亜ビル行き。審議員会議。〔軍事評論家の〕久住〔忠男〕氏の「核政策の問題点」と、若泉〔敬〕君の「各国の核政策」。それぞれ説明と質問あり。

7月7日（水）　白亜ビル行き。審議員会議。福島慎太郎氏が米中関係の報告。質問活発で割りと面白い。

8月25日（水）　12時、白亜ビル行き。向山寛夫氏〔労働法学者〕より参院選と労組、他に参院選と公明党、参院選と革新党の報告があった。

9月29日（水）　12時、歩いて白亜ビル行き。審議員会議。加瀬俊一氏より「西ドイツとヨーロッパの安全保障」の報告。質疑。

1966（昭和41）年

2月24日（木）　審議員会議メンバーが交代することになり、3時半全国町村会館へ。選挙制度審議会に出ている〔政治学者の〕矢部貞治氏を30分余り待つ。終わったところをつかまえ9階の食堂で話す。国際情勢研究会の会長をやってくれと。「その任に非ざれど、皆さんがよいというなら座長ぐらいのつもりで引受けよう」と言われOK。帰庁し〔本多武雄〕室長に報告。

2月28日（月）　午後、根本〔祐彦〕氏のところへ班長以上集まり、審議員のメンバー候補決定。あれこれ討議。

3月1日（火）　3時半、〔大津〕室長、根本氏と3人で町村会館へ。選挙制度審議会中の矢部貞治氏を呼び出してもらう。9階食堂で話。審議員候補名簿見せて相談。林健太郎（桶谷繁雄）、福良俊之（大来佐武郎）、佐伯喜一（林三郎）、大平善梧（入江啓四郎）、平沢和重（愛川重義）の5人〈（　）内は第2候補〉を同意してくれた。当方の意見とほぼ一致。

3月14日（月）　夜。六本木より歩いて「竜土軒」へ至る。8時。『自由』の編集会議終わって林健太郎氏が待っていた。伴いタクシーで日生劇場地下バーへ。国際情勢研究会のことを話し、審議員になってくれるよう頼む。承諾。ウィスキー飲みつつ9時半頃まで話す。

3月15日（火）　ジャパンタイムズ12時訪問。福島慎太郎氏に会い、平沢和重氏を後任にほしいと要望。賛成してくれ、説得すると約束してくれた。

3月16日（水）　TBSゴルフ練習場に行き、買ったアイアンで練習。9番でやる。帰庁3時前。一橋の大平善梧氏来ていた。次長室で会見。国際情勢研究会の件話して、審議員になるよう依頼。もちろんOK。

3月17日（木）　4時、NHKに福良俊之氏〔解説委員〕を訪問。審議員になってくれるよう頼む。大蔵省、総理府等の委員や朝食会あり、忙しすぎて承諾不能と。よく事情を聞いてみれば無理らしい。あきらめて帰庁5時。

3月22日（火）　午後法務省行き。竹内〔寿平〕次官に面会。国際情勢研究会の審議員の推薦をしてくれるよう頼む。林敬三氏を激賞していたが、馬場

〔義続検事〕総長と相談してから返事する由。

3月23日（水）　日経ビル9階の経済研究センターへ10時半着。大来佐武郎氏に面会。審議員就任を依頼。説明し手当6万円云々も出して交渉。ＯＫ。外国行きで時折欠席を了承。

3月24日（木）　6時前退庁。赤坂の「宝家」に至る。矢部貞治氏来る。審議員選考、交渉経過報告。加瀬、留任に反対。

3月30日（水）　午後、法務省人事課長より連絡あり、来てくれというので赴く。国際情勢研究会の審議員候補として栗谷四郎氏を推したいという。来年11月には馬場氏が定年になるまでのつなぎと。

4月6日（水）　4時、共同通信社社長室を訪問。福島慎太郎氏に会い、加瀬氏は反対が多くて残留の見込みが少ないことを説明。それなら平沢氏はＯＫという。帰庁4時半。室長のところへ行き、加瀬問題は慌てず時機を待つことにする。佐伯喜一氏で行くことも決める。

4月7日（木）　班長会議12時了。久住〔忠男〕氏に佐伯喜一氏（審議員）の件了承してもらう。


4月8日（金）　10時半、車で出発。江戸橋の野村総合研究所に佐伯喜一所長を訪問。審議員就任を要請。報告書を書くことをなるべく少なくしてくれと。社長に相談はするが、彼としてはＯＫ。

4月15日（金）　4時、平沢和重氏と会う。審議員の件頼む。27日〔新審議員第1回会議〕の出席の件も取り付けＯＫ。

4月20日（水）　午前、法務省人事課長に電話。栗谷審議員候補についてはしばらく時機を待つという。

4月21日（木）　午前、車で市ヶ谷の経済センターへ。海外技術事業団に小倉謙氏を訪問。国際情勢研究会の審議員を依頼。仕事の内容も説明。概略、警察庁から話があった由。それでも当方から順序立てて説明の要あり。

4月22日（金）　防衛庁統幕議長に電話し、11時過ぎ杉江一三議長を訪問。国際情勢研究会の審議員になるよう依頼。会の状況を説明し応諾を得る。

4月27日（水）　11時半過ぎ、白亜ビルへ。椅子の配置。15分前に矢部貞治氏来る。続いて平沢和重、小倉謙、杉江一三、林健太郎、遅れて大平善梧、大来佐武郎。会長、矢部氏決定。監事に小倉、杉江両氏。会長挨拶。会長代理要員として大平、林両氏。室長挨拶。安保問題提出しておく。日程、水曜をやめ木曜昼とする。手当は手取り6万円強（会長）、5万円強（審議員）と発表。

5月19日（木）12時前、白亜ビル行き。審議員会議。野崎氏〔人物不詳〕より「米国の対中共政策の現状」（参考資料）を説明。次いで平沢和重氏より同名のペーパーを説明。質疑応答。対中共政策変化の動きはあっても具体的政策は当分変わらないという結論。

6月2日（木）11時半、白亜ビル行き。審議員会議。平沢和重氏の「米国の対中共政策」説明。修正個所報告。質疑あってOKとなる。

6月9日（木）11時45分、白亜ビル行き。審議員会議。石川忠雄氏より「中共の世界革命戦略」についてペーパーを読んで説明。

7月6日（水）3時、前外務省大使室へ。大野勝巳氏、4時過ぎようやく現れる。国際情勢研究会のことを説明し、審議員受諾を要請。快く承知。意義あり、勉強になると。

7月12日（火）登庁9時半。新審議員の栗谷四郎氏来る。室長室にて幹部と面会。国際情勢の事業の説明などする。刑法改正、非行少年問題なども。

7月28日（木）11時半、白亜ビル行き。審議員会議。大平〔善梧〕氏自筆の「中共の対日態度」を読み上げ、各人より批判。かなり意見あり、修正。

9月22日（木）林健太郎氏よりソ連旅行の話があった。

10月6日（木）12時より食事、審議員会議。野崎氏が「現時点における米ソ関係」のペーパー読む。大平、大来、若泉（臨時出席）より意見あり。

10月27日（木）12時白亜ビル行き。審議員会議。小倉氏のまとめた「ソ連の対日態度」の説明あり。なかなか種々の意見出る。2時前になり終了。小倉氏と訂正方打ち合わせ。

11月10日（木）11時半過ぎ、白亜ビル行き。矢部会長早し。審議員会議。核政策問題の審議日程など小生より説明。小倉論文の訂正個所説明。あと桑原〔人物不詳〕氏より「文化大革命」の意義と性格についてペーパー読む。権力闘争とみるか否かで議論湧く。次回もう一度やることにして2時前解散。

11月18日（金）　5時半過ぎ退庁。半蔵門会館に至る。大平善梧、〔防衛庁防衛研修所の〕桃井真、佐伯喜一3氏続いて来る。「核政策の現状と問題点」の審議内容と日程について討議。各人1日を割り当て、来年1月まで審議を続けることとする。

11月24日（木）　午前中、東大に糸川英夫氏を訪問して核政策の審議日程など説明し、来年1月12日に審議員会議で話してくれるよう頼む。OK。11時半頃辞去。赤坂見附より歩いて白亜ビルへ。審議員会議に間に合う。桃井真氏より「軍備コントロールの基本研究」を1時間説明。佐伯、大平、大野〔勝巳〕らより質疑多々。

12月1日（木）　11時半過ぎ、久住〔忠男〕氏より「核政策の諸問題」。昨年審議したものを説明。ボーフルなど新しいものも入れる。

5時前、〔大津英男〕室長と退庁。ホテルオークラ10階茜の間に至る。前審議員との懇親パーティー。福島慎太郎、木村健康、今井久、田中重之、加瀬俊一、長谷川才次、若泉敬、小林庄一、花井忠、気賀健三、山口喜雄、植田捷雄ら、ほとんど全員出席。新審議員からは矢部貞治会長のみ。石岡実内閣官房副長官、本多武雄前室長も来る。

1967（昭和42）年

1月19日（木）　12時、白亜ビル行き。審議員会議。佐伯〔喜一〕氏より「わが国の核防衛について」。説明1時間余。なかなか論理的で参考になる。あと若泉君と彼の論文（中央公論発表予定、核軍縮平和外交問題）について討議。修正意見出す。

1月26日（木）　11時半過ぎ出て、白亜ビル行き。審議員会議。〔朝日新聞社の〕岸田純之助氏、12時15分頃来る。食事してから日本の核開発能力について説明してもらう。技術的に可能で、決定してから3～5年で出来る。あと質問多く出て割りに詰めることができた。

2月9日（木）　11時半出て白亜ビルへ。審議員会議。林健太郎氏より中共旅行の話。紅衛兵の吊し上げなど。

2月16日（木）　11時半出発して白亜ビルへ。審議員会議。〔内調6部の〕山崎〔操〕君が答申案草稿を読む。大野〔勝巳〕審議員より解説。各審議員より質問多々、議論活発。「わが国の核政策をめぐる問題点」。2時10分までやって、ようやく解放。

2月23日（木）　11時半、白亜ビル行き。審議員会議。大野氏より核政策答申の基本態度を説明。対米協調の基本線など。第2次案修正個所の説明。あと中共核実験映画の映写を行う。効果的。

3月8日（水）　朝、日本交通の車迎えに来る。9時20分出発。矢部〔貞治〕宅10時前到着。一緒に官邸へ。時間余り、まず内調に入り、〔大津英男〕室長と話。官邸大臣控え室に案内。佐伯〔喜一〕氏も間もなく来る。矢部、佐伯、大津の3人で総理室に入り35分、11時半終。核政策問題説明したと。あと記者会見。1年やってきたので国際情勢研究会の成果について話したと説明。佐伯氏は神戸へ、矢部氏は法務省へ。室長より模様説明あり。沖縄問題検討頼むと。

5月8日（月）　9時20分登庁。矢部貞治氏死去に伴う諸件。小島〔龍一〕主幹、室長にも諮る。10時半頃より主幹会議。矢部さんの話。後任の件も出る。高柳賢三〔英米法学者〕、横田喜三郎、大野勝巳、茅誠司〔物理学者〕、古垣鉄郎〔外交官、ジャーナリスト〕、中山伊知郎〔経済学者〕など出る。

5月11日（木）　11時半出発。白亜ビルへ。大平善梧氏早めに来たので進行打ち合わせ。審議員会議。会長代理、大平氏進行司会。黙禱。大野氏は核問題で米国行きの件、詳細語らず。外務省北米局長、東郷〔文彦〕氏の報告約30分。沖縄問題。あまりうまくない。

5月23日（火）　朝、池袋行き。地下鉄新大塚駅前から歩いて横田喜三郎宅10時訪問。国際情勢研究会の会長の件頼む。予想していたらしく、政治的関係を一切断ると。最高裁への気兼ね、配慮等。他の学長など一切断っていること、疲れているし学究生活に入りたいことなどの理由。三権分立の考え方などもっとも。仕方なく後任人選など相談して辞去。

5月25日（木）　5時過ぎとなり、小島〔龍一〕氏より重大事件と知らせ。横田氏に断られた件、〔福永健司〕官房長官より室長が大目玉を食った由。辞表出すかなどと深刻。

6月15日（木）　11時半、小島氏と白亜ビル行き。平沢和重氏15分前に来る。小島氏と3人で話し、横田喜三郎氏は断念することとする。東畑精一〔農業経済学者〕、蠟山政道〔行政学・政治学者〕、中山伊知郎の順で田岡良一は番外。食事して審議員会議。朝日新聞安保調査室の阪中友久氏より沖縄問題の話1時間。分離返還論には否定的。現地の政情その他、なかなか具体的で有益。

6月29日（木）　11時40分出て白亜ビル行き。審議員会議。大平〔善梧〕答申「沖縄問題」原案を討議。なかなか活発な意見多い。林、石川、平沢、大来らから批判出て、大平と杉山が防戦の形。

7月6日（木）　12時前、白亜ビル行き。審議員会議。沖縄問題の最終版に論議あり。大野、林、大来と論戦。大平やや苦しい。

7月20日（木）　12時前、白亜ビル行き。審議員会議。私は途中抜けて「宝家」行き。3時、堀〔秀夫総理府総務副長官〕来る。「沖縄をめぐる問題点と対策」の説明。あとで山野〔幸吉特別地域連絡〕局長も来る。

7月27日（木）　白亜ビル行き。審議員会議出席。配転の挨拶をする（註1）。事務局の場所を離れ、傍聴側の席へ。林〔健太郎〕氏の「中共文化大革命」答申案を読んで検討。なかなか活発。これで終わり、夏休みとなる。

10月19日（木）　12時白亜ビル行き。審議員会議見学。沖縄問題再討議最終段階に至り、大平〔善梧〕ペーパーを検討。佐伯〔喜一〕、久住〔忠男〕、石川〔忠雄〕各氏らの論。

10月26日（木）　昼、白亜ビル行き。審議員会議列席。沖縄問題答申最終段階。大来〔佐武郎〕、佐伯〔喜一〕、林〔健太郎〕、久住〔忠男〕、石川〔忠雄〕各氏らなかなか活発。最後に栗谷〔四郎〕氏の提案で大平善梧氏を会長に推薦。

11月2日（木）　昼、白亜ビル行き。審議員会議。沖縄問題最終日。大平〔善梧〕原案を大野〔勝巳〕氏が修正意見。これが大勢を占める。2時了。

11月9日（木）　昼、白亜ビル行き。審議員会議出席。午前に大平〔善梧〕氏、佐伯〔喜一〕氏、大津

〔英男〕室長の3人で総理に会って、沖縄問題を報告した由。

12月7日（木）夜、霞友会館行き。国際情勢研究会の納め会。新旧両議員に内調の者。6部と主幹以上。〔木村俊夫〕官房長官。〔亀岡高夫、石岡実〕両副長官。古屋〔亨〕代議士、本多武雄氏らも来る。木村官房長官挨拶。沖縄問題は非常な貢献をしてくれたと持ち上げ、日米会談〔67年11月14、15両日〕の決定的資料となったという（註2）。なかなかうまい。これからも防衛、ベトナム、核など、よろしく頼むと。

1968（昭和43）年

4月11日（木）12時、白亜ビル行き。審議員会議出席。石川忠雄氏と久住〔忠男〕氏から日米専門家会議の報告。ジョンソン声明の波紋はここにもあり。あと、佐伯〔喜一〕氏より『日本の安全保障』についての各審議員の意見取り入れた報告。修正。それに対し、また意見。最後に栗谷氏退任、馬場〔義続検事総長〕氏来ること可決。大平氏が会長を退き、太田一郎氏〔元外務事務次官〕を推して可決（註3）。

（註1）志垣氏は一九六七（昭和四十二）年七月二十一日、学者を担当する調査第五部主幹（国内、国際等各部門の長の呼称）を命じられた。

（註2）国際情勢研究会による沖縄問題の答申は残っておらず、沖縄返還交渉にどのような役割を果たしたかは分からない。

（註3）この後も志垣氏が退職する一九七八（昭和五十三）年三月九日（木）まで、日記には審議員会議の模様が記録されている。

11　木村官房長官と学者

佐藤内閣の木村俊夫官房長官は、学者先生と会うのを楽しみにしている風であった。私が斡旋したものも相当にある。また、木村氏が力を入れている会の一つに「錦章会」というのがあった。永井陽之助〔政治学者〕や、石川忠雄〔政治史学者〕、神谷不二〔国際政治学者〕らの集まりで、このため副長官は百万円を寄付してくれた。

木村俊夫は佐藤首相の側近として沖縄返還交渉を担ったことで知られる。学者人脈を重視し、自らが主宰する学者の集まりの会も持っていた。志垣氏によると、内調の室長は週一回、官房長官に面会して、報告することになっていた。中曽根内閣の頃から首相に報告するようになったという。木村は歴代長官の中でも内調を大事にし、双方の交流も濃密だった様子が「志垣日記」からはうかがえる。「知的世界との交流」に努めた楠田実首席秘書官の存在とともに、佐藤内閣では、内調の委託研究などを生かす首相官邸の体制が整っ

―ていた。

1968（昭和43）年

1月25日（木）　12時出発。東京クラブで一又正雄〔国際法学者〕、桑田三郎〔中央大学教授〕両氏を乗せ、ホテルオークラへ。〔大津英男〕室長も来て話。1時半過ぎ、木村官房長官と秘書官来る。佐藤功氏〔上智大学教授〕も続いて来る。佐世保について長官談話のことなど話してから隣室で食事。小笠原直轄問題、初めから直轄にする意図はないと長官説明（美濃部知事と話してから）。沖縄問題、効果PR宣明の要。石油資本の進出について。北方領土問題（返る見通し暗いと長官）、学者の政府協力、共同研究等について、教育問題、施政方針演説の骨子（核時代、南北問題、教育問題、防衛問題の4つ）。佐藤氏は2時に去り、あと20分頃まで話し解散。

5月15日（水）　12時前、ホテルオークラ行き。朝日新聞の大久保泰氏来る。木村官房長官、楠田秘書官ら来る。やがて衛藤瀋吉、遅れて中嶋嶺雄。12時半より食事。中共問題の話し合い。佐藤内閣では日中関係改善は無理ということ。中共の脅威は如何（直接侵略はなく、間接はあり）、文革見通し（長期、毛林体制の変化予想）、輸銀問題、東南アジアなど出る。

5月17日（金）　昼、石川忠雄氏〔慶応大学教授〕を玄関前で待ち官邸へ案内。長官室で室長に紹介。山本登教授〔慶応大学〕も一緒。小食堂に入り食事。楠田秘書官が加わる。1時頃、官房長官来る。中共の脅威、東南アジア諸国の脅威感（日米共同声明のこと）、二つの中国・一つの中国問題、文化革命、国連加盟問題、長期基本政策を持つこと云々。石川氏が説明し、長官と楠田氏が質問。山本氏が補足といったところ。

6月20日（木）　12時前、ホテルニューオータニ行き。福田恆存氏〔評論家〕、続いて村松剛氏〔フランス文学者〕来る。15分、木村長官来る。志垣の5人で食事した。「解ってたまるか！」〔福田恆存が金嬉老事件をもとに作った喜劇〕の話から、部落のこと、基地問題、朝日新聞批評、日本文化会議のこと（協力し合うこと）、公安条例廃止の時は法律でやること。文化省設置の要、教育庁でよいと。三派全学連などとは結局は力の対決と思うと。

7月1日（月）　昼、ホテルニューオータニ行き。桶谷繁雄〔金属学者〕、西義之〔ドイツ文学者〕両氏在り。15分に長官と中村菊男氏〔政治学者〕続いて来る。大学問題、マスコミ問題、原潜放射能、安保、基地問題などの話。安保問題事典の作成を指示される。「言論人」援助のことも。安保で来年11月解散も狙っていると長官。

1969（昭和44）年

9月19日（金）　3時、石川忠雄氏来る。40分頃、神谷不二氏来る。4時前官邸へ。木村副長官室〔木村長官は前年11月に保利茂に長官の座を譲り、再び副長官に就任した〕で石川、神谷両氏による説明会。神谷氏から概略。石川氏補足。木村氏より種々意見。ランド・コーポレーションのようなものを作りたい、アイデアをほしいと。国防会議は眠っているし、各省も個別的。米国はすぐ事態に即応できる安全保障会議がある云々。予算をとる由。シンポジウムの金など言ってこい云々。

11月6日（木）　11時、蠟山道雄氏来る。半に出発。「加寿老」に至る。すぐ木村副長官ら来る。食事して話。沖縄交渉問題、繊維に頭痛い由。アメリカの政情、キッシンジャーのことなど。国家安全保障機構の要。行政改革が困難なこと。自由化、農産物、農協のこと。対中国問題。日米共同声明案の件。核防問題など。

1970（昭和45）年

4月23日（木）　5時半過ぎ退庁。「加寿老」行き。石川忠雄、〔大津英男〕室長、佐伯喜一氏、木村副長官、永井陽之助氏の順に来る。日中問題が主な議題。永井氏より錦章会の結論報告15分ぐらい。佐伯氏よりブルッキングスに行く心構えとして、日米関係（日本巨大化論への危惧、繊維と軍備問題）、日中関係、安全保障等について木村氏の意見をただす。繊維のこと、よく説明があり、比較的好評。

8月19日（水）　12時、歩いて「加寿老」行き。清浦〔雷作東京工業大学〕教授来る。若干の打ち合わせしているところに木村副長官来る。清浦氏より浮遊塵のサンプル見せ、光化学スモッグなど説明。

1971（昭和46）年

2月26日（金）　6時前退庁。「千代新」行き。木村副長官の招待会。楠田秘書官らも参加。当方は〔川島広守〕室長、次長ら。

5月10日（月）　6時過ぎ退庁。「千代新」行き。中嶋嶺雄、楠田秘書官、木村副長官、石川忠雄氏の順に来る。食事しながら日中問題研究会の構想について話し合う。衛藤瀋吉氏をどうするか、入ってくれるか。構成員を話し合う。蠟山道雄氏、武者小路公秀にも呼び掛けることとする。8時15分、高坂正堯氏が京都より来て加わる。彼はやや考え異なり、秘密裏にやる意見。マスコミPRを主にすべきものと木村、石川の線は一致。6月11日に第1回会合を行うことに決める。室は楠田氏が提供するという（張り切っている）。

12　政策科学研究会（ＰＳＲ）

政策科学研究会（Policy Science Research：ＰＳＲ）は、戦後最長となった佐藤内閣の終盤に作られた若手による研究会である。最初の会合が開かれたのは一九七一（昭和四十六）年五月。七〇年秋に大阪万博が成功のうちに幕を閉じた後、七一年七月、八月に米中接近と金・ドル交換停止というニクソン・ショックが襲い、佐藤政権にたそがれが訪れていた。日本経済は安定成長の入り口に立ち、国際政治が多極化へと向かう中、新しい針路、価値観の転換が求められていた。そこで志垣氏が白羽の矢を立てたのが、山崎正和、佐藤誠三郎、高坂正堯《こうさかまさたか》、黒川紀章、香山《こうやま》健一、志水速雄らの面々だった。

山崎氏は最近出版されたオーラルヒストリーの中で、ＰＳＲについて次のように説明している。――香山健一さんがいきなり電話をかけてきて、「国家の政策を考える勉強会をやりたい。入ってくれないか」と言われた。声をかけたのは、公文俊平、中嶋嶺雄、志水速雄で、勧進元は内調だという。内調を日本のＣＩＡだと買いかぶる人たちもいるから、ちょっと腹を括らなければいけないなと思った。そこで高坂正堯さんを誘ってみたら、彼は「やる」という。高坂さんは勝負勘のようなものがあるから、彼がやるならだいたい大丈夫だと思った。最初の調査室長は川島広守さんだった。この会にはやがて佐藤誠三郎さんも加わった。佐藤さんとの付き合いはこの会から始まった――。

PSRでは、政治や国防に限らず、さまざまな問題が話し合われた。例えば、志垣氏の手元に残る第一回会議の議事録には、山崎氏が「日本の顔」――ナショナル・イメージの貧困を語り、香山氏が「戦後民主主義」の再検討を提起し、黒川氏が通勤等で移動する住民と地域社会の遊離を指摘して、世論を引き出す新しい仕組みの必要性を唱えている。

志垣氏は、この回想録中でPSRを振り返り、

「この頃（一九七二〈昭和四十七〉年）、私は考えた。山崎正和、佐藤誠三郎、高坂正堯、黒川紀章、香山健一、志水速雄各氏。これらの優秀な人々がいれば、日本の将来は大丈夫だ。私の出る幕ではない。私は引退しようと、心秘かに思った。これが私の一九七八（昭和五十三）年の引退につながるのである」

と述べている。

PSRは息の長い集まりになり、現実主義者のグループが交流する重要な「フロント」になった。特に、志垣氏の山崎氏に対する評価は高い。

1971（昭和46）年

5月22日（土）　11時20分退庁。「ふくでん」へ。50分頃、山崎正和氏〔劇作家、評論家〕来る。食事しながら話し合い。アメリカの大学、日本の文化論（演劇弱体論など）。文化の意味、大衆操作の意義に目覚めよ。大学紛争のこと、新左翼の分析（うらみであること、反日共）、日中問題。山崎氏に協力をお願いした。

11月22日（月）　5時半退庁。「福田家」行き。山崎氏在り。世阿弥の話。合田周平氏〔電気通信大学助教授、システム工学〕来る。紹介。香山健一〔学習院大学助教授、社会工学〕、黒川紀章〔建築家〕、志水速雄〔東京外国語大学、ソ連政治史〕の順でそろい会食。山崎氏の提案で各人当面の課題としていることを若干語る。遅れて公文〔俊平〕氏〔東京大学、社会システム論〕、中嶋〔嶺雄〕氏〔東京外国語大学、現代中国研究〕も来る。黒川氏終わって、8時前山崎氏も去る。あと日中問題、システム工学、マスコミ論など話し合い、9時頃解散。黒川氏の発想面白い。山崎氏がやはり才気煥発。

12月15日（水）　6時前退庁。赤坂プリンスホテルへ。政策科学研究会。香山健一、志水速雄、公文俊平、合田周平、山崎正和、黒川紀章の諸氏。食事して研究会。香山氏より報告30分。政治、教育、マスコミの3分野での問題。あと討議。なかなか面白い。現状維持国家たる方策、社会開発のこと、都市問題、教育問題など。9時過ぎ解散。

これが後のＰＳＲ（Policy Science Research）となり、20年以上も続くのである。

1972（昭和47）年

1月22日（土）　5時40分、タクシーで「ふくでん」着。6時になりＰＳＲ。香山、合田、黒川、山崎、公文、高坂正堯、中嶋、志水の8氏集まる。食事して山崎氏司会。高坂氏より国際政治の新動向について報告30分。あと各人意見交換。なかなか面白い。日本文化輸出交流の話になって、終わりは9時10分。

2月15日（火）　6時前退庁。ヒルトンホテル行き。ＰＳＲ。食事して高坂氏の司会で進行。香山氏より前回までの問題群を整理して報告。中嶋氏より中国問題の報告50分。なかなか聞かせる。日ソ関係、中ソ関係、ニクソン訪中と問題多く、質問も活発。9時20分まで討議。黒川氏は札幌の建物の雑談が面白い。志水、合田、山崎と計7人（公文欠席）。

3月30日（木）6時、ホテルニューオータニ行き。PSR。食事してから黒川氏より2000年と1972年の比較。新しい都市構想。ホモ・モーベンス〔移動する人の意〕。衛星都市。ネットワーク。その他なかなか面白い話。8時過ぎまで約1時間。あと質疑。山崎氏より人間の動ける限度など。高坂、香山、中嶋もそれぞれ質問。合田司会。9時10分了。面白い。あと若干、タンザニアで当選の黒川氏の設計など見せてもらう。

4月28日（金）5時前退庁。ホテルニューオータニ行き。PSR。黒川氏欠席。佐藤誠三郎氏は帰国したが、次回より出席。合田周平氏より、エコ・テクノロジーの話、ストラクチャーとインフォメーションとエネルギーのこと、漢字文化のこと、哲学と科学の間。40分ぐらい話。あと質疑。アートとは、社会科学と自然科学、天の時（運）のこと。面白いが、難しい。7時過ぎから食事して懇談。高坂氏のみ先に帰る。福祉概念の問題。香山・山崎。司会は公文。最後は西山〔太吉〕記者「情を通ず」と毎日のことなどで〔川島広守〕室長大いに語る。9時過ぎ解散。山崎氏の人柄のクセ若干分かる。秀才がまだ抜けていない。

6月1日（木）5時40分退庁。ホテルオークラ行き。PSR会議。佐藤誠三郎氏加わる。公文氏よりローマクラブの結論について重点報告。あと討議。山崎氏の哲学的立論やはりさえる。香山氏司会。中嶋氏は中国の態度、志水氏はソ連から、黒川氏はほとんど黙す。合田氏はローマ会議理論に反対。食事後ハノイ爆撃のことなど。9時終了。

6月30日（金）9時半、ホテルニューオータニ行き。PSR。10時より山崎氏の司会で志水氏による「最近の日本（人）論によせて」。20分余報告。外人の日本人論売れている、日本文化の変容、その他。佐藤誠三郎氏がかなり活発な楽観論。山崎氏の遁世者〔論〕。香山氏の老人問題とソーシャル・モビリティーのことなど。黒川氏はもっとサイエンス的アプローチを要望。合田氏は風土論。公文氏はヒエラルキー論。高坂氏アモルフ〔無定形〕。中嶋氏の傍流知識人論などと討議あり。12時前終了。

7月31日（月）午前、帝国ホテルへ。PSRに出席。佐藤誠三郎氏よりアメリカの現状を説明。歴史的に30年代と比較。極めて楽観的な分析。山崎、高坂、公文氏らより質問多し。12時半まで。なかなか面白い。

8月14日（月）9時半、ホテルニューオータニ行き。PSR。山崎氏が司会で今までの討議のまとめ。①日本を中心とした世界地図（高坂）。②日本列島改造論をめぐる諸問題～日本社会の生理と病理（黒川）。③西独の対外進出の謎、教育・家族・文化の問題（志水）など、やや雑多に出てきた。日中問題（中嶋）やコンピューターのこと（合田）、選挙調査のこと（佐藤）、その他面白い。11時半過ぎ終了。

10月13日（金）7時半退出。頼んでくれたハイヤーでホテルニューオータニ行き。PSRの会。列島改造論などやっているところに入る。都市と田園（黒川紀章）、都市計画を重視。東京の分散は可能か？　教育をどうする。教育の機能（概念討議へ）。東大の分散は？など。田中内閣の学者軽視問題を出してみるに反応かなりある。10時解散。佐藤誠三郎、山崎正和、香山健一ら、なかなか面白い。

11月2日（木）5時45分退庁。ホテルニューオータニ行き。PSR。食事して黒川司会。コミュニティー論。山崎氏報告。情緒安定機構論。家庭、宗教、列島改造論との関係など。討議尽きず。佐藤誠三郎と高坂氏欠席。9時半までやって、次回持ち越し分多し。

この頃、私は考えた。山崎正和、佐藤誠三郎、高坂正堯、黒川紀章、香山健一、志水速雄各氏。これらの優秀な人々がいれば、日本の将来は大丈夫だ。私の出る幕ではない。私は引退しようと、心秘かに思った。これが私の1978（昭和53）年の引退につながるのである。

12月7日（木）6時前退庁。山王ホテルに30分ぐらい立ち寄り、ホテルニューオータニ行き。PSR。食事して日本列島改造論への提言を各人から言ってもらう。黒川氏司会。山崎、高坂両氏は欠席。あと、まとめ方の方法で討議延びる。香山、黒川のコンビでまとめてもらうこととし、来年の日取りを決め、9時15分頃解散。

1973（昭和48）年

1月12日（金） 6時退庁。「ふくでん」行き。PSR。公文、佐藤、黒川、合田、山崎、志水、中嶋の諸氏来る。食事しつつ、今後のテーマについても話し合い。山崎、中嶋論文の解説、香山氏のテープなどあり、組織・地域エゴイズム、封じ込め、選挙制度、住宅問題（土地問題）、日米安保、教育、経済……と多彩。面白い。9時20分解散。

2月15日（木） 5時40分退庁。ホテルニューオータニ行き。PSR。食後、公文氏司会。黒川氏報告。アメリカの大規模プロジェクトの実行組織について。列島論との関係。約1時間弱にして、あと質疑。筑波〔研究〕学園都市は欠陥あり。行政機構の問題。佐藤、合田、中嶋、志水氏のみで、山崎、香山、高坂氏は欠席。9時終了。

3月8日（木） 6時前退庁。ホテルニューオータニへ。PSR。山崎氏司会で、公文氏より「産業構造の転換の可能性とそのストラテジー」報告。なかなか面白い。黒川、佐藤、合田、志水氏発言。9時半解散。

5月18日（金） 6時前退庁。PSRのため帝国ホテルへ。黒川氏より大都市政策について。美濃部都政も含めて話す。面白い。あと佐藤誠三郎氏よりその政治的側面の報告。山崎氏より週休2日制批判出て、小長〔啓一〕秘書官より総理も批判的との弁。香山氏司会で次回を決定。公文、中嶋、志水、合田氏も発言若干。9時半了。

6月13日（水） 6時前退庁。帝国ホテル行き。PSRの会議。小長秘書官らも来る。佐藤誠三郎氏司会で、ブリタニカに載せる英文の列島改造論への意見を討議。かなり厳しい批判あり。文化が分かっていないから、やはりダメか。文明史的、風土的位置づけの問題など。あと山崎正和氏の司会で公文俊平氏より日本産業構造転換論の説明。若干抽象的で、あとの討議弾まず。山崎氏の文化論的なものが面白い。欠席は高坂氏のみ。9時20分まで討議して解散。

7月18日（水） 4時50分退庁。帝国ホテル行き。

ＰＳＲの会。食事して高坂正堯氏の報告「ヨーロッパよりみた国際政治」。ソ連の問題が中心。交渉の時代のこと。6時半過ぎまで。あと質疑1時間余。やはり面白い。英独仏伊スペインのことなど。あと次回のテーマなど相談。出席は高坂、黒川、志水、公文、山崎、合田、香山、中嶋。8時に退出。

10月18日（木）5時45分退庁。帝国ホテル行き。久しぶりにＰＳＲ出席。食事して山崎氏より「社会福祉とマンパワー」の報告。社会奉仕サービスを点数制にし、老後交換してもらう案など、なかなか面白い。志水司会。公文、佐藤、香山氏などの討議聞いて8時15分退出。

11月2日（金）2時半退庁。ホテルニューオータニに行き、ＰＳＲのＪＣＰ会議に出席。香山健一、佐藤誠三郎、志水速雄の3人小委員会で共産党の民主連合政権「〔府〕の誤記か」綱領を批判する。佐藤氏の論明快。宣伝スローガンのみとする見方。5時までやって解散。

11月29日（木）5時45分退庁。帝国ホテル行き。ＰＳＲ。石油問題を食事中話し合ってもらう。反アラブの意見強し。高坂、山崎氏以下。あと福祉の概念規定について、公文、黒川氏より報告。これをめぐって大討論。9時まで。富田〔朝彦〕室長来て挨拶。

1974（昭和49）年

1月30日（水）情報連絡会議、5時半まで延々続く。急ぎ資料片付け退庁。帝国ホテル行き。ＰＳＲの会。学者9名出席。佐藤誠三郎氏より「内外の政治経済見通し」説明。楽観論。保革逆転ならず。国際情勢に大変化なし。経済減速など。高坂氏司会で討議。中嶋氏より警戒論、ベビーブーム論、危機管理の技術論、食糧問題等出て9時10分終了。

3月29日（金）6時退庁。帝国ホテル行き。ＰＳＲ。食事中、京都知事選、京都の高校の話。中嶋氏より台湾、フィリピン、シンガポールの話など。本題は公文俊平氏より「減速経済への移行とその経済的社会的影響」の話。なかなか面白い。質問活発で9時20分まで。山崎氏司会、全員発言。

5月9日（木）5時前退庁。帝国ホテルへ。ＰＳＲ。食事してから高坂氏の京都知事選と参院補選の分析。市と府下9市と郡部に分けて説明。共産党の限界現れる。次いで佐藤誠三郎氏より参院選の予測。かなり克明で、76ぐらいは行きそう。社党は20前後か。3野党の平均化。民社の危機など。8時終了。

5月31日（金）　4時半退庁。帝国ホテルへ。PSRに出席。佐藤誠三郎氏より各党の〔参院選〕得票率分析。大都市、都市、準都市、準農村、農村の5つの型に分けて、特に共産党を分析。15％とれば当選可能という学説。故障者多く、中嶋、志水、高坂、山崎氏は食事せずに去る。公文氏は食事だけ出席。6時過ぎより食事。小選挙区制批判。刑法改正答申も批判出る。7時半解散。

7月11日（木）　3時前、会計課長ら室のスペースを見に来る。退庁し帝国ホテルへ。PSRの会。3時半より、まず香山氏より「青年婦人層の社会意識」。欲求不満や利己的傾向のことなど。次いで佐藤誠三郎氏より参院選結果分析。予測外れた理由、選挙技術で8議席は違った。6時半まで討議。食事してから高坂氏の「ヨーロッパの政治状況」。フランスを中心にソ連、北欧も述べる。政情不安定、豊かさの中の矛盾など。司会は山崎氏。現代の不満は不機嫌ということ。芭蕉の「憂きわれをさびしがらせよ閑古鳥」。これが結論のよう。志水、中嶋、公文、合田氏各々発言。8時半過ぎ終了。

11月26日（火）　6時過ぎ退庁。帝国ホテル行き。PSRの会出席。富田〔朝彦室長〕氏出てきて宮内庁次長に転出の挨拶。機嫌よし。あとマスコミ問題。佐藤誠三郎氏の司会で討議。志水、中嶋、香山氏、遅れて黒川氏の意見あり。なかなか有益。マスコミ対策など（公文、合田氏も発言）。9時終了。

1975（昭和50）年

5月16日（金）　夕方、ホテルニューオータニへ。PSRに出席。山崎、佐藤両氏在り。志水、高坂、公文、合田、中嶋氏とそろう。佐藤氏より統一地方選の分析報告。若干データ不足なれど一応の分析。内調側より共産党の説明。9時半終了。

8月28日（木）　6時退庁。ホテルニューオータニ行き。PSRの会。黒川氏より住宅政策について説明。建設省批判もあり。ライフサイクルのことも。公団住宅の劣悪さ、狭さなど。次いで高坂氏より

「わが国の防衛政策」について。精密誘導兵器による防衛体系。海の効用１００個師団分。ディナイアル・ケイパビリティー〔相手の接近を拒否する能力〕のことなど。極めて説得力に富む面白い立論。ただ、ＰＧＭ〔precision guided munitions：精密誘導兵器〕はまだ夢の段階であることに注意。9時過ぎ終。

9月29日（月）　室長に呼ばれ、吉原公一郎論文のことでまた討議。6時になり私は退席。帝国ホテル行き。ＰSRの会。中嶋氏より東南アジア旅行の話。中ソの影、ゲリラ、対日世論など。そのあと山崎氏より日本のセキュリティー。志水氏より生命至上主義、大アイデンティティー。天皇制、憲法、戦争からゲリラへ、国際問題など。討議あり、9時まで。そのあと私から日本の治安機関の機能、情報、デモからゲリラ、爆弾への話。10分余質問あって9時半終了。

10月23日（木）　5時50分退庁。帝国ホテル行き。ＰSRの会。食事してスト権問題の放談。あと黒川氏より都市の安全保障の考え方について報告。山崎、佐藤氏ら中心で質疑。高坂氏司会。個人が自ら守るシステムを主張（黒川）。9時半まで。

12月22日（月）　6時前退庁。帝国ホテル行き。ＰSRの会。食事時、所得税減税への意見（あまり賛成なし）聞く。本議題は来年の展望と課題。黒川、志水、中嶋、公文、合田、山崎、佐藤、高坂氏各々意見述べる。香山氏司会。なかなか有益。三全総、教育問題、不況、皇室、文化、総選挙、春闘などが話題。9時10分頃終了。あと事務局を慰労してくれるというので外へ出て、黒川氏の案内、フィリップ・クラブとやらへ。そこで飲み話。考古学鑑定のこと、古代史の安易さ、文化広報機能のこと、アメリカ民主党の危険性、官邸資料処理センターのことなど。11時半まで話し合い。

１９７６（昭和51）年

1月16日（金）　6時退庁。帝国ホテル行き。ＰＳＲ出席。食事して佐藤氏の司会で天皇問題。山崎氏より概説。富田〔朝彦宮内庁〕次長より最近の状況など話。質問と討議。なかなか有益。8時40分頃まで。あと次のテーマの相談。戦後の変革問題、国民意識など。9時過ぎ出て、また帰庁。作業している皆を激励。

2月20日（金）6時退庁。帝国ホテル行き。PSR。食事時、ロッキード問題の話。氏名を出して議員を辞任、総理は白だが責任とって総辞職がよいと。7時まで。あと香山氏司会で公文氏より「イエの文化」云々報告。面白い。質疑あり。9時了。

3月12日（金）6時半退庁。帝国ホテル行き。PSR会合に出席。ロッキード問題への意見続出中。法律的知識の無知（国会、政党、政府、三木〔武夫〕、新聞、国民など）。政治的には血を出して解決せねば社会の生理がおさまらぬ。あと志水氏より自衛隊への国民世論調査の説明あり。9時終了。

4月26日（月）6時前退庁。帝国ホテル行き。PSR出席。佐藤、公文両氏より欧州旅行の話。イタリアの政情、イギリスの経済、フランス社共など。次いで香山氏よりロッキード事件の問題点5つ。40分。高坂氏の解説中、調査室より電話があり、呼び戻される。タクシーで8時半帰庁。明日上田耕一郎が内調とCIAの関係について質問するので長官答弁を討議し、数問回答を作る。11時までかかり、ようやく解放。

7月16日（金）6時退庁。国立教育会館行き。東高有志の会。45分までいて退出。車で帝国ホテルへ。PSRへ出席。ロッキード問題、佐藤氏より毎日世論調査などによる分析。高坂氏よりマスコミキャンペーンによる影響など分析あり、面白い。あと質疑討議。山崎氏司会。白熱。9時半まで。PSRはやや楽観的。

7月30日（金）8時近くまでいて退庁。タクシーで帝国ホテル行き。PSRの者まだ来ていないので、外に出てアラスカへ行き夕食。9時、帝国ホテルへ。学者は佐藤、公文、志水、香山氏。山崎氏の意見はメモで出される。自民党と内閣を救う道など話し合い。三木が辞めよという点で完全に一致。驚くことをせねばならぬ云々。厳粛な喪に服している感じなど。11時頃までなかなか活発な討議。

8月18日（水）6時退庁。帝国ホテル行き。PSR。政局、ロッキード話。戦後問題を香山氏報告。憲法問題等。山崎氏はカタルシス不十分を言う。高坂、佐藤氏の発言が面白い。9時15分解散。

9月24日（金）　6時前退庁。帝国ホテル行き。PSRに出席。中嶋氏より毛沢東後の中国分析。7時半まで。あと佐藤氏より「日本の保守とは何か」という報告。革新の目標なくなったと。質疑1時間。なかなか面白い。山崎氏司会。高坂、香山、志水、公文、合田氏らのやりとり。9時了。

11月29日（月）　6時退庁。帝国ホテル行き。PSRに出席。食事時、選挙の予測について意見交換。成田〔知巳社会党〕政権可能性などについて討議。7時過ぎまで。あと香山氏より保守化の傾向について報告。低成長と保守化の関係。黒川氏の反論などあり。山崎氏司会。保守主義の定義論もあり。9時過ぎ終了。

12月18日（土）　4時半退庁。「ふくでん」行き。PSRに出席。中嶋氏と中国の話など。山崎氏来て、社会心理、文化論となり面白し。高坂、黒川、香山、佐藤、合田、公文、志水と9人そろったところで始め、山崎氏の司会で「1977年の展望と政策課題」。国際を高坂氏、国内を佐藤氏、経済を公文氏、と報告。各氏からも5分ぐらい意見あり。討議に入って面白く。ソ連の試し、西独の低落予想、エレクトロニクス、参院選、日韓問題、景気、春闘賃上げ、中ソ、住宅土地政策など豊富。忘年会を兼ねる。9時終了。

1977（昭和52）年

1月8日（土）　2時40分退庁。ホテルニューオータニへ。PSRの会議出席。公文氏より政策構想フォーラムの「新しい経済政策の原点と52年度経済運営の基本」の説明。次に黒川氏より土地住宅政策について説明報告。都市開発などについて詳しくやる。質問も住宅問題に集中。6時半に食事になったので私は退出。

2月14日（月）　5時50分退庁。帝国ホテル行き。PSR出席。内調側より予算の説明。1時間。あと香山氏より若干の問題点20分ぐらい。公文氏司会。税制の在り方を中心に討議。減税と公共投資、付加価値税のことなど。9時終了。別途、朝日ジャーナルの1984年グループ批判のこと、週刊ポストのことなど話あり。

3月8日（火）　6時退庁。帝国ホテル行き。PSRに出席。山崎氏より「日本人の社会心理の変化」。次いで志水氏より「世論調査から見た日本人の社会心理」。統計数字で説明。あとの質疑も有益。黒川氏よりアブダビ等の話あり。9時解散。あと山崎氏に誘われ、下のロビーで一杯飲んで話。山崎、香山、公文、佐藤、中嶋の5氏に加わる。萩原延寿の編集者泣かせの件、カリスマ4人男（小林秀雄、石川淳、林達夫、丸山真男）のこと。福田内閣のイメージアップ作戦（1兆円減税のこと、災害物資買い付けのこと、その他）など話し合い。10時半頃解散。

4月8日（金）　6時半前退庁。帝国ホテル行き。PSRの会に出席。高坂氏より先進国論の報告。性病ではなく成人病であるということ。ドイツの経済発展の原因よく分からぬと。日本との対比など。9時終了。8人出席（黒川欠）。

5月20日（金）　6時退庁。帝国ホテル行き。PSR。中嶋氏より日本病に関し周辺国家の状況。香港、台湾、韓国、中国のことなど。次いで佐藤氏より日本社会の病理について。内分泌配分問題など。教育政策批判出る。あと質疑。山崎氏司会。なかなか面白い。アレルギー、悪平等など。コントロール機能の余沢は問題。9時過ぎまでやって終了。山崎氏と美術館の写真撮影について話す。やはり理由分からぬと。

6月16日（木）　6時退庁。帝国ホテル行き。PSRに出席。食事して7時頃より参院選情勢について私より報告。全国区各党、地方区各県各候補の強弱を説明。全体の見通し55ぐらい（自民）と結論。40分ぐらい話す。あと佐藤氏の司会で質問あり。各県情勢。新自由クラブの力の評価、若干分かれ（山崎氏はやや弱く見るが、やはりまともで、そのため自民の大勝はなしと）、茶化す勢力なくなる。自民盛り返すため、政策をきちんと出すべし、国対国の外交、安保、経済、エネルギーで訴えよ。共産党の政策や提言に堂々と対決せよ。スタイルばかり気にするな等。質疑応答9時まで。有益。あと下のロビーで香山、山崎、中嶋、公文各氏と話す。皇太孫の大学学部選びの問題、大学の民青と新左翼の問題、中教審の話などする。10時半まで話して別れ。

7月13日（水）　6時前退庁。帝国ホテル行き。PSRに出席。佐藤氏の参院選分析を聞く。自民は勝ったわけではない。都市で社共の退潮。支持なし政党層はやはり野党的など。私より新自由クラブ、神奈川県のこと、有田一寿氏のこと、内調の予測のこと説明。7月8日付の数字61を出して話す。一同黙ってしまう。今後の政治の在り方などに移り、8時終了。

8月23日（火）　5時50分退庁。帝国ホテルへ。PSRの会出席。食事して7時より内調側の社会党内紛事情報告20分。共産党10分。あと香山氏より世論調査にみる保守性など、社会的安定の方策、アイデアを話す。8時頃まで。あと討議。社共への質問多い。パーシャル連合はダメ。超然内閣連合（政策）よしなどの言。9時了。日程打ち合わせ。9時20分解散。

9月16日（金）　6時前退庁。帝国ホテル行き。PSRに出席。食事して内調職員より財政硬直化の問題を40分ばかり説明。あと公文氏より30分。IS〔投資と貯蓄の〕バランスの見地から大胆な投資をというので内調職員と対立。山崎、高坂氏ら仲介するが平行線のまま9時終了。

10月28日（金）　6時退庁。PSR会議。高坂氏より国際問題報告。ソ連、米国、中国と日本の在り方。日中条約締結問題など。9時終了。

11月21日（月）　5時退庁。帝国ホテルへ。PSRの会。「資源・エネルギー問題への対応」。公文、合田、高坂氏よりそれぞれ説明あり。なかなか面白い。「コンピューターやエネルギーをハードウェアとみるな」（合田）。「米国は石油備蓄をこっそりやっているとは思えない」（公文）。「米国の国内エネルギー政策はおかしい」（高坂）など。食事時、対米交渉問題出る。9時終了。司会香山。

12月22日（木）　5時20分退庁。帝国ホテルへ。PSR出席。楠田〔実〕調査員出席し、挨拶して早退。〔下稲葉耕吉〕室長ら事務局もオール出席。食事時、横浜市長の話など。高坂氏司会。各人15分ぐらい。高坂（国際政治）、公文（経済）、佐藤（国内政治）、志水（社会）、合田（科学技術）、山崎（文化、心理）、それぞれ面白い。回顧と展望。絶好の危機

〔「機会」の誤記か〕という考え方多し。経済問題が中心になる。9時過ぎ終了。

1978（昭和53）年

2月22日（水）　5時45分退庁。帝国ホテル行き。PSRの会。食事して佐藤氏より報告。「政党政治の再検討」。分類やや多岐にわたり、理解やや困難。山崎氏司会。高坂、志水、香山、公文、合田氏で意見。9時頃終了。

4月10日（月）　5時過ぎ外出。歩いて帝国ホテルへ。PSRの会に参加。京都知事選に勝ったので皆大喜び。食後に私より退官の挨拶。「花鳥風月を友とし……」で笑う。高坂氏より1980年中葉の安全保障問題について説明あり。エネルギー問題、国際経済体制の動揺、南北問題、アンガバナビリティー〔被統治性の欠如〕の問題など。続いてソ連の軍事力増大を中心に解説。1時間弱。あと質疑。南北問題でアフリカのこと討議。黒川氏大いに発言（援助問題等）。ソ連の強さのこと。危険ゾーン。ここ数年か。CIAリポートのこと。日本の強い体質のこと。過激派のことなど。9時了。

4月28日（金）　夕方歩いて地下鉄千代田線で日比谷へ。帝国ホテル。PSRの会に出席。山崎、佐藤、公文、高坂、合田、遅れて志水氏。福田政権の在り方、社会の安定度、80年代の問題点などの話。途中からで6時に終わる。そこで食事となり、成田問題の話。皆筋を通せと力説。福田批判、側近批判となる。国民に説明する要を言う。7時過ぎ解散。

5月26日（金）　6時、帝国ホテルへ。PSRの会。黒川氏より日本の対外援助の実情、問題点など実例で報告。ソフトとハードのこと。総合的機能の問題がここでも重要。コンサルタントの訳語ないことなど。山崎、中嶋氏欠席。9時解散。香山氏、過激派問題でイタリア行きの話あり。

6月30日（金）　5時半過ぎ退庁。歩いて日比谷公園を横切り、帝国ホテル6時。PSRの会に参加。高坂氏よりヨーロッパを回ってきた話。独、仏、英の国民意識、守るべき価値とは。あと合田氏より7月14日ジスカールに祝いせよという話。佐藤、公文、志水、香山氏より質問。山崎氏司会。9時終了。

7月17日（月）　4時半退出。タクシーで帝国ホテルへ。PSRの会に出席。5時より食事。佐藤氏より各党の性格（数字、世論調査）。志水氏より各党の政策（中期経済計画など、やや平板）。高坂氏司会。山崎、公文氏ら質問。内調側が都知事選の各党情勢を話す。8時半解散。

＊以上をもって私が退官したため記録は終わる。PSRはその後も続けられ、国政に寄与したものと思われる。特に山崎正和氏の活躍が大きい。

13　委託研究を担った人々

ここからの話は主として個人の学者先生に及ぶ。個々の学者には、おおむね委託調査をお願いした。わずかな例外を除き、もちろん委託費をそれぞれに出している。

学者の会には、9で取り上げた核武装研究会「カナマロ会」や、12の政策科学研究会「PSR」のほかにも、いくつも集まりがあった。それらの名称は次の通りである。

アメリカ研究会、JCPR、PVR（Policy Vision Research）、教育問題研究会（EPR）、社会工学研究所、WPCの会、組織工研MM研究会、経済研究会、GS研究会、PP研、現代政治研究会（現政研）。これらの中には四十回ほど集まった会もあれば、一回きりで終わったものもあった。

私の友人、奈須田敬氏〔並木書房取締役会長、月刊誌「ざっくばらん」編集長〕が内調に果した役割も相当なものだった。かすみ会（防衛問題懇談会）の設立にも尽力した。一九六四（昭和三十九）年七月二十九日（水）、虎ノ門の「平吉」において、防衛庁の堀田〔政孝教育局長、中村菊男〔慶応義塾大学教授〕、西義之〔東京大学教授〕、村松剛〔フランス文学者〕、粕谷一希〔「中央公論」編集者〕、末次一郎〔安全保障問題研究会主宰者〕らが集まり、防衛問題を討議することにしたのが始まりである。最後には、自分の事務所をかすみ会の事務所に仕立てて学者に来てもらうようにした。

いずれにしても、ここに挙げた学者の会には、全部私が出席しているのである。特別に名前を出さない場合もあるが、実は全部私が出ていた。委託研究のテーマは、それぞれの部局で役に立たせてもらっている。もう一つの大きな意味として、左翼でないというのがある。左翼学者はなかなか多く、政府としてこれの対策が必要だった。われわれが委託した学者は一部の例外を除き、左ではなかった。この勢力は当時の学界に大きな影響を及ぼしていたと信ずる。

＝以下、五十音順。肩書きは代表的なもの

1　会田《あいだ》雄次《ゆうじ》

〔京都大学教授、歴史学。ベストセラー『アーロン収容所』で知られる〕

1964（昭和39）年

2月26日（水）〔前夜から京都出張〕2時半、京都大学の池田進教授を送り、人文科学研究所分館で会田雄次氏に面会。学者が政府と協力しないことなど話し合う。研究調査に予算がある旨言う。「近代政党比較研究」で若い助教授、講師らと一緒に研究しているというので、それに使ってもらうよう話す。契約の書類渡す。

8月15日（土）9時40分頃登庁。新聞読み。会田氏来たので、各室を案内し紹介。次長室にて話。〔内調が調査を委託する社団法人〕国際情勢研究会の機構、業務など説明する。
1967（昭和42）年
10月4日（水） 新幹線で5時52分京都着。京都国際ホテルへ。上山春平氏と会った後、鉢合わせしないよう会田氏を出迎えグリルに案内。『朝日新聞』の記事（註）と委託の問題話す。既に渡した20万円は会田氏のところで凍結してもらい、研究は一時中止。来年、テーマを練り直してやることにする。祇園に行き12時まで。
1969（昭和44）年
5月26日（月） ヒルトンホテルで12時半から言論人懇話会3周年記念会。桶谷繁雄氏司会、小汀利得、御手洗辰雄、長谷川才次氏、原健三郎労相、保利茂官房長官、民社党の池田禎治衆院議員、社会党の加藤シヅエ参院議員らの祝詞。『朝日新聞』批判、マスコミ批判出る。次室でパーティー。会田、池田潔、林健太郎、福田恆存氏らの挨拶あり。
1971（昭和46）年
7月16日（金） 3時半、会田氏を会議室に案内。班長会議講演会。30人ばかり。アメリカの社会的変化、麻薬の影響、階層社会の実態、日本の柔構造社会、あいまいさの強み、ながら族、日米の比較文化論など。5時半終了。あと「ふくでん」。京都の共産党支配、文化文政（江戸時代末期）以後固まった日本文化の特性、天皇遷都論などについて話す。

（註）『朝日新聞』は1967年9月16日朝刊社会面トップで、内閣調査室が共産圏情報と交換で研究費を援助するなどと、露骨な誘いかけを強めていると報じた。誘いを受けた複数の学者の証言に加え、学者の知識、意見を聞いて政策に反映させるのが狙いだという内調の談話も掲載されている。こうした委託研究の実態が表面化するのは珍しい。

2 相場《あいば》均《ひとし》
（早稲田大学教授、臨床心理学）
1963（昭和38）年
2月12日（火） 3時半退庁。白山上の東洋大学へ。ソビエトとアメリカの人工衛星打ち上げのテレビニュースを見せ、好き嫌いのボタンを学生に押させ機械にかける実験。早大助教授の相場均氏と名刺交換。喫茶店で話す。

2月23日（土）　12時半退庁。土田国保氏〔警察官僚で、71年に自宅に送られた小包爆弾で妻を亡くす。一緒志垣氏とは旧制東京高校の同級生〕、車で来る。一緒にホテルニュージャパンへ。相場氏あり。相場氏の車で家まで送ってもらう。3時帰宅。2階に上げ、2人で話。ジャパンタイムズの村田聖明、共同通信の小島昇（ヤン・デンマン）（註1）のこと、進歩的文化人のこと、警視庁のこと、民芸（夫人は団員）のことなど。

3月15日（金）　5時半退庁。相場氏と国際文化会館で食事。ロビーで話。安保問題、新国家社会主義など。彼の考えを聞いてもらいたいというのが本旨で、特に具体的な目的はないらしい。将来何かやる時は協力してもらいたいこともある様子。

4月2日（火）「山王ホテル」で相場氏を交え、USIS（アメリカ広報・文化交流局）の広報部長らと話す。さらに新宿で飲む。

4月12日（金）　12時半、警察庁の土田氏室行き。相場氏あり。3人で食事し、もっぱらポジティブ・インテリジェンスのことを話し合う。その後、相場氏と「山王ホテル」へ。

6月21日（金）　4時50分退庁。警察庁の土田氏の室へ。相場氏も来る。松本清張、清水幾太郎のことなど検討。工作価値ありと。その後、相場氏と「山王ホテル」へ。

7月8日（月）　クラブ関東へ。相場氏あり。三菱石油会長の竹内俊一氏と日本郵船会長の浅尾新甫氏、第一銀行会長の酒井杏之助氏と食事しつつ話。相場氏よりわれらの研究グループの趣旨説明。当方より問題提起の形で、先方に語ってもらう。経済、貿易、石油、創価学会、自衛隊、社会党政権、中共問題など。浅尾氏の良識、教養、優雅さに魅力あり。

7月18日（木）　3時、相場氏来る。原水協（原水爆禁止日本協議会）の資料を検討。

7月26日（金）「山王ホテル」に6時着。USISの広報部長夫妻、相場氏夫妻。パレスホテルに向かい、土田夫妻と合流。

10月31日（木）　8時、相場、土田、川島広守の3氏来る。相場氏と私の帰国祝い〔「志垣日記」によると、志垣氏はこの直前に南欧・中東旅行に出かけている〕。

12月6日（金）　相場氏来る。華僑の対中共観調査に香港、台湾、シンガポールに赴く由。

1964（昭和39）年

6月22日（月）　6時前退庁。国際文化会館で相場氏に会う。警視庁の交通企画調査室長らを紹介される。新宿に向かい食事。財界人や三木武夫、河野一郎らが内調を批判しているという話。相場情報。

1965（昭和40）年

1月18日（月）　5時半、退庁。相場氏の車で早稲田に向かった後、Miller氏を交えて四ッ谷で飲む。美濃部達吉のこと、スカラピーノのこと。なかなか学者で、きまじめ。

2月3日（水）　5時半、国際広報研究所で海外PR通信の話など聞く。タクシーで来た相場氏、ミラー氏らと五番町の三木武夫事務所へ。三木秘書の竹内潔氏に会い、食事。選挙の話、創価学会のこと、政治意識のこと。

4月8日（木）　相場氏来庁。ベトナム問題についてのマスコミ批判の話。創価学会と青年の意識の資料渡す。

10月22日（金）　久しぶりに相場氏来庁。中共に行く相談。アメリカ行きの害にならないよう注意。ベトナム解決の兆しありと。

11月19日（金）　相場氏来る。マスコミ懇談会の話など。

1967（昭和42）年

3月16日（木）　6時退庁。国際文化会館で相場氏に会い、赤坂で懇談。モスクワの話、都知事選のこと、心理学会のことなど。相場氏と松本行きを約束。

4月8日（土）　相場氏と松本行き。新宿8時発の特急に乗る。車中、城西病院の状況を聞く。松本駅に院長が迎え。午後、城西病院事務長を訪ね、㊋対策相談。浅間温泉に泊まる。

6月2日（金）　12時半、相場氏来る。ヒルトンホテルに行き、食事して話。米軍資金の日本学界援助のこと、都知事選の分析、安保問題検討会のこと。

8月8日（火）　築地行き。6時半頃、相場、三浦朱門、藤島泰輔、小島功、浅井正昭（日本大学）の5人来る。宴。談弾む。内調側は志垣ら3人。ベトナム戦争論、日本マスコミ（朝日・共同）、皇室論、松本清張論、創価学会など10時過ぎまで。

8月22日（火）　6時前退庁。「宝家」行き。相場氏と藤島氏来る。東欧旅行計画の話、打ち合わせ。香港、黒人問題、皇室論など出る。

8月28日（月）　12時、国際文化会館へ。相場氏と米大使館の科学アタッシェ、Weber氏（註2）と3人で食す。米側資金の日本受け入れ方法について談義。CIAや軍の金ということが分かっては駄目。

9月19日（火）　ホテルニューオータニ行き。相場氏、関守氏来る。飲みつつ、左翼談義。日共の戦術など。相場氏は「日本の課題」に進歩的批判書くという。

9月29日（金）　3時前、相場氏来る。沖縄行きの話。同胞援護会の城間氏来て一緒に話す。相場、三浦、藤島らを沖縄に派遣する件。特連局〔総理府特別地域連絡局〕の方へ筋を通してくれと。

11月15日（水）　5時40分頃、相場氏らと一緒に「もみぢ」行き。藤島氏来る。藤島氏の帰国歓迎会。東欧旅行の話聞きつつ、ふぐを食う。

1968（昭和43）年

3月14日（木）　6時退庁。TBS地下「ざくろ」に。相場氏と関夫妻あり。一緒に肉を食う。全学連（全日本学生自治会総連合）のこと、神経科のことなど。

6月10日（月）　6時前退庁。「福田家」行き。相場、石原慎太郎、藤島、飯島清〔政治評論家〕各氏らで宴。選挙の話、政治の話、なぜ自民党はPRがまずいか、朝日新聞は何とかならぬか、首相夫人のイメージ、第一声の服装、公明党の将来、青年層の不満など。

6月25日（火）　12時15分、国際文化会館行き。相場氏から岩立一郎〔共同通信編集主幹〕を紹介される。藤島氏らも一緒に会食。岩立氏のPRの話、共同通信を辞めたことなど。相場氏より中共のイメージなど調査結果を紹介。

7月26日（金）　6時半退庁。「福田家」行き。相場、佐々淳行〔警察、防衛官僚。後に初代内閣安全保障室長〕、藤島各氏あり。遅れて石原慎太郎氏来る。彼の評判を説明し忠告。暗殺の危険性などについて話し合う。

11月7日（木）　5時半退庁。「宝家」行き。浅井、相場、群馬大学の木村駿の各氏、女子美術大学の滝沢清人教授来る。会食して群集心理の研究相談。新宿事件がネタ。アンケート方法、手順まで決める。

1969（昭和44）年

1月8日（水）　6時退庁。「宝家」へ。相場、滝沢、浅井氏らあり。大津英男室長も来る。各氏が群集心理の分析。新宿事件の例などの説明あり。食事してマスコミ論、三派論、学生のフリーセックス、大学問題などの話。

2月17日（月）　6時前退庁。「福田家」行き。相場、三浦、村松剛、大津室長、西義之氏の順に来る。石川忠雄氏は学校問題で来られず。4人で大学問題を語ってもらい録音。左翼の論理、学生運動の本質、教師の問題、大学改革のこと、文部省への意見、自共等の身のまわり主義、左翼ジャーナル、日教組のことなど。9時20分まで大いに語ってもらう。

5月7日（水）　相場氏とジャパンタイムズの村田聖明氏が来る。

5月14日（水）　藤島氏来て相場氏批判。石原氏も相場氏はおかしいと。

10月1日（水）　5時半、相場氏来る。「もみぢ」行き。欧州旅行の話、英国の凋落、ポルトガルの売春、中世期の世界、トルコの学生、ローマのアメリカ人、イスラエル人のこと、アメリカの中共研究のことなど。

11月19日（水）　6時前退庁。「ざくろ」に至る。相場氏とサンドの社長Stark氏が来る。食事しつつ話。相場夫人のこと、大学紛争のこと、サンド社にいる共産党女性対策の話、アメリカの社会問題、沖縄問題も。

12月18日（木）　相場氏来る。12時前、次長らと銀座の「遊ふき利」へ。韓国大使館の新旧公使ら来る。皆でオイル焼きの肉を食う。韓国訪問時の礼と韓国機乗っ取り事件のことなど。新旧公使の歓送迎会の意なり。

1970（昭和45）年

2月12日（木）　6時前退庁。ホテルオークラ「萩の間」で相場ゼミ開催。相場、浅井、滝沢3教授。ワコール社長、塚本幸一、立石電機社長、立石一真らも来る。京都府知事選の分析。蜷川虎三知事の勢力浸透に抜くべからざるものありと。投票率を上げること、婦人層青年層への呼び掛け、文化人知識人の活用、マスコミ対策、家元動員、万博公害の扱い方など話出る。

5月4日（月）京都行き。グランドホテルへ。ワコール見学。相場、滝沢両教授あり。祇園の「芳きし」へ。遅れてワコールの塚本社長らも来る。相場グループを使って京都府知事選〔70年4月12日に投票され、社会、共産両党が推す蜷川氏が全国初の6選を果たし、革新の座を守った〕の調査・反省をやるというプロジェクト。翌5日はワコール本社見学。

7月14日（火）6時前退庁。「ふくでん」での送別会抜け出し「もみぢ」へ。相場氏と滝沢氏。京都の調査、東京都調査のプロジェクトチーム、相場氏の欧州旅行のことなど。

1971（昭和46）年

9月16日（木）12時10分、ホテルオークラ行き。相場氏あり。「エメラルド食堂」で待ち、船田譲〔自民党参議院議員〕来る。3人で食事。心理学者訪問団の中共入国計画の話。船田氏があれこれアドバイス。外務政務次官などに紹介状を書く。中共問題、円ドル問題、文化政策のことなど1時45分まで話す。船田氏はなかなか優秀。

1972（昭和47）年

2月25日（金）5時40分退庁。国際文化会館行き。研究会出席。相場、滝沢、木村、浅井各氏らのほか、武田製薬から2名、糸川事務所から2名。外務省の橋本恕中国課長から、中共の実情について1時間ほど説明。船田譲氏遅れてきて、討論に参加。台湾問題、米中共同声明、林彪問題など。

5月14日（日）3時から国際文化会館の相場グループ会合に出席。滝沢氏が自治医大の教授になった祝い。私も一言しゃべらされる。糸川英夫氏とソ連について話す。行ってきた内容を内調で話すよう頼む。斎藤茂太、土田国保、木村駿らと話す。桐島洋子も一言あり。「相場マフィア」という。

8月29日（火）6時前退庁。「松亭」へ。相場氏、ロンドン行きの送別会。学会のこと、学術会議のこと、都知事選のこと、列島改造論批判、川島広守室長批判も出る。

１９７３（昭和48）年
　４月17日（火）　５時45分退庁。「福田家」行き。相場氏の帰国祝い。イギリスの状況聞き、国内情勢を話す。
　７月２日（月）　５時40分退庁。岩波神保町ビル８階「ブリティッシュ・カウンシル」へ。相場氏夫妻、斎藤氏夫妻。糸川氏、俵萠子氏、臺弘東大教授、秋山ちえ子氏らも来る。６時半頃から、相場氏らが作った「Ｈｅｉ－Ｊｏ－Ｓｈｉｎ（peace of mind）」を映写。陶芸などで精神病を治療する状況など。30分ぐらいで終わって、あと飲みながら話し合い。
　９月５日（水）　６時前退庁。ヒルトンホテル行き。相場ゼミに約50人参集。相場氏司会、船田氏を紹介。現代人の病理、不協和集団の増加に関する現象研究といいながら、実際は共産党問題。船田氏の話面白く、国会、政党などの病理現象を捉えて説明。田中直吉氏、小田村四郎氏（大蔵官僚）も発言。
１９７４（昭和49）年
　２月６日（水）　６時15分退庁。六本木の「ニューハマ」に至る。約束の相場氏と滝沢氏あり。鉄板焼きの食事。滝沢氏のテレビ出演、看護婦不足の問題、参院選の予測、三重の原発調査、日本のファシズム発生予想、石原慎太郎のことなど話し合い。

（註１）『週刊新潮』の名物コラム、「東京情報」を連載していた「Ｓ・Ｐ・Ｉ通信特派員」。国籍、年齢は非公開。
（註２）『赤旗』は１９７６年４月15日紙面で、日本にいるＣＩＡ要員93名と過去日本にいた要員の氏名を報道した。Weber氏の名はリストに見当たらない。

3　相原良一《あいはらよしかず》

（東京水産大学教授、憲法学）
１９６８（昭和43）年
　５月31日（金）　５時半、相原良一氏来る。「もみぢ」行き。相原氏の各学会出席報告あり。水産大のこと、公法学会のことなど聞く。
　６月26日（水）　５時半、相原氏来る。「ざくろ」に至る。川西誠氏〔日本大学教授〕あり。ともに宴。日大騒動の状況聞く。学術会議対策、候補者選定など協議。

7月25日（木）　3時、相原氏に奥原唯弘氏〔神奈川大学、近畿大学〕も来る。学術会議選挙対策。

4　飽戸弘《あくとひろし》

（東京大学教授、社会心理学）
1970（昭和45）年
7月8日（水）　5時半過ぎ退庁。「松亭」行き。飽戸弘埼玉大助教授来る。大学生の意識調査の資料説明し、分析を頼む。吉村融氏〔埼玉大学〕来て加わる。
9月28日（月）　6時前退庁。赤坂プリンスホテル行き。学生問題委託研究会議。吉村、飽戸氏ら在り。学生問題のとりまとめ方、打ち合わせして食事。筑波新大学問題、東大新聞研のことなど、人の噂になると、なかなか情報あり。
1972（昭和47）年
7月3日（月）　6時半で国際会議を途中退席して「福田家」へ。PVR会。吉村、松原治郎〔教育社会学者〕、飽戸、佐貫利雄〔帝京大学〕、牧野昇〔三菱総合研究所〕、綿貫譲治〔政治学者・社会学者〕の諸氏参集。政治、経済の自由討議。
7月31日（月）　6時前退庁。ホテルニューオータニにてPVR。綿貫氏司会、飽戸氏が「日本人の満足度」調査結果について報告。面白い。佐貫、牧野両氏のやりとり。
1976（昭和51）年
6月25日（金）　5時退庁。ホテルニューオータニの現代政治研究会に出席。三宅一郎氏〔投票行動の研究者〕が過去20年間の保守、革新の支持率分析。自民への定着化、保守化の問題など。綿貫、佐藤誠三郎、飽戸各氏の質疑など面白い。
11月13日（土）　ホテルニューオータニ行き。現代政治研究会に出席。食事して、総選挙の予測について話し合う。佐藤、綿貫、内田満、飽戸、公平慎策〔政治意識の研究者〕各氏ら参集。総選挙〔76年12月〕の予測。投票率、物価の影響、米国の例など。〔自民の議席は〕266ぐらいで、保無〔保守系無所属〕と新自由クラブを入れて280近くと。

5　安津素彦《あんづもとひこ》

（国学院大学教授、神道学）

1968（昭和43）年

12月21日（土）　室長室に安津素彦、戸田義雄〔宗教学者〕両氏が来る。教科書問題で懇談会結成、レポートを作る計画提示。大津英男室長と応対し、資金の面倒をみることとする。

1970（昭和45）年

3月24日（火）　安津氏と戸田氏来庁。報告書ができ、ゲラを見せる。次の計画を見せ、また頼むと。後日を約束。

6　安藤瑞夫《あんどうみつお》

（立教大学、産業心理学）

1962（昭和37）年

9月14日（金）　5時半退庁。池袋の「錦鮨」へ。立教大学の安藤瑞夫、武沢信一、早坂泰次郎氏ら在り。労働者意識の調査に従事した大学院生と4年、3年のメンバーの慰労会。最後に挨拶させられ、公安調査庁とどう違うかなどの質問あり。

1964（昭和39）年

6月2日（火）　立教大学の安藤氏より電話で、また今年も委託費頼むと。

6月12日（金）　10時過ぎ、安藤教授ほか2名来る。先方は、今年も委託費出してくれといって、ミドルマネジメントの調査案持参。当方は、新興宗教（特に創価学会）の調査を希望。帰って相談して返事をくれることとなる。

7　生田正輝《いくたまさき》

（慶応義塾大学教授、マスコミュニケーション論）

1967（昭和42）年

11月1日（水）　12時半、ホテルオークラ行き。生田正輝教授に会う。学生のでたらめさ加減の話。小中教育の弊、ここに至る、教育ママのこと、マスコミの不実さなど。

1968（昭和43）年

2月29日（木）　6時前退庁。「宝家」行き。生田教授ら来る。レポートの説明、世論とは何か、沖縄調査のこと、日本文化の特質、テレビ普及傾向、文明の浸透速度、核問題、学生問題、大学制度など話題多し。今後も頼むことにして別れ。

11月18日（月）　6時前、謡練習終了。退庁して「もみぢ」行き。生田氏と助手。慶応の学生紛争の話。割にうまくおさまったこと、教育ママのこと、東大のことなど話す。

1969（昭和44）年

5月15日（木）　6時前退庁。「もみぢ」行き。生田氏ら在り。新聞の傾向について説明してもらう。『朝日』が総じて左、『読売』が右、『毎日』がその中間という一応の傾向はあると。偏向よりも一貫性がないコマーシャリズムが問題という。

8　石川忠雄《いしかわただお》

（慶応義塾塾長、中国政治史）

石川忠雄氏は年齢が同じということもあり特に親しくしていただいた。

1966（昭和41）年

4月21日（木）　慶応大学に赴き、石川忠雄氏訪問。参与として審議員会議に加わることをお願いして了承を得た。まだ他の大家に比べ若かったからである。次いで「中共の世界革命戦略」について執筆依頼。テープレコーダーの談話筆記ならOKと。

1967（昭和42）年

2月8日（水）　9時40分登庁。石川氏来る。班長会議で「中共文化革命の現状と見透し」について講演。その性格、発展段階、原因、見通しなど、なかなか論理的でよく分かる。

5月16日（火）　6時前退庁。山王飯店行き。石川氏来る。大津室長らに中共旅行の話をする。いまだ革命成らず、毛語録確認の要、軍のことと紅衛兵のことなど、諸々であった。

10月11日（水）　石川氏に電話し、沖縄問題に対する意見を聞く。

1968（昭和43）年

12月24日（火）　6時前退庁。「大内」行き。石川氏来て宴。大学問題、人物月旦、シンポジウムの必要性、永井陽之助氏のことなど話し合う。あと、バー「米村」に行く。

1969（昭和44）年

4月10日（木）審議員会議のあと、石川氏を伴い2時帰庁。『中国政治経済総覧』（中華人民共和国年鑑）（註）の基本方針を相談。内調の名を出さぬこととする。7人の編集委員を決定、刊行会を作ることとする。

5月15日（木）12時、白亜ビル行き。審議員会議列席。石川氏より中共軍のレポート説明。

6月11日（水）5時に帰庁すると、石川氏が来ていたので大学立法問題の意見を聞く。

6月20日（金）6時退庁。築地の「吉本」行き。日米関係の話など。バー「米村」へ。

8月1日（金）12時、有楽町ビルの昭和同人会。坂本是忠、蔵居良造両氏あり。石川、中嶋嶺雄両氏も来る。『中国政治経済総覧』の相談。毎日新聞のアジア調査会にやらせることになり、坂本氏に毎日に行ってもらう。

9月25日（木）3時前に出発。毎日新聞社アジア調査会行き。『中国政治経済総覧』の編集会議に出席。坂本、石川、中嶋、蔵居、前田寿夫各氏ら集まり、執筆者分担を決定。凡例、略称例などを相談する。

11月26日（水）「米村」へ。石川氏らとバーで飲む。日米共同声明成功のことなど。

1970（昭和45）年

4月4日（土）帰庁1時。石川氏来ていたので、日中関係改善に関する彼の意見を1時間余り録音。なかなか系統的にまとまる。

1971（昭和46）年

2月9日（火）6時前退庁。「福田家」行き。石川氏来る。日中問題のヒートが心配と。百花斉放すぎる。2日に1回ぐらいの割で講演依頼がある由。政府のとるべき態度、世論、マスコミなど。石川氏のアメリカ紀行も聞く。

6月23日（水）毎日新聞社アジア調査会行き。2時着。『中国政経総覧』編集会議。石川氏議長、土井章、大川次郎、前田寿夫各氏。中嶋氏は遅れてくる。目次逐条検討。概観を書き、国際関係、資源開発、台湾状況などを増加させて、かなり厚くなる見込み。

10月19日（火）6時15分退庁。「大野」行き。石川氏の法学部長就任を祝う会。内調から川島広守室長、次長、志垣ら。日中問題、総理演説評、マスコミ批判など出る。

（註）１９５４年から１９６８年まで６回発行された。昭和29年度版と35年度版（一橋書房）、37年度版と39年度版（日刊労働通信社）、41年度版（民主主義研究会）、43年度版（新紀元社）と、出版社の変更が続いた。昭和37年度版の序文では、アジア政経学会代表の植田捷雄が「本書の完成にあたっては、内閣調査室から過分の御援助があった」などと述べており、内調の関与は秘密だったとは言い切れない。

9　石川弘義《いしかわひろよし》

（成城大学教授、社会心理学）

１９７０（昭和45）年

7月17日（金）タクシーで「酔心」へ7時15分着。30分ほどどして石川弘義氏来る。アメリカのヒッピーの話、広告業、政治とPRのこと、青年のSEX調査のこと。軟派だ。ヤングマンの調査委託70万円ぐらいで頼むことにする。

10　泉　靖一《いずみせいいち》

（東京大学教授、文化人類学）

１９５４（昭和29）年

8月17日（火）午後1時、約束通り、東大の泉靖一助教授と明大の藤原弘達助教授来る。「からす亭」に案内。社会風潮の計画書につき種々打ち合わせ。具体的に調査期日、調査経費まで検討。権威の問題、失意のこと、見えざる文化等々話題多く、面白し。

１９５５（昭和30）年

6月10日（金）5時、泉、藤原両先生来る。「いとう」に案内。久濶の酒宴。10時まで大いに飲み語る。それから新橋の「ショーボート」、渋谷キャバレー「松竹」へ。終電で帰宅1時近し。

6月16日（木）新橋の「日本食堂」に7時着。藤原、泉両氏らと朝食会。中間層調査の打ち合わせ。中間層論議と調査の方法など。選挙にも言及。

6月23日（木）「日本食堂」に7時着。藤原、泉両先生らと朝食とって調査の打ち合わせ。秋田、山形、尾道など候補を挙げ検討。中間層討議もして10時過ぎに終わる。

6月28日（火）3時頃、泉氏来る。候補地選定。予算額も藤原氏の作ってきた40の質問表を逐次検討。概ね決める。

8月18日（木）昼、「いとう」に至る。泉、藤原両先生来る。地方の村の話。㈲キャップの家に泊まったとは面白し。農村の話をして食事。

1958（昭和33）年
12月10日（水）5時、藤原氏来る。3部の室に案内。「いとう」行き。泉氏らも来て宴会。警職法問題、大学の研究費など。

1963（昭和38）年
1月17日（木）6時20分、泉氏来庁。5部の田中雄一主幹らを紹介。赤坂の「扇屋」で飲食した。田中氏は京城中学の後輩と分かり、親しくなった。アンデスや朝鮮、学界の話など。

1月31日（木）班長会議後、三会亭へ。泉氏、田中氏らと在り。日本文化・民族起源の研究グループ結成を相談し、泉氏大いに乗り気。石田英一郎氏［文化人類学者］を担いで組織化したいと。

12月24日（火）12時、学士会館着。泉氏来る。インカ物語を聞く。石田氏の件、打ち合わせ。年間200万円ぐらいの補助で本格的調査をし、「日本文化の根源」を研究してもらうこととする。
1964（昭和39）年
1月17日（金）パレスホテルに石田氏在り。泉氏も来る。2階で食事。委託の具体的取り決め。「日本民族の起源」というテーマで年間200万円でやってもらうこととする。3年計画。石田氏は慎重。きまじめな人。
3月24日（火）2時半、次長室で泉氏の話を聞く。教養講座。「文明の起源」について。
1967（昭和42）年
8月14日（月）主幹会議、2時20分終了。泉氏来る。久濶。石田氏を北鮮へ、泉氏を韓国へ出張させる旅費として50万円を約束。
8月31日（木）6時20分、泉氏を待ち「宝家」へ。藤原氏、泉氏と久闊。韓国旅行の話、東南アジアのこと。大学生の恐るべき実態について泉、藤原両氏の意見一致。問題なり。

1968（昭和43）年

5月22日（水）　5時半、泉氏来る。退庁し、一緒に「瓢亭」へ。日朝交流、東大各学部の就職状況、学科内容、パリ大学の惨状、ヨーロッパの衰退、漢字文化圏（中国、朝鮮、日本、ベトナム、台湾）のこと、情報産業立国論など、種々面白い話。

1969（昭和44）年

2月21日（金）　11時過ぎ、泉氏来る。朝鮮問題のレポートについて打ち合わせ。シンポジウムをやり、その記録を報告書にすることとする。

3月27日（木）　6時半頃、約束の泉氏来る。韓国の李杜鉉副教授らを紹介。「宝家」行き。民族学研究の実情、宗教の現状（日本と異なり、キリスト教が盛ん）、北鮮の事情など。

11　板垣与《いたがきよ》一《いち》

（一橋大学名誉教授、八千代国際大学〈現秀明大学〉学長）

1967（昭和42）年

8月21日（月）　板垣与一氏来たので会う。東南アジアの話。本多武雄前室長の斡旋で毎月3万円出すことになっているらしい。困る。

1968（昭和43）年

3月29日（金）　6時半退庁。神田の如水会館で板垣グループの「東南アジア研究会」に出席。最終報告会を開く。スハルトの会に出た話など、板垣氏の独演会のよう。河部利夫氏〔東京外国語大学〕ら7名。一応の成果ありと認める。レポートが全部出されていないので、金の残りは来週回しとする。

1971（昭和46）年

5月27日（木）　7時、民研総会祝賀パーティーを退出。帝国ホテルの伊藤善市教授〔東京女子大学〕出版記念会に出席。学者多数。女子大生も多し。板垣氏、大熊信行〔経済学者、歌人〕、越村信三郎〔横浜国立大学〕、高山英華〔都市計画家〕、高橋長太郎〔一橋大学〕各氏らスピーチ。

12　一又正雄《いちまたまさお》

（早稲田大学教授、一又グループを作る）

一又正雄氏は、1945（昭和20）年から1967

（昭和42）年まで早稲田大学教授を務め、1974（昭和49）年に死去した。

1967（昭和42）年

9月7日（木）5時20分退庁。「もみぢ」へ。一又正雄氏来る。学術会議の現状と改革案の話を1時間。法律雑誌を出すことや学術振興会をもり立てることなど。この日から内閣調査室との関係が生まれた。

11月2日（木）6時前退庁。「東京倶楽部」行き。一又氏、佐藤功氏〔上智大学教授〕に挨拶。桑田三郎氏〔中央大学教授〕、奥原敏雄氏〔国士舘大学助教授〕を交え食事。沖縄問題の法的側面の研究会。〔サンフランシスコ〕平和条約3条、沖縄現地のことなど話す。

11月30日（木）5時半退庁。「東京倶楽部」行き。一又氏、桑田氏、奥原氏在り。特連の加藤泰守参事官来る。佐藤氏、遅れて来る。主として加藤氏の実務談。小笠原復帰に伴う諸問題（開発困難）、沖縄の法的諸問題など、なかなか有益。

1968（昭和43）年

7月10日（水）5時40分退庁。築地行き。一又氏、外務省の西村熊雄氏が参加し、法政大学の杉山茂雄氏らもみえた。北方領土問題についての研究事始めの会。西村氏より外務省資料が入るのは便利。

8月8日（木）6時、「東京倶楽部」行き。一又氏、佐藤氏、奥原氏ら在り。〔特連〕加藤〔泰守〕参事官、外務省北米課長の千葉一夫氏、補佐の堂之脇光朗氏も来る。スナイダー発言のこと、原潜放射能のこと、沖縄国政参加のことなど。千葉氏が先に30分話して去る。あと、佐藤氏より国政参加に関する意見あり。表決権は無理、西ベルリンとは異なるなど。

1969（昭和44）年

1月13日（月）6時退庁。「東京倶楽部」行き。一又氏、奥原氏在り。佐藤氏も来る。食後、佐藤氏より沖縄の国政参加問題、参院選無効訴えの論評（訴えは論通らぬ）。8時過ぎ、加藤参事官も加わる。日米諮問委〔1968年に設置された日本政府、米国政府、琉球政府による日米琉諮問委員会のことか〕の件、ゼネスト布令の件〔1969年2月4日に計画されたストライキ〕、屋良〔朝苗行政主席〕氏の件など。

2月7日（金）6時半に「カナマロ会」終了後、

車で「東京倶楽部」行き。一又、佐藤、桑田各氏、加藤参事官、久住忠男氏ら。久住氏より沖懇〔沖縄問題等懇談会〕、基地研〔沖縄基地問題研究会〕の話、沖縄の核と自由使用の問題。加藤氏より教育権返還問題。

2月21日（金）6時過ぎ退庁。「宝家」行き。西村、林〔人物不詳〕、一又、杉山各氏来る。大陸棚問題、人工島作成、小笠原刑務所、正当防衛と自力救済、集団的自衛権、核持ち込みのことなど。

7月25日（金）6時前、次長と「福田家」行き。一又氏、佐藤氏在り。一橋大学の皆川洸氏来て食事。西村氏は失念して自宅に在り、すぐ来てもらう。大学紛争問題、旅券法、出入国管理法などを討議した。

9月10日（水）5時半退庁。霞友会館行き。一又、西村、奥原、林各氏ら在り。続いて皆川氏、7時頃佐藤氏来る。杉山氏は大学に呼び出される。9条交戦権のこと、国際法と憲法の関係など面白い。自衛権まで行き食事。沖縄交渉の案（米側に一方的留保条項を付けさせる）、北方領土交渉（手順と論理）など種々話あり。やはり西村氏のが建設的。

1970（昭和45）年

3月2日（月）5時15分退庁。タクシーで霞友会館行き。一又、西村、佐藤、皆川、奥原、杉山各氏、加藤参事官来る。佐藤氏の沖縄報告。法的措置、復帰問題など。加藤氏が補足。立法スケジュールなど。

7月22日（水）5時前退庁。帝国ホテルに行った後、「ふくでん」へ。皆川、一又、杉山各氏。西村氏は例によって日付を間違え、自宅にいたのを呼び出す。佐藤氏は急用で欠席。自衛権解釈論、極東条項、日・ソ・中・北鮮・韓国・台湾などの安全保障条約案、韓国の国連軍、外務省のブレーン組織、教科書裁判、憲法学者批判、偏向教育など。

11月16日（月）6時退庁。「東京倶楽部」行き。一又会。西村、奥原、林、皆川各氏で話。佐藤氏来る。国連軍の法的問題討議。佐藤氏のペーパー中心。国際協力の組織なり、立法が必要となる。軍事面でなく警察的、監視団、工兵隊、ガードのようなもの。自衛権と外国派兵のこと、憲法との関係など充実。

1971（昭和46）年

7月5日（月）5時45分退庁。「東京倶楽部」行き。杉山氏より日中関係の法的諸問題を報告。かなり常識的なもの。一又氏より国交回復上の提案。国連玉砕論。西村氏より種々修正意見。なかなか白熱。

7月28日（水）6時退庁。「福田家」行き。一又グループの懇談会。一又、西村、佐藤、奥原各氏。内調から川島室長ら。前半はゴルフの話で、後半は米中接近問題。佐藤総理はソ連へ飛べという西村案。承認（事実上と黙示）。学者利用の仕方など。

9月27日（月）6時前退庁。「東京倶楽部」行き。一又グループの会。西村、佐藤、皆川、奥原各氏。杉山教授のアメリカメモを読み、国連のことを話し合う。日中国交回復の法律問題、日華条約廃棄の措置、領土権の問題など。

11月29日（月）4時半退庁。「東京倶楽部」行き。一又、西村、皆川各氏在り。日華平和条約論（対中共対応の仕方）、尖閣列島論など話し合う。一又氏、奥原論文の評価を訴える。

12月16日（木）4時20分退庁。「東京倶楽部」行き。一又、西村、奥原3氏と尖閣列島問題について研究会。奥原氏より見解を説明。領有権と大陸棚問題。これも問題残る。

1972（昭和47）年

2月24日（木）5時20分退庁。一又グループ研究会。早稲田大学の大畠英樹教授より尖閣列島領有権について日清戦争時の法的資料の説明あり。中村洸教授〔慶応大学〕が尖閣列島の地図を示して、大陸棚の境界などを説明。西村、皆川、奥原各氏も発言。早く灯台を建ててしまうべしとの意見が強かった。

3月29日（水）5時半退庁。「東京倶楽部」行き。一又グループの研究会に参加。尖閣列島問題かなり詰める。中村氏の力作受領。海洋法会議のこと。皆川氏もよく話すようになる。

5月2日（火）5時45分退庁。「ふくでん」行き。西村氏在り。ベトナム戦争の話などする。中村氏、杉山氏、一又氏の順に来る。中村氏のロンドン留学壮行、皆川氏法学部長就任、一又氏教科書出版祝い、杉山氏帰国祝いを兼ねた宴とする。皆川氏は7時過ぎに来る。

7月4日（火）5時半退庁。「東京倶楽部」へ。一又グループの会。佐藤、杉山、皆川、一又、奥原各氏。安保条約事前協議問題、日華平和条約廃棄云々の件、北方領土問題。一又氏の憂国の情。杉山氏の明快な論理。外務省のだらしなさ。

9月13日（水）　6時退庁。「東京倶楽部」行き。一又グループの会出席。一又氏のニューヨーク学会報告が主。安保条約と米軍の地位、日中国交問題も大いに議論し、かなり有益。西村、皆川、佐藤各氏出席。

10月5日（木）　出版協会からいったん戻り退庁。一又グループの会。西村、皆川、一又各氏。日中共同声明の法的諸問題を討議。7時より会食。杉山氏来る。日本の歴史が書き換えられる心配。食後、安保条約問題で西村氏より解説、質疑。
＊日記の記述はここで途絶えている。一又氏の病状悪化のためと思われる。

13　市村真一《いちむらしんいち》

（京都大学教授、経済学）
1968（昭和43）年
5月25日（土）　同僚2人、関西出張より帰り、報告聞く。市村真一氏がやや収穫。
6月28日（金）　外務省との懇談会が2時過ぎに終了し、旅館に市村氏を訪問。大学問題、進歩的文化人のリスト作りと攻撃のことなど話し合う。協力態勢を組むまでには至らず。
1971（昭和46）年
12月22日（水）　5時退庁。「平吉」に市村氏来る。東南アジア諸国の経済学者のこと、軍人の後進国における役割、華僑のこと、日本の軍国主義観、研究者の養成、政府の学者対策の不手際など話し合って、調査委託することを約束。当初は50万円。
1973（昭和48）年
11月29日（木）　12時、白亜ビル行き。審議員会議にて市村氏より「経済協力の哲学」を報告。東南アジアへの文化交流に重点。質疑約1時間。なかなか活発。

14　伊藤善市《いとうぜんいち》

（東京女子大学教授、経済学）
1969（昭和44）年
7月24日（木）　6時半、築地の「吉本」へ。伊藤善市氏来る。大学問題、女子大の状況聞く。沖縄問題になかなか詳しい。社会開発、交通、教育など大いに語る。愉快な人なり。

12月16日（火）　土曜会メンバーの懇親パーティーを6時半に退出し、「もみぢ」へ。伊藤氏が沖縄開発の問題、大学問題など、例のごとくよくしゃべる。さらに新宿へ。

1970（昭和45）年

3月5日（木）　12時、白亜ビル行き。審議員会議。伊藤氏より「沖縄の地域開発について」。鉄道を敷くことには佐伯〔喜一〕、大来〔佐武郎〕氏より若干の異論出る。南北文化センター構想については賛成多し。全般に話は面白い。

7月13日（月）　6時過ぎ退庁、「一扇」行き。伊藤氏来る。東京女子大の紛争問題、経済白書のこと、沖縄とハワイの比較研究のことなど話す。

15　糸川英夫《いとかわひでお》

（東京大学教授、ロケット研究の草分け）

糸川英夫氏は東京高校の先輩である。そのことを互いに知って親しくしていただいた。

1966（昭和41）年

11月24日（木）　10時過ぎに車で出発。六環を走り、東大の宇宙航空研究所に至る。糸川研究室に糸川英夫氏を訪問。核政策の審議日程など説明し、来年1月12日に審議員会議で話すよう頼む。OK。ミューがミニットマンと同性能であること、マスコミの攻勢に大わらわであること、秘密を守ってもらいたいことなど、よく喋る。

1967（昭和42）年

1月12日（木）　12時前、白亜ビル行き。本年初の審議員会議。出席多し。糸川氏来る。ミュー計画の映画約20分。なかなかよく出来ている。その後、糸川氏よりミニットマンとミュー4S、ミュー4SSとの比較。ほとんど同性能。ソフトウェアの重視、人口2億など面白い。

1971（昭和46）年

2月25日（木）　6時前、国際文化会館へ。相場均、滝沢清人〔女子美術大学〕、川中康弘氏〔上智大学〕と桶谷繁雄氏。糸川氏もまもなく来る。公害問題を中心とした研究会。滝沢氏司会。交通問題、新聞報道と一般認識のギャップ、新聞の偏向など。

7月10日（土）　四ツ谷の「ホテルニューオータ

ニ」へ。相場、浅井正昭氏、糸川博士在り。まず、浅井氏より「意味の飽和」について説明。流行歌の存続期間などの分析。次いで糸川氏より「70年代の特徴について」。大衆参加、所得弾性率などについて説明。質疑応答在り。相場氏もかなり語る。

8月3日（火）　12時、川島室長と国際文化会館へ行く。糸川、相場、滝沢3氏在り。糸川氏の話を聞く。70年代の問題点。前回とダブるところが多い。ただしレーザー光線、燃料電池のことは新知識。

1972（昭和47）年

5月29日（月）　主幹会議終了後、糸川氏が来たので応接。1階会議室で班長会議約40名に講演。「ソ連の対日観の変化について」。有史以来の好感情で、文化交流さえうまくいけば北方領土返還も可能と。

1973（昭和48）年

10月15日（月）　5時45分退庁。茅場町の鉄鋼会館行き。P.M.講座。糸川氏の司会で出席者1人1人の自己紹介と、P.M.講座に期待すること、来た理由などを言う。

11月19日（月）　鉄鋼会館で糸川氏と政局の話。のち講演。30人ぐらい。「P.M.と政府の情報活動について」。世界の情報機関の常識、日本の機関の実情と弱体さ、内閣調査室のやっていること、その方法。官庁のP.M.内閣のP.M.、企業への要望など。

1974（昭和49）年

11月18日（月）　6時半まで資料読んで退庁。六本木のスタービル7階へ。MM研究会。相場、千葉康則（法政大学教授）、宮本四郎通産審議官、橘〔正忠〕外務省調査部長、糸川、志垣らでフリートーキング。三菱爆破事件、反社会活動とその影響、世界の中の日本、極左暴力集団の分析など。糸川氏の話が圧倒的に面白い。核融合、水素、太陽熱利用など。

糸川氏は、相場氏による会合に出ることが多かった。

16　猪木正道《いのきまさみち》

（京都大学教授、防衛大学校長、政治史）

1964（昭和39）年

4月21日（火）　『調査月報』の「対中国観」に猪木正道氏の文を引用し、対中国罪悪感強調に「抵抗力弱し」と書いたことに怒り、猪木氏より抗議文が速達で来る。石岡実室長に報告。表現はやや不適当と認め、謝ることにする。

1967（昭和42）年

10月5日（木）　前日より京都出張。ハイヤーで猪木氏宅へ。10時到着。京大内部問題、見通し一応安心と。沖縄返還問題も聞く。午後は高坂正堯氏宅訪問。

1968（昭和43）年

4月23日（火）　9時35分登庁。ヒルトンホテルに猪木氏を迎えにいかせる。大津英男室長以下40人余（特別班長会議）。ジョンソン声明を中心にした国際情勢の話。主として中国問題。軍事的膨張主義は神話。米国のベトナム戦争批判世論、学者の意見。あと質疑。80年代に米中共存など。

1969（昭和44）年

12月5日（金）　猪木氏、2時前に来る。班長以上の講演会。1970年代の国際関係。特に日米関係を中心として。話が飛んでまとまりにくいが、知識が豊富で問題意識もよく、聞く者を飽きさせない。あと、「福田家」でウィスキーを飲みながら話。米国のこと、共同声明のこと〔沖縄の施政権返還を約束した同年11月21日の日米共同声明とみられる〕、日共のこと、創価学会のこと。

1970（昭和45）年

10月12日（月）　6時、「福田家」着。猪木氏の防衛大学校長就任祝の会。校長官舎のひどいこと、防大教授と生徒の水準（次第に低下）のこと、高坂正堯のこと、憲法問題と自衛隊のこと（はっきりさせる時期）など。例によりよくしゃべる。

1973（昭和48）年

2月8日（木）　5時40分退庁。「ふくでん」行き。猪木氏の話を聞く会。共産党の将来、ソ連、チェコ、イタリアの例など。田中角栄の話、保守内紛は危険と。防衛大学校のこと、自衛官の士気のこと。

17　入江《いりえ》通雅《みちまさ》

（青山学院大学教授、国際政治学）

1965（昭和40）年

12月9日（木）　5時半退庁。下野〔信恭〕氏と赤坂の「宝家」へ。小谷秀二郎氏〔国際政治学〕、奈須田敬君〔並木書房〕在り。続いて入江通雅氏来る。5

人でマスコミ論、防衛論等。極めてスムーズな話し合い。

1966（昭和41）年

2月12日（土）　2時、本多武雄室長と退庁。2人で「かすみ会」事務所に至る。曽村保信氏〔政治学者〕、奈須田君在り。萱原宏一氏〔ジャーナリスト〕、入江氏、若泉氏、桶谷繁雄氏〔金属学者〕ら集まる。防衛問題、マスコミ問題、社会党の運動方針批判など雑談。3時より室長がアメリカ旅行の話。内調について質問多し。中村菊男氏〔政治学者〕が中村勝範氏〔政治学者〕を紹介。林三郎氏〔元毎日新聞論説副委員長〕も参加。防衛問題、ガロワ〔フランスにおける核抑止戦力理論の専門家〕理論、中共の軍備など話題。食事とって7時半まで。東欧問題、官僚機構、歴史教育、中国人観など。座談会記録誌出すこととする。

2月19日（土）　1時半退庁。「かすみ会」行き。小谷、曽村、萱原、林、入江氏の順に来る。主として昨夜帰国したばかりの小谷氏からベトナム情勢を聞く。米軍の優勢、しかし長期戦状況。

3月3日（木）「かすみ会」事務所行き、3時着。若泉、入江、中村菊男各氏が続けて来る。奈須田君と5人で「安保問題座談会」の項目検討。概ね原案通り。「何に対して何を守るか」の緒論を加えることにする。来週土曜にやることにして6時前解散。

3月12日（土）　ホテルオークラ「平安の間」で言論人懇談会。2時半了。続いて2階「蘭の間」で「かすみ会」。桶谷、林健太郎〔歴史学者〕、中村菊男、林三郎、入江、曽村、若泉、小谷の8氏集まる。奈須田、志垣ら傍聴。3時より5時40分まで。安全保障問題について討議。「何に対して何を守るのか」、「ナショナルコンセンサス」など延々熱心。次回は19日と約束して解散。財界から資金も集められそう。

3月19日（土）　2時、「かすみ会」事務所へ。入江、中村菊男、桶谷、林健太郎各氏来る。教科書問題、国旗・国歌問題、大学問題等。ゲストの木田宏氏〔文部官僚〕、なかなかよく語る。4時までやり、打ち切り。あと防衛問題に切り替え、速記取る。曽村、桑原寿二氏〔中国問題研究家〕も来て座談会。日米関係、中ソ問題、中共の対日政策、安保条約等討議。

4月9日（土）　1時半過ぎ退庁。「かすみ会」事務所に至る。林三郎、桶谷、曽村、中村菊男、入江各氏集まる。初め30分ぐらい、中村氏の香港土産話。外務省安全保障課長、浅尾新一郎氏が来たので3時から座談会開始。速記。浅尾氏より安保70年の問題点など報告し、討議。中立論や核武装問題まで出て5時前終了。あと食事と懇談。

4月30日（土） 1時半退庁。そば食べてから「かすみ会」事務所へ。桶谷、西義之〔ドイツ文学者〕、有吉久雄〔防衛研修所〕各氏在り。林三郎、入江、伊藤圭一（防衛庁広報課長）、中村、曽村各氏ら来たり。3時より座談会「自衛隊問題」。有吉氏より現状説明。速記。各氏討議。

7月22日（金） 2時過ぎ「白亜ビル」行き。資料委員会に列席。2時50分頃、入江氏来る。ベトコン、中共人事など話し合う。

7月27日（水） 班長会議12時前終了。国立教育会館行き。入江氏と食事しつつ話。マスコミ調査のこと、世論調査のバイアスのこと、ベトナムのことなど話す。

9月13日（火） 6時前退庁。半蔵門会館へ。「かすみ会」秋の第1回。桶谷、中村菊男、村松剛〔フランス文学者〕、西、入江、小谷、桑原、倉前義男〔地政学〕、曽村、若泉、木村肥佐生〔亜細亜大学教授、『チベット潜行十年』著者〕、山崎重三郎（米軍顧問）、春日行雄（モンゴル協会事務局長）氏ら計16人。食事して放談。各人簡単に略歴など紹介。中村氏より「かすみ会」の説明と要望。

9月21日（水） 3時半、入江氏来る。北鮮平新艇の問題（註1）を話し合う。あと、かすみ会の話。あまりどしどし増やさぬこと。

1967（昭和42）年

1月11日（水） 12時過ぎに出かけ、文部省横の教育会館行き。入江氏と一緒に食事。NHKの組合問題、幹部行跡の問題（『知られざる放送』出版、註2）など話し、改革、国際放送の独立が必要と説く。

2月8日（水） 入江氏より電話。12時20分、飯野ビル地下の「千代田グリル」で会う。昼食。選挙結果について話す。あとは放送法改正問題。

12月7日（木） 4時20分退庁。「かすみ会」行き。曽村氏の帰国報告会。桶谷、入江、千賀鉄也（経団連）、桑原、倉前、田口〔利介〕、奈須田各氏ら。初め雑談。曽村君の米欧旅行談。米大学に海軍学部がある話など珍しかったが、話し方がまずい。

12月13日（水）　12時半、日石ビル地下「ムーンクレスト」に至る。入江氏が来て話す。『経済往来』の彼の文のこと、沖縄問題、佐藤答弁のこと、長洲批判など。

1968（昭和43）年
2月5日（月）　4時20分退庁。霞山会館行き。9階会議室でかすみ会。警察庁〔警備局〕の富田〔朝彦〕参事官より「佐世保事件」（註3）の話。桶谷繁雄、村松剛、林三郎、中村菊男〔慶応大学〕、入江通雅、桑原〔寿二〕、倉前義男、伊藤圭一〔防衛庁〕各氏、曽村、奈須田各氏ら参集。やはりマスコミ対策、説得の戦略と技術ということになる。7時終了。

5月20日（月）　6時退庁。「栄林」行き。「かすみ会」との懇談会。桶谷、中村菊男、小谷、入江、西各氏。沖縄問題、朝鮮大学問題、世界の学生運動、放射能の件、マスコミ論など出る。

7月9日（火）　4時、入江氏来る。選挙結果良しと〔7日投票の参院選〕。「憂慮すべき日米関係の将来」について委託することとする。月末までの約束。原潜問題も話す。

10月11日（金）　6時退庁。「宝家」に至る。「かすみ会」メンバーとの会。英、中東、東南アジアより帰国の小谷氏、台湾より本日帰国の中村氏、これからスペイン、イスラエルに行く村松氏の送別（内調同僚の下野信恭氏と5万円ずつ餞別）。桶谷、入江各氏、奈須田君。学生運動問題が中心、あと台湾の対日意見、韓国、ベトナム問題など。

1969（昭和44）年
6月20日（金）　自民党の散髪所より歩いて帰庁。4時10分。入江氏来る。日米関係が大切だという話。

9月20日（土）　2時半過ぎ、ヒルトンホテルへ。「かすみ会」例会。小谷、入江、利光三津夫〔法制史学者〕、下条〔人物不詳〕、桑原、山崎（米軍顧問）、曽村、小林正敏〔政治学者〕、奈須田各氏、都倉栄二内調次長。外務省の宮沢泰東欧第一課長より「ソ連の対外政策とくに中、米、日関係」の話あり。コスイギン・周会談、中共の内情なども話題になる。山崎氏より中共軍の配備状況説明。中ソ戦わばの想定で話。

10月24日（金）　6時前退庁。「かすみ会」行き。入江、奈須田、佐藤、小林各氏。福田赳夫氏の秘書官西村氏が来て、話に加わる。政局のこと、解散のこと、自衛隊尊重すべきこと、派閥解消のこと、核防のこと、その他種々よく答える。

1970（昭和45）年

1月7日（水）　豊島病院を探して行く。7時半到着。入江氏を見舞う。十二指腸潰瘍の由。まだ入院したばかり。手術未定。血を吐いた状況、夫人のこと、安保問題、選挙のことなど話して20分余で辞去。

7月6日（月）　6時前退庁。「栄林」行き。中村菊男、小谷、入江、上条末夫〔政治学者〕、奈須田各氏在り。原書房のハンドブックシリーズの売れ行き、今後出すべき企画（軍事もの、歴史〈現代史〉、公害）、慰労会のこと、京都の猪木氏の進退、日華協力委のこと、産大〔京都産業大学〕の状況、「今週の日本」不評、繊維とナショナリズム、言論人のことなど。

11月27日（金）　1時半過ぎ登庁。入江氏来る。班長会議にて講演。

1971（昭和46）年

6月25日（金）　午前中、入江氏、奈須田君と来る。日中問題を憂える。ハンドブックの計画説明。編集費用など出してくれるよう頼みあり。一応OKし、額は追って通知とする。

8月9日（月）　午後、入江氏来る。米中接近によって米の原則不変のこと強調。天皇訪米とニクソン訪日を主張。

1972（昭和47）年

1月27日（木）　5時、入江氏来たので話。「言論の自由擁護委員会」の活動の趣旨説明。援助要請あり。

2月2日（水）　夕方、入江氏来る。「言論自由委員会」の仕事のことを話す。かなり意気込んでいる。資金計画の話。

6月23日（金）　夕方、入江氏来る。マスコミガイドの話。金渡す。朝日批判のプリント、褒めてくれる。

9月7日（木）　午後、入江氏来る。「二つの中国論」の提案書提出。若干議論。

9月29日（金）　入江氏来る。日中問題の話。台湾情勢など。

10月13日（金）　午後、入江氏来来たので、『やまと新聞』編集の件打ち合わせ。
10月20日（金）6時前退庁。飯野ビル9階キャッスルへ。入江氏来る。『やまと新聞』編集改革の相談。活用文化人の範囲。社の綱領等。8時丹羽春喜氏〔関西学院大学〕も加わる。月1回は必ず集まってもらうこととする。

1973（昭和48）年
2月24日（土）入江氏来たりて話。『今週の日本』批判を頼む。米中関係論。
3月22日（木）夕方、入江氏来る。日華問題の件、仲違いした理由など話す。

1976（昭和51）年
3月10日（水）夕方、入江氏よりロッキード事件中の世論調査をもらう。大きな支持層の変化なしと。

（註1）北朝鮮の漁船が1966年9月、亡命を求めて日本に密航した事件。船員の身柄取り扱いについて南北朝鮮が対立し、日本政府は政治的判断を迫られた。
（註2）体裁は波野拓郎なる人物の単著だが、実際は放送人数人の共同執筆。1966年12月に現代書房から出版された。
（註3）1968年1月19日、米原子力空母「エンタープライズ」が佐世保港に入った。反対派は、佐世保がベトナム戦争の出撃基地になるとして、大々的な反対運動を展開した。

18　岩田《いわた》慶治《けいじ》

（大阪市立大学・東京工業大学・国立民族学博物館教授、文化人類学）

1967（昭和42）年
10月6日（金）11時40分頃、大阪市立大学の岩田慶治氏来る。食堂に行き、昼食とりながら話。主として東南アジア調査のこと、少数民族のこと、アメリカの態勢が立派で脅威になることなど熱が入る。
12月2日（土）午前、岩田氏が東南アジア出発にあたり挨拶に来庁。ラオス、カンボジア、タイの話。少数民族調査の話など。餞別3万円。

19　牛窪《うしくぼ》浩《ひろし》

（立教大学教授、産業心理学）

１９６７（昭和42）年

８月３日（木）　４時過ぎ、立教大学産業関係研究所の牛窪〔浩〕副所長と大根田〔充男〕氏来る。本年度の委託「大企業におけるブルーカラーの意識調査」について相談。１１０万円に20万円プラスしてくれとも言う。

１９６９（昭和44）年

６月13日（金）　立教大の牛窪氏と大根田氏来る。「地域社会の組織近代化の問題点」リポートの説明、島原市の調査のこと。退庁、「平吉」に行く。飲みながら立教大の紛争の話、大衆団交つるし上げのこと、中国のこと。彼はシナ語がうまい。

１９７０（昭和45）年

５月29日（金）　５時半退庁。「えびす」行き。牛窪、大根田両氏来る。食事して彼らの調査の状況を聞く。市原市のブルーカラー意識調査、台湾の調査の顛末。結果。台湾物語が面白い。

20　内田《うちだ》満《みつる》

（早稲田大学教授、政治学）

１９６９（昭和44）年

８月25日（月）　６時前退庁。「一（はじめ）」行き。早大の内田満氏来る。アメリカ出張教授の話、黒人問題、大学問題、日本政治史、日本文化の特質など話し合う。真面目な学究、ややシャープさに欠ける。

１９７３（昭和48）年

10月11日（木）　12時、歩いて白亜ビル行き。審議員会議出席。内田氏が「社会変化と政党活動」を報告。都市化と老齢化について、投票の動き、なかなか面白い。

１９７６（昭和51）年

10月16日（土）　４時、ホテルニューオータニ着。現政研〔現代政治研究会〕に出席。内田氏の報告「社会構造の変化と投票行動」。女性の票、20代の比重減少、ロッキードの影響、次の予測など話し合う。佐藤誠三郎、綿貫譲治〔上智大学〕、公平慎策〔政治意識の研究者〕、村松各氏ら。５時に終え、選挙制度案の検討をしてもらう。佐藤氏より批判多し。

11月13日（土）　1時前退庁。ホテルニューオータニ行き。現政研の会に出席。佐藤、綿貫、内田、飽戸、公平、村松各氏ら。食事して、総選挙の予測について話し合う。投票率、物価の影響、米国の例など。266ぐらいで、保無〔保守系無所属〕と自クを入れて280近くと。2時より村松氏が郊外住民の意識について報告。あと質疑。

21　漆山《うるしやま》　成美《しげよし》

（京都産業大学教授、国際政治、元中日新聞論説委員）

1971（昭和46）年

3月26日（金）　6時前退庁。「栄林」行き。「かすみ会」幹事との会。中村菊男、入江、漆山成美、桑原各氏、当方川島広守室長ら6人で会食し話す。中共問題、台湾のこと、都知事選のことなど。

1972（昭和47）年

6月28日（水）　5時45分退庁。帝国ホテル行き。「漆山成美氏を励ます会」に出席。立食パーティー。林健太郎氏のあと漆山氏挨拶。賀屋興宣〔蔵相、法相など〕、曽祢益〔民社党衆院議員〕、池田禎治〔民社党衆院議員〕、青木正久〔自民党衆院議員〕、家城啓一郎〔NHK解説委員〕、戸川猪佐武〔政治評論家〕、小谷秀二郎、大野勝美〔勝巳（外交官）の誤記か〕、村松剛各氏らが激励の詞。かなり多勢参集。粕谷一希、成瀬雅人（原書房）、小谷、奈須田、富田信男〔明治大学〕、戸川らと話す。国際情勢研究会の研究員の管理がまずいこと聞く。

1973（昭和48）年

4月7日（土）　六本木グランドマンション3階へ。6時、日華民族文化協会発会式に出席。賀屋、木内信胤〔経済評論家〕、角田順、宇野精一〔中国哲学者〕、村松、漆山、小林正敏、藤島泰輔〔小説家〕、小谷各氏ら在り。台湾側の黄天才、陳盛南、鏡振宏、謝仁剣各氏らに紹介され話す。川島室長も来る。角田氏と日米関係組織作りの話。

22　江《え》藤淳《とうじゅん》

（作家、評論家）

1971（昭和46）年

10月21日（木）　5時半終了。「福田家」へ。江藤淳氏在り。日本留学生の問題、防衛庁職員のこと、日米関係、アメリカの近況、キッシンジャー〔ニクソン政権の国家安全保障問題担当大統領補佐官〕の性格、バンディ〔ジョンソン政権の国家安全保障問題担当大統領補佐官、マクジョージ・バンディのことか〕、パッカード〔ライシャワー元駐日大使の特別補佐官、ジョージ・パッカードのことか〕その他のこと。なかなか豊富。外交問題も詳しい。『漱石とその時代』の翻訳のこと。月7万円ぐらいをOKする。9時15分頃解散。シャープな頭脳、よく勉強もしている。

11月12日（金）　5時45分退庁。「福田家」行き。江藤氏在り。翻訳の件、礼あり。本間長世、永井陽之助両氏続いて来る。食事しながら米国論、日米関係、話大いにはずむ。江藤氏はシャープにして能弁を発揮。永井氏もスカイボルト事件（註）と繊維問題のアナロジーを説く。

1972（昭和47）年

1月14日（金）　4時退庁。ホテルニューオータニ行き。アメリカ研究会。本間氏、江藤氏在り。続いて川島室長と永井氏。サクラメンテの成果〔1月6日の日米首脳会談〕、丸山真男のことなど話したあと、本間氏より「アメリカ外交の国内的条件」と題して報告。ベトナム戦争の転機、大統領の機能、連邦憲法、イデオロギーの役割、孤立主義、国民の対外関心、世論、人種問題、南部、対日理解などについて説明。江藤氏の福祉政策否定論、文化復活論などから始まって話は面白くなる。8時まで大議論。税制批判、朝鮮半島重視論、対ソ外交重視など内容あり。

2月18日（金）　4時退庁。ホテルニューオータニ行き。アメリカ研究会。江藤、永井、本間3氏。江藤氏より日露戦争、対華21カ条要求の頃よりの日米関係説明。ニクソン教書とレストン記者の論文から米中会談の予測。グランドデザインの構想予測など。なかなか有益。

3月10日（金）　午後、江藤氏来たのでB棟会議室に案内。講演「危機の処理について―勝海舟と現代」。慶応4年の江戸城明け渡しの経緯をめぐり勝の深謀遠慮を解説。近代日本をつくる理想に燃えた立派な官僚ということになる。なかなか面白い。

3月17日（金）　4時退庁。ホテルニューオータニ行き。アメリカ研究会。永井、江藤、本間各氏。永井氏より「米中共同コミュニケ分析」を50分間やってもらう。日本のとるべき道、米ソと手を結び、中国とは悪くなっても、その方が安全。持論の展開。あと質疑。江藤氏の話、例によって面白し。

4月14日（金）　班長会議を4時前退出。退庁してホテルニューオータニへ。アメリカ研究会。本間氏より「アメリカ大統領選挙の現段階」について報告。70年代は60年代と違うこと、ニクソン必ずしも絶対ならずと。あと例により江藤氏と永井氏の論説。江藤氏ら退席。食事して話。毎日新聞の狂気批判、西山記者のスキャンダル、日米核部隊のこと、アメリカの情報をとる組織、キッシンジャーのことなど。

5月12日（金）　3時50分退庁。ホテルニューオータニ行き。アメリカ研究会。4時20分より約1時間。江藤氏の「アメリカの対日イメージの変化について」。地方新聞を通してみた対日観を69～70～71年の3カ年にわたって描写。なかなか油断できない状況。質疑。アメリカのポピュリズムのこと、民主党と共和党の差、ベトナム戦局、東京工業大の旅券業務のことなど。

6月2日（金）　4時前退庁。ホテルニューオータニ行き。アメリカ研究会。永井氏の「ニューポピュリズムの台頭とアメリカの現代政治」。ポピュリズムの根は深い、日本をスケープゴートにする恐れあり。江藤氏よりアイデア出す。出国管理、大学教育改善など。テルアビブの日本人乱射事件が中心となる。永井氏は憲法改正をいう。中国は対日柔軟化が当然など。

7月22日（土）　12時前退庁。車で上野駅へ。本間氏も来る。12時47分発急行信州2号に乗り込む。車中懇談。2時間で軽井沢着。タクシーに分乗して万平ホテルへ。3時15分着。休息して4時から会議。永井氏は既に泊まっており、江藤氏は別荘より来る。本間氏よりアメリカの「民主党大会について」。報告1時間。マクガバン旋風あれどニクソンの勝利概ね不動と。質疑でベトナム戦争、日中問題などに及ぶ。6時半終了。食堂に至り夕食。江藤氏のヨーロッパ見聞記、日中復交の動きが中心話題。9時前、車を1台呼び、江藤氏の車の後について全員江藤氏邸へ。立派な別荘。１０００万円かかったと。夫人と犬とレコード。粕谷一希氏、途中から参加。永井氏の女性物語（京都会議）、外務省批判、ジャパン・ファンドのこと（松本重治を初代理事長にすべきなりと）、中公のことなど。11時半頃車を呼んでホテルへ帰る。永井氏の室で皆集まり日中問題（選挙前に田中総理は訪中するな）。12時半頃まで話。

7月23日（日） 7時半ベルで起こされ、8時食堂にて食事。ひどい雨でゴルフは中止。切符を交渉、10時半のがとれる。室で休息して10時集合。タクシーを呼び、軽井沢駅へ。疲れていたので座席を回して一緒にせず、眠って帰る。

9月8日（金） 4時前退庁。ホテルニューオータニ行き。アメリカ研究会。江藤氏の報告「ハワイ会談の光と影」。日米関係悪化を憂え、日中交渉の前のめり警告。永井氏も同感。中共の急ぐ理由は彼の国内事情と対ソ脅威。孤立化深める日本、ナショナリズムの危険性など。6時に江藤氏去る。食事しつつ話。外務省批判多し。

11月17日（金） 5時退庁。ホテルニューオータニ行き。アメリカ研究会。本間氏が「ニクソン再選とアメリカ政局」を報告。あと江藤、永井両氏を中心に話し合い。日本の対米外交の甘さ、危険なナショナリズム、対ソ関係もまずい。皆国を憂う。あと、江藤氏の悪徳不動産屋征伐記談をひとしきり聞く。

12月8日（金） 4時前退庁。「ふくでん」行き。アメリカ研究会。江藤氏より72年の総括と反省あり。やはり日米関係の前途憂える。東南アジアの対日感情にも及ぶ。7時半、私のみ退出。

（註）スカイボルトは1950年代後半に米国で開発された空中発射弾道ミサイル。マクミラン英首相とアイゼンハワー米大統領は英国がスカイボルトを購入することで合意したが、ケネディ大統領になって開発計画の中止が決定され、外交問題に発展した。

23 衛《え》藤《とう》瀋《しん》吉《きち》

（東京大学名誉教授、亜細亜大学学長、国際関係史）

1964（昭和39）年

10月6日（火） 11時半、押田敏一らと霞友会館行き。衛藤瀋吉氏に会い、彼のモンゴル旅行談を聞く。あと食事して質疑。なかなかの好漢なり。

1965（昭和40）年

1月30日（土）　警視庁の土田国保警備部長室に赴く。佐々淳行君在り。相場均氏来て話。6時頃、土田、佐々、志垣の3人車で虎ノ門の「平吉」へ。衛藤氏と小島昇氏（ヤン・デンマン）来る。7時半頃、土田氏も来る。佐々君の気焔上がる。創価学会の分析などを行う。9時頃出て、銀座のバー「クラブ千代田」へ。衛藤氏去り、小島氏、土田氏去り、3人は11時半まで。佐々君の送別会ゆえ彼の気焔もよいが、ちとペダンチックと自慢話が過ぎる。

1966（昭和41）年

2月15日（火）　衛藤氏来る。来月より香港に行く別れの挨拶。

2月18日（金）　本多武雄室長と赤坂の「宝家」へ。衛藤氏来る。彼の経歴のこと、電子計算機と情報分析のこと、進歩的学者のこと、永井論文のこと、中共問題など。

1967（昭和42）年

3月10日（金）　6時前退庁。大津英男室長と「もみぢ」行き。衛藤氏との会。押田氏らも在り。ふぐを食べつつ話。文化大革命のこと、香港のこと、日本の評判が東南アジアで悪いこと、中国学者のこと、北京の新聞記者のことなど。

4月5日（水）　9時45分登庁。衛藤氏来る。4階会議室に案内。班長会議メンバーに講演。「香港から見た中共」。中共問題5つのポイント。複数の座標軸、急進と穏歩などの話。歴史的事例が豊かで、アイロニーもあり、なかなか好評。室長室で主幹会議のメンバーらと昼食して懇談。日共と中共の対立関係、宮本〔顕治〕訪中時の事情〔日本共産党代表団として1966年3月に訪中〕、国府の情報機関とその情報内容など。

10月17日（火）　登庁9時10分。衛藤氏迎え、沖縄問題について意見聴きテープへ。韓国や台湾の影響も考えよと。

1969（昭和44）年

4月16日（水）　夕方、衛藤氏来る。中央調査社の毎月世論調査借りに来る。中共核実験の影響調べ。

7月1日（火） 1時半より部議。主幹会議の状況伝達。途中、衛藤氏来る。近著『新しい大学像をもとめて』をくれる。大津室長に一緒に会い、東大の話。要は小さい時からの教育なりと。過保護反対。15分ほどで去る。

7月16日（水） 6時退庁。「胡蝶」行き。香港総領事の岡田晃氏、続いて衛藤氏来る。宴。7時半に中嶋嶺雄氏も来る。香港のこと、英国人のこと、大学紛争のことを話し合う。岡田氏最もしゃべり、大学問題は衛藤氏、中嶋氏も。

9月2日（火） 昼前、衛藤氏来る。40万円渡す。書類に署名させ打ち合わせ。

10月21日（火） 4時半退庁。ハイヤーで外務省行き。衛藤氏が既に「醍醐」に行ったことを確かめ、そちらへ。衛藤氏のドイツ旅行の話。東独のこと、タス通信記者のこと、哲学の喪失、東大教官共闘会議のこと、全共闘学生の心情、学制改革など。

1970（昭和45）年

1月20日（火） 午前、衛藤氏来る。来年度の委託契約書を持ち帰る。ようやく本格的となる。

4月14日（火） 12時、衛藤氏を小島龍一主幹の空き室で録音。「日中関係改善の方策」など。

9月1日（火） 4時半より大津英男室長室で衛藤氏の話。ソウルの国際会議を報告。南北統一問題など。

11月10日（火） 山王飯店に8時までいて退出。歩いて「松亭」へ。衛藤氏との会に出席。日中台湾問題のこと、「言論人」のもめごと、韓国問題、寺沢一氏〔国際法学者〕のことなど。

1971（昭和46）年

7月14日（水） 12時、「ふくでん」行き。衛藤氏在り。大津〔「川島」の誤記か〕室長らと昼食をとって話。日中問題、慎重論。日本国内の風潮を嘆じ、なかなかの正論。日米関係についても憂慮。対日感情、知日派の間で悪くなったと。国内の分裂傾向に及び、午後2時を過ぎて解散。

12月14日（火） 午前中、衛藤氏来る。中国問題の新聞論調調査の件、援助方頼んでいく。若干の打ち合わせ。

1972（昭和47）年

4月25日（火） 午後1時より、室長室にて衛藤氏のソ連帰りの話聞く。日本が中国と結ぶのを最も嫌うと。ソ連の衣食住向上、業者の態度柔軟化、台湾への関心大など。参考になるもの多し。

1974（昭和49）年

3月25日（月）『調査月報』の編集会議12時終了。主幹会議に衛藤氏を招き、オーストラリア、フィリピン旅行の帰国談を聞く。異なった社会との接触について。文化摩擦のこと。なかなか面白い。文化的底流（政治経済以外）の重要性、インテリのことなど。

24　大島清《おおしまきよし》

（筑波大学副学長、帝京大学教授、経済学）

1961（昭和36）年

5月24日（水）12時前、東京教育大学へ。東京高校の1年上で教育大学教授の三潴信邦氏から大島清教授を紹介される。長坂聡氏〔東京教育大学〕らとともに校門前の会館地下のグリルで食事。彼らの研究について聞き、委託調査したい旨ほのめかす。第一次大戦後の欧米経済状況というテーマ。国の重要政策に関連させたい旨の希望を出し、「ブロック経済化への必然性」といった点に焦点を合わすことにして概ねまとまる。計画書を出してもらうことにして別れる。

1962（昭和37）年

2月21日（水）夕方、教育大の大島氏と三潴氏が来たので相手する。今年度の経済レポート持参。経済ブロックのこと、日韓問題など話す。両氏を銀座の「山和」に案内。学界のこと、役人、業者の給料のことなど。7時半に終わり解散。

1964（昭和39）年

2月12日（水）6時退庁。大島、三潴両氏と地下鉄ホームで待ち合わせ。新宿でしょっつる鍋。トルコ、イランの話。来年の計画など話し意気投合。ローマ、香港、パリのことなども。

1967（昭和42）年

9月26日（火）5時過ぎ、教育大の大島氏と長坂氏来る。値上げ問題の話してから「富美川」へ。教育大移転問題、学生の質の問題、内調の朝日記事の件。当方の釈明なかなか耳に入らず、悪いイメージを拭えとしきりに言う。これが平均的学者人か。8時20分頃、私のみ辞して「もみぢ」へ。高坂正堯氏在り。京大の状況聞く。法の守れる状態にせよと。なかなかきびきびしていてよし。下田会議（註）のこと、未来学のことなども。

１９６８（昭和43）年

10月25日（金）６時、大島、三潴両教授来る。長い間未提出だったドル問題、ＳＤＲ〔国際通貨基金（ＩＭＦ）からの特別引出権〕などの報告書を書いてきたので残金10万円渡す。一緒に「もみぢ」行き。ふぐ料理を食って大学問題、６・３制改革、大学改革が根本問題で、当面の紛争は警察を呼ぶか静観のほかなしと。話はずむ。

（註）日米関係民間会議、通称・下田会議。日本国際交流センターとJapan Societyが共催し、日米両国の政界、官界、経済界、労働界、学界、言論界から約80人が参加した。１９６７年９月の第１回から94年10月の第９回まで断続的に開催された。69年９月４日〜同７日に開かれた第２回会議では「１９７０年代の日本とアメリカ」がテーマになり、成果はジェラルド・カーチス、神谷不二編著『沖縄以後の日米関係―七〇年代のアジアと日本の役割―』（サイマル出版会）として公刊された。

25　大島恵一《おおしまけいいち》

（東京大学名誉教授、財団法人工業開発研究所副理事長、原子力工学）

１９６６（昭和41）年

９月27日（火）６時退庁。千駄ヶ谷駅前の愛知揆一事務所へ。阪本秘書官、若泉敬君、大島恵一東大教授、外務省の大塚博比古科学課長在り。続いて朝日新聞の岸田純之助氏も来る。若泉君よりトロントの「核拡散防止について」の会議の状況述べ、討議。バーゲン能力〔バーゲニング・パワーの意か〕のために研究を進めること、国際的イニシアチブを取れる道、軍事利用を考慮の中に入れるべきこと、学者の態度の問題など。10時近くまで、かなり有益。

１９６７（昭和42）年

５月17日（水）10時より班長会議。大島教授が著書『社会工学』について話。５部でアレンジ。12時前に終わり、昼食しつつ数名と懇談。集中管理のこと、社会学者の協力のことなど話す。
7月25日（火） 大島、山田圭一〔社会工学者〕両氏来たる。『社会工学』の話など。
1968（昭和43）年
4月4日（木）〔同僚の岳父の葬儀に参列、2時半帰庁〕大島氏来た由。ヨーロッパ行きの旅費援助希望。山田氏が東京工業大助教授となる話など。
1969（昭和44）年
1月17日（金） 6時半退庁。「福田家」行き。大島氏は東大問題のため7時頃来る。大学問題の話。かなりのタカ派なり。オーストリアの防衛思想、フランスの学生運動の話など。
7月30日（水） 外務省軍縮問題委員会メンバーの調査続行。笠井章弘氏〔政策科学研究所〕のことを大島氏に聞く。岡本哲史氏の分も書いて11人分完成し、次長に提出。大津室長には、中共問題の中嶋嶺雄、蔵居良造両氏の意見書いて提出。
1970（昭和45）年
1月23日（金） 8 中国核実験後の若泉報告の項参照。
3月5日（木） 6時前退庁。「もみぢ」行き。山田圭一氏在り。続いて大島氏来る。ふぐ食う。『社会工学』の説明、東大学生運動収まったこと、助手問題、原子力問題、核防条約と査察問題、教育のことなど話す。

26　大島康正《おおしまやすまさ》

（筑波大学名誉教授、倫理学）

1963（昭和38）年
2月21日（木） 昼、地下食堂にてラーメン。大島康正氏の論文「ＥＥＣの思想的基盤」読む。4時車で出発。住友銀行東京支店に至り、520号室前で待つ。教育課程審議会は4時半に終わりで勝部真長氏〔倫理学者〕らに話の後、大島氏に挨拶。総理府へ案内。「ＥＥＣの文化・思想的背景」を話してもらうはずだったが、ベルリン問題に1時間半もとり、東西の比較、難民問題など説明。ヨーロッパ思想の話も。7時頃解散。「えびす」へ大島氏を案内し、全学連委員長らのその後のこと、田中耕太郎〔法学者〕と親戚のこと、ヨーロッパのカトリシズムのこと、マルクス主義のこと、ソ連はマルクス・レーニン主義ともはや言えないこと、京都学派のことなど話す。
1964(昭和39)年
11月13日(金) 8 中国核実験後の若泉報告の項参照。
1966(昭和41)年
7月26日(火) 6時頃、村松剛氏来る。大島氏も一緒だというので、タクシーで赤坂の「もみぢ」へ。大島氏の中共物語、西田哲学、柳田謙十郎〔哲学者〕、安倍能成〔哲学者〕、ロゲンドルフ〔比較文学者〕、学術会議のことなど話す。村松氏を四ッ谷の文化放送に送り、あと2人は銀座の「えりーと」というバーで一杯。
1968(昭和43)年
8月19日(月) 2時半、大島氏来室。病気のこと、教育大紛争のこと話す。委託調査「近代日本における東西思想の交流とその展開」の打ち合わせ。17人余の弟子を教育する意味があり、OKす。ただし一応120万円。
1969(昭和44)年
1月9日(木) 6時前退庁。「ざくろ」行き。大島氏に久野昭亜細亜大学教授、峰島〔旭雄〕早稲田大学教授ら。酒としゃぶしゃぶ。もっぱら大学問題の話。三派学生の心情、哲学の貧困など。
5月26日(月) 昼頃、大津室長らとヒルトンホテル行き。言論人懇話会3周年記念会。桶谷氏司会で12時半開始。小汀、御手洗、細川、藤井丙午、長谷川才次、飯守〔重任〕裁判長、原〔健三郎〕労相、保利〔茂〕長官、池田禎治(民社)、加藤シヅエ(社会)各氏らの祝詞。朝日新聞批判、マスコミ批判出る。1時半、次室に移りパーティー。会田雄次、池田潔、林健太郎、福田恆存各氏らの挨拶。大島、石原萠記、藤島泰輔、大平善梧、福田恆存各氏らと話。
1970(昭和45)年
7月29日(水) 12時ヒルトンホテルへ。2階会議室で「かすみ会」。法眼晋作氏よりカンボジア平和特使の活動報告を聞く。大島、中村菊男、一又正雄〔早稲田大学〕、大谷恵教〔早稲田大学〕、入江通雅〔青山学院大学〕、上条末夫〔駒沢大学〕各氏らで昼食。アメリカへただ撤兵を求めるだけではダメという。あと、

PR不足の話。教科書問題のこと、戒能通孝氏〔法学者〕のことなど。

27　大原光憲《おおはらみつのり》

〔中央大学教授、政治学〕

1963（昭和38）年

5月13日（月）午後、中央大学の大原光憲氏が来たので挨拶。地方選挙の分析をやってくれる予定。

1967（昭和42）年

10月9日（月）12時頃、大原氏が来ていたので「えびす」へ。食事しつつ選挙の分析レポートの話。都市中心部と周辺部の差。農村（東北）では社会党の伸び。都知事選のことなど。なかなかよく話す。

1968（昭和43）年

6月12日（水）2時民研行き。大原氏来る。今年度の委託として市民意識と政治参加（選挙票との関係）の問題を書くよう頼む。4時前帰庁。

1970（昭和45）年

4月17日（金）6時前退庁。葵会館行き。大原氏、6時半来る。ドイツ留学中の話を聞く。1年間行って帰国したところ。東西問題、生活状況、日本の遅れ、東ドイツの発展ぶりなど。日本はドイツに10年遅れと単純化するところは問題。8時10分まで話聞いて解散。

28　大平善梧《おおひらぜんご》

〔青山学院大学学長、一橋大名誉教授、国際法〕

1963（昭和38）年

12月14日（土）4時、歩いてホテルオークラへ。大平善梧グループの会。大平、久住忠男〔軍事評論家〕、関野英夫〔軍事評論家〕、林三郎〔元毎日新聞論説副委員長〕、蠟山道雄各氏。関野氏から「核戦略と外交」について1時間ばかり報告。あと討議。核拡散が世界の平和バランスに是か非か、核と外交戦略の関係、フランスと中共の関係など。食事してもっぱら話。原爆裁判のこと、国際法違反のこと、徳川家康のこと、東海村学者のこと。8時解散。

1966（昭和41）年

3月16日（水）帰庁3時前。大平氏来て在り。国際情勢研究会の件を話して審議員になるよう依頼。もちろんOK。中共問題、ベトナム問題、安全保障問題、都留重人氏のことなど話す。4時過ぎ別れ。
7月28日（木）11時半、白亜ビル行き。審議員会議。大平氏自筆の結論「中共の対日態度」を読み上げ、各人より批判。かなり意見あり、修正。あと20分ばかりで、次の「ソ連の対日態度」の企画につき意見を聞く。2時終了。大平氏と修正部分を検討、補筆する。帰庁3時前。
1967（昭和42）年
8月3日（木）5時半過ぎに退庁。6部に来ていた大平氏を伴い「宝家」へ。間もなく古屋亨代議士来る。大平氏の沖縄行きにあたり、古屋氏の名刺に世話になったからという意味の会。沖縄問題ひとしきり。かなり真剣。国会のこと、選挙のこと、内調改革のことなど出る。8時半頃解散。
1968（昭和43）年
2月13日（火）午前、大平氏来る。大津室長と3人で話。学術会議と文部省の対立のこと（註）、茅〔誠司〕妥協案のこと、大平案（灘尾〔弘吉〕と会って話。のち朝永振一郎と茅と灘尾の三者会談）のことなど。大平氏の話はまわりくどく、不必要な言辞多い。

あとで疲れていたためと分かる。12時過ぎまで話し、私は退出。
7月4日（木）6時、「宝家」行き。大平氏在り。大津室長らと宴会。大平氏を会長より降ろした慰労の意味とロシア東欧旅行の話を聞く会。
12月12日（木）夕方、霞友会館で新旧審議員懇親会。横田喜三郎、花井忠、福島慎太郎、山口喜雄、植田捷雄、加瀬俊一氏らの旧議員に、太田一郎、大平、馬場義続、小倉謙、石川忠雄、佐伯喜一、杉江一三氏らの新議員。当日は保利茂内閣官房長官、石岡実副長官も来る。カクテルパーティ、談笑。
1969（昭和44）年
7月24日（木）12時、白亜ビル行き。大平氏、青山学院大学長就任の弁。
1970（昭和45）年
12月16日（水）5時、大平氏来る。『言論人』の相談。林健太郎氏が桶谷氏へ反駁の手紙出した由。まずい。
1971（昭和46）年
2月8日（月）夕方、大平氏来る。資金集めに関西に行くから10万円出せと。分割払いを考慮。朝日と桶谷氏の対立の話。プラウダに叩かれたこと。５時過ぎ別れ。

２月15日（月）　大平氏来る。木村俊夫官房副長官に会った話。３時半、官邸に呼ばれて行く。しばらく待って木村官房副長官と会う。大平来たことを酒飲んで話す。桶谷氏攻撃などありと。『言論人』と『月曜評論』はどちらがいいのかと。どちらとも言えないと話す。分裂の話、月10万円出していること、大平氏の評判など伝える。４時過ぎ退出し帰庁。川島広守室長に報告しておく。

（註）科学研究費の配分を巡り、文部省が１９６８年度から新方式による配分を打ち出したが、学術会議が従来通りの方式を求めて対立した。

29　岡田《おかだ》直之《なおゆき》

（東洋大学教授、社会学）

１９６４（昭和39）年

７月25日（土）　９時50分登庁。三菱銀行の岩崎〔寛弥〕君来訪。続いて成城大学の岡田直之講師、高橋徹氏〔東京大学助教授〕の名刺持って来る。岡田氏の専門はマスコミで、「日本の民主化過程」をやるため憲法の世論調査と無関心層の調査資料をもらいに来た。世論、社風〔社会風潮調査資料のことか〕等の資料を貸してやった。

１９６７（昭和42）年

２月１日（水）　昼頃、岡田氏来る。憲法調査、安保問題の資料、世論調査などあれこれ要望。渡してやる。

２月９日（木）　岡田氏来る。憲法の世論調査など返却。社説の変容などを話していく。

１９７２（昭和47）年

４月１日（土）　10時半過ぎ、岡田氏来る。防衛問題、自衛隊関係の論調や世論調査資料を渡す。マスコミ学の話（清水幾太郎以後さしたる発展なし云々）などして去る。

30　岡田《おかだ》英弘《ひでひろ》

（東京外国語大学名誉教授、歴史学）

1978（昭和53）年
6月9日（金）会計検査の打ち合わせを4時45分退出。タクシーでホテルオークラ行き。日本文化会議10周年記念講演会。小林秀雄氏の「本居宣長」の話。6時半過ぎよりパーティー。田中美知太郎氏挨拶。サイデンステッカー氏乾杯。鈴木重信氏司会。林健太郎、吉村融、佐藤誠三郎、志水速雄、岡田英弘、香山健一、田中健五、林三郎、村松剛、清水幾太郎、永井陽之助、若泉敬各氏らと話。
1979（昭和54）年
11月19日（月）5時45分退出。「味館」に至る。岡田氏来る。しゃぶしゃぶを食べながら話。韓国人と日本人、対韓文化交流の重要性、日本人の主流は大陸系、康熙帝のこと、日本人の素朴さ。福田恆存氏批判、勝共連合のこと、台湾独立のこと、対中関係、儒教の誤読など、なかなか面白い。9時半過ぎまで話して終了。
1980（昭和55）年
1月11日（金）5時半退庁。タクシーでパレスホテルへ。日本文化会議のカルチャーセミナー懇親会。岡田氏司会。立食パーティー。新井俊三氏〔新井経済研究所〕のアフガン問題、経済見通しの話に次いで山本七平氏一昨日イスラエルより帰国の話。アラブのことはイスラエルがよく知っている。アラブ人の物の考え方など。8時になり、概ねいなくなる。岡田氏に川村〔皓章沖縄開発庁事務次官〕からの贈り物、泡盛や尖閣報告書など渡し、一緒に帝国ホテルへ。ロビーで飲みつつ話。台湾の情勢不穏。国民党危機深刻化し、早ければ今年中にクーデターか。9時半頃まで話して出る。

31 岡津《おかつ》守彦《もりひこ》

（東京大学教授、教育学）
1962（昭和37）年
12月1日（土）5部に岡津守彦氏が来たというので、行って会う。アメリカ旅行の話、東南アジア教育援助の件、大学内の人事など。午後1時、一緒に退庁。虎ノ門の「平吉」に赴き、酒、料理、話。優秀な秘書が欲しいとのこと。アメリカの教育事情など。調査委託を頼むこととする。
12月11日（火）5部に岡津氏来たので、行って会う。「日米の教育論議、比較研究」といったテーマで来年末に報告、１００万円ということにする。

12月17日（月）11時過ぎ、岡津氏来たので5部の人々と会う。協力者数を減らし、資料費を増やすことOK。金は１００万円で了承。日本人の英語の話などして12時に別れ。

１９６７（昭和42）年

8月24日（木）岡津氏来る。ネパールの皇太子を教えた話、アジア総合研究所の計画、明治日本の教育などの話。研究費20万円渡す。

8月29日（火）岡田氏来る。アジア総合研究所構想の計画。大津英男室長に紹介。室長も賛意。具体案提出のこととする。

11月4日（土）岡津氏来る。渡英旅費の件、20万円不足。委託費の前渡し考慮。大津室長より「共同研究所」の質問。

１９６８（昭和43）年

4月10日（水）午後、岡津氏来る。パリ会議のこと、イギリスの科学技術行政制度のこと、彼が病気したこと、日本の大学問題、政治家のブレーンのこと（彼はやる気あり）などを話し合う。約1時間いて去る。

5月2日（木）岡津氏のイギリス報告。

5月28日（火）午後、岡津氏、報告書持参。アジア教育会議の会長になるか否かの悩みの話。

10月25日（金）午前、岡津氏来る。今日の朝日に出た東大の記事、スクープなりと（註）。医学部総辞職のほかなしと。

10月28日（月）6時退庁。「河庄」行き。岡津氏在り。東大問題の話。高橋幹夫〔警察官僚〕、福田信之〔東京教育大学〕、国島文彦〔警察官僚〕各氏来る。福田激励会なれど、岡津氏と大論戦。互いに馬鹿野郎呼ばわり。終始大学問題の話。

１９６９（昭和44）年

4月8日（火）午後、岡津氏、学部長就任挨拶に来る。大津室長とも会い、学部内教官の動向話す。いかに民青を抑えるかに腐心と。教授は皆先輩ゆえやりにくいともいう。

5月21日（水）3時、岡津氏来たので大津室長と面会。東大のゲバ状況について話。本富士署長との会合予定する。全学集会は当分駄目で、教養学部生の進学振り分けが問題、と。30分で去る。

6月6日（金）5時40分退庁。大津室長らと神楽坂「みよし」行き。本富士署長在り。岡津氏もまもなく来る。東大内問題、ゲバルト、大学立法問題など。教育学部のこと、全学討論集会お流れのいきさつなども。

7月4日（金）午後、岡津氏、東大学制改革委の案持参。大津室長らと話。

1970（昭和45）年

1月9日（金）大津室長と会っていた岡津氏来室。民青対策が大変。現状維持で来る。保守勢力となった民青。

（註）東大紛争の収拾へ、大河内一男総長が医学部による学生処分を撤回することや、大河内総長らが退陣することを柱にする試案を報じた朝刊1面の記事とみられる。

32 岡野加穂留《おかのかおる》

（政治学者、明治大学学長）

1966（昭和41）年

9月5日（月）昼食の後、明大の岡野加穂留教授の東南アジア旅行報告。主としてインドネシアのことと中共問題の見方。やはりまだレベルは低い話し方。2時頃終了。

1970（昭和45）年

6月5日（金）10時20分、岡野氏来る。「インドネシアの政治構造」レポート持参。近くスウェーデンに行く由。最終回の研究費10万円渡す。北欧の議会政治のこと、インドネシアの学生の意識のことなど話す。

6月18日（木）午後、岡野氏来る。スウェーデンの話。なかなかよく調べている。出張するので資金欲しい由。20万円を約束。

33 岡部達味《おかべたつみ》

（東京都立大学名誉教授、中国政治）

1971（昭和46）年

2月15日（月）6時退庁。「もみぢ」行き。都立大の岡部達味氏来る。ふぐ食って話。中共の対外政策、毛思想、軍事政権、対ソ対米関係、台湾問題、大使級会談のこと、早く手をつけた方がよいという意見。華僑の中国観。なかなか良い意見聞ける。8時半過ぎまで話して終了。

10月22日（金）　3時半、班長会議に出席。岡部氏の「中国の日本観」講演。主としては日本軍国主義論、帝国主義と呼ばないわけなど。5時前終了。

1972（昭和47）年

1月21日（金）　6時前退庁。「福田家」行き。外交政策研究会。岡部、花井等（京都産業大学）、小林一三（京都産業大学）、木村汎（北海道大学）、福井治弘（カリフォルニア大学）の各助教授集合。各々自己紹介。あと食事しつつ討議。内調の機能、日本政府の政策決定過程、マスキー勝利の可能性〔1972年の米大統領選挙では民主党候補とも目されていたが、マクガバンに敗れた。環境保護論者として知られる〕、中国の内情、米中会談予測、予測の必要性、中ソ関係、米中経済関係、中国の対外政策、三極構造批判など。次回の日取りなど決めて9時前解散。活気あり面白し。

3月2日（木）　午後、ホテルニューオータニ行き。「有明」の間でFPF、外交〔政策〕研究会。花井、岡部、福井、木村、初対面の矢野暢〔京都大学〕の諸先生ら。岡部氏より米中共同声明と米中問題解説。なかなかよく分析。矢野氏より質問、応答。続いて福井氏よりアメリカ側から見た米中関係論。木村氏の質疑終え、彼のみ退出。5時半過ぎ、食事開始。アメリカ社会の衰退、反戦、麻薬、セックスなど。日本人の外国行き、活躍困難なこと。7時過ぎ解散。

6月30日（金）　ホテルニューオータニ・クリスタルルームでFPFの会。花井、岡部、木村、福井、矢野、小林氏ら。花井氏より「米中米ソ首脳会談以後の日本の安全保障」について報告。終わって各氏より質問。特に矢野氏はかなり鋭い。外蒙問題、中国弱すぎ論、日米関係、自衛隊のフィロソフィー、成長率の限度、朝鮮半島のことなど。岡部氏からも核の問題、安全保障のこと。福井氏から台湾投資のことなど。5時討議終え、矢野、岡部両氏去り、あと食事。

7月18日（火）　ホテル〔ニュー〕オータニ・クリスタルルームでFPF。花井、木村、岡部、福井、小林、矢野の6氏により日中関係論（この際やるべし）

など。あと対米、対ソ、対中、対アなどにわたり、各人の具体的提案と討議あり。かなり面白い。岡部氏のシンガポール土産話、矢野氏の外務省批判、小林氏の日本列島改造論、福井氏のマクガバン、木村氏のチュメニ、花井氏の対外広報機構など。4時半過ぎまでやり概ね終了。まとめることとする。5時過ぎより食事。6時40分頃解散。

34 小《お》口《ぐち》偉《い》一《いち》

(東京大学教授、愛知学院大学教授、宗教社会学)

1962(昭和37)年

6月27日(水) 原稿修正の打ち合わせ。4時まで処理中、出発。民研に至る。5時前、小口偉一氏来る。「新興宗教と政治」について研究報告を頼む。彼は創価学会をはじめ、天光教、立正佼成会、天理教その他、いろいろ説明してくれた。人を入れて調査する費用も出すことにする。(インタビュー)。6時頃まで話す。あとは私が案内して「富田屋」へ。成城学園の卒業で、前田陽一〔フランス文学者〕、中村哲〔政治学者〕、大岡昇平らと一緒の由。創価学会の話が中心。8時頃終わり、赤坂見附で別れる。

9月27日(木) 4時45分退庁。民研にて。小口氏来る。新興宗教の調査状況を聞き、神社神道や創価学会の話を聞く。

35 桶《おけ》谷《たに》繁《しげ》雄《お》

(東京工業大学名誉教授、京都産業大学教授、金属冶金、「月曜評論」創刊)

桶谷繁雄氏は東京高校の先輩として親しくしていただき、息子の結婚式にも参列してもらい一席御挨拶をいただいた。

1967(昭和42)年

6月13日(火) 10時、桶谷繁雄氏が来室。講堂に案内し、班長会議のメンバーに講演してもらう。「科学者の目から見た日本の安全保障」という題。マスコミ批判、核武装問題、中共問題など。あと質問で核武装能力のこと、フランスのこと、朝日と糸川〔英夫〕教授のことなど。11時半、解散。

10月24日(火) 5時半過ぎ退庁。「宝家」行き。桶谷氏在り。東京大学宇宙航空研究所と科学技術庁の予算のこと、朝日新聞のことなど。あと、朝日批判、学術会議、各大学の問題など。『言論人』のことも。

1968（昭和43）年

2月17日（土）11時、桶谷氏来る。委託費30万円渡す。東大宇宙研の話、言論人懇談〔「話」の誤記か〕会のことなど。

6月15日（土）9時50分登庁。3部に来ていた桶谷氏と話す。原潜放射能のこと、マスコミ批判のこと、言論人の活躍のこと。放射能災害防御の意見依頼する。1時間ぐらい話して別れ。

7月1日（月）昼、ホテルニューオータニ行き。桶谷、西義之〔ドイツ文学者〕両氏在り。〔木村俊夫官房〕長官と中村菊男氏〔政治学者〕、続けて来る。大学問題、マスコミ問題、原潜放射能、安保、基地問題などの話。なかなか活発。安保問題事典の作成を指示される。『言論人』援助のことも。安保で来年11月解散も狙っていると長官。中村氏よく発言。2時5分前終了、解散。

1969（昭和44）年

3月11日（火）午前、3部に桶谷氏来る。『言論人』援助（月10万、3部より）の礼。中教審草案に関する意見聞く。

1973（昭和48）年

4月9日（月）5時50分退庁。銀座の「鶴の家」行き。桶谷氏招待。食事して『月曜評論』、広報室のこと、共産党のこと、新聞のことなど話す。8時半過ぎ出て「ばんく」へ。歌声聞いて10時まで。

1974（昭和49）年

3月6日（水）5時50分退庁。「鶴の家」に『月曜評論』の桶谷氏を招待。松本芳晴〔内閣総理大臣官房広報室長〕氏の慰労会。専売公社の話、『月曜評論』のこと、時事通信社の事情、日本文化三冊の本のこと、倒産状況、中共事情、地震のことなど話す。8時過ぎ退出。歩いて「ばんく」へ。歌を聞き、10時退出。桶谷氏と帝国ホテルへ歩き、彼のスポーツカーに便乗、家まで送ってもらう。

「かすみ会」（防衛問題懇談会）に出席されることも多かった。

1966（昭和41）年1月10日（月）、2月12日

（土）、3月12日（土）、3月19日（土）、4月2日（土）、4月9日（土）、4月30日（土）、6月4日（土）、6月10日（金）、7月2日（土）、7月16日（土）、9月13日（火）、11月10日（木）、11月19日（土）、12月19日（月）。1967（昭和42）年6月10日（土）、8月7日（月）、9月9日（土）、12月7日（木）、12月20日（水）。1968（昭和43）年2月5日（月）、5月20日（月）、10月11日（金）。1969（昭和44）年2月6日（木）。1970（昭和45）年5月16日（土）。

東大教授の林健太郎氏との対立問題は有名であった。

36　嘉治元郎《かじもとお》

（東京大学名誉教授、経済学）

1967（昭和42）年

9月22日（金）　6時20分退庁。「宝家」行き。館グループの先生方来る。館龍一郎〔東京大学・青山学院大学〕、嘉治元郎、小宮隆太郎〔東京大学〕、島野卓爾〔学習院大学〕、村上泰亮〔東京大学〕、新飯田宏〔学習院大学・横浜国立大学〕、速水佑次郎〔東京都立大学〕、小野旭〔一橋大学〕の8氏。大学教授の俸給論（低くてもいいというのは嘉治氏のみ）、公務員との比較、プレステージの問題、戦時中の思い出、70年の経済見通し、東南アジア経済援助のやり方、物価論、財政硬直問題など話す。9時解散。後味よし。朝日の記事など少しも気にかけていない。

1969（昭和44）年

12月12日（金）　5時20分退庁。「もみぢ」行き。嘉治氏来る。大学の授業状況、アメリカ学者の動向、対日研究特に経済、黒人問題、日本経済成長のこと、ヨーロッパとの比較、福祉政策是非、ランド型研究機関、大学講座の弊害など。9時頃まで話し終了。

1970（昭和45）年

6月26日（金）　2時、嘉治氏来る。班長会議で講演。「アメリカ経済の不況と日本」と題し、アメリカ経済のインフレと景気停滞、日米繊維問題にもふれる。地味な話し方だが、内容あり。3時半まで話。あと質問。4時終わり。

1973（昭和48）年

10月26日（金）　4時、ホテルニューオータニ行き。アメリカ研究会。嘉治氏の報告。アメリカの対外経済政策、シュルツ演説などの説明。日本のインフレ問題、石油問題、食糧問題などが出る。ウォーターゲート事件も。ニクソン危うし。永井陽之助氏ら参集。

1974（昭和49）年

2月7日（木）12時、白亜ビル行き。審議員会議。嘉治氏より「最近における日米経済関係」の報告。質疑（佐伯〔喜一〕氏が主）あり。2時終了。

3月27日（水）6時、情報連絡会議を退出。長官報告用指示して退庁。ホテルニューオータニ行き。アメリカ研究会。永井氏の報告。スタンレー・ホフマン〔米国の政治学者〕の理論紹介が主。多極世界の特徴、古典学派と近代学派の差、ブラウン氏の食糧問題など。小渕恵三総理府総務副長官が途中まで出席。嘉治氏、本間〔長世〕氏らと質疑。8時45分終了。

1975（昭和50）年

7月17日（木）5時40分退庁。「福田家」行き。審議員会議の打ち上げ慰労会（4時まで〔三木武夫〕総理に報告したあと）。太田一郎〔元外務事務次官〕、嘉治各氏ら。あとから平沢〔和重〕氏。総理報告の話（太田氏補足）、吉田茂の中ソ観（太田氏）、三木訪米で聞かれること（平沢・池田・宮本〔詳細不明〕会談、鯨のことなど）。池田大作氏の意図（バチカンの妥協との比較など）。8時解散。

8月1日（金）3時退庁。ヒルトンホテル行き。「経済研究会」。5部主催に出席。内田忠夫、金森久雄、加藤寛、嘉治、竹中一雄5氏が日本経済（インフレ、物価、成長率、財政等）について論議。なかなか有益。

1980（昭和55）年

10月23日（木）5時過ぎ退社。歩いて霞が関ビル33階へ。国際情勢研究会20周年記念の集い。内田藤雄会長挨拶。翁〔久次郎〕内閣官房副長官の祝詞（長官代理）。福田〔勝一内閣調査〕室長祝辞。古屋〔亨〕衆院議員（元室長）祝辞。乾杯は福島慎太郎〔元外交官〕。懇談。林健太郎、大平善梧、嘉治元郎、川島広守らと話。下稲葉〔耕吉〕、富田〔朝彦〕宮内庁長官らとも話。久しぶりに案外楽しい。7時、林氏の音頭で万歳。7時15分頃退出。

37　勝部《かつべ》真《み》長《たけ》

（お茶の水女子大学名誉教授、倫理学・道徳教育）

1959（昭和34）年

4月21日（火）　11時半、車でお茶の水女子大学行き。勝部氏まだ来ていないので、自宅に電話し、そこに行く。公務員住宅の端。12時半到着。日教組の問題、倫理綱領批判、平垣〔美代司〕派分析、講師団の研究など相談。田中忠雄〔評論家〕、浅野晃〔詩人〕、高山岩男〔哲学者〕らの話出る。

5月20日（水）　9時半登庁。勝部宅連絡。民研に行き、待つ。10時30分、勝部氏来る。情勢を話し合い、日教組の新運動方針分析を依頼。講師団関係は別口とする。食事。12時半、また車で送る。

6月6日（土）　9時40分登庁。勝部氏に電話し、車で自宅訪問。日教組運動方針分析の進捗状況聞き、当座の費用として3万円置く。

1962（昭和37）年

4月24日（火）　車で工業倶楽部へ。勝部氏の要望により、ここで面会。「日教組の教育思想」の調査を依頼。教育の理想像「富国強民」のことなど聞く。

4月30日（月）　タクシーで新宿からトロリーバス通りを北へ。戸山高校前あたりを左へ入り公務員宿舎の勝部氏を訪問。「日教組の教育思想」原稿を正式に頼み、書面に書いてもらう。3万円を広島の教育学会行きの旅費として渡す。

5月10日（木）　11時半に出て、タクシーで麴町4丁目へ。「キムラヤ」で勝部氏に会う。食事して近くの喫茶店に入り、政府の文教、広義治安政策について聞く。彼一流の文武両道論、国家論を述べる。

6月4日（月）　5時、室に帰る。勝部氏、宮田氏〔人物不詳〕伴い来る。教研集会の資料を見せ、必要なものを指定。送ることとする。「山和レストラン」に行き、夕食。勝部氏の学者の裏街道の話面白し。特にオールドリベラリストに関するエピソード。西田幾多郎、安倍能成、天野貞祐、阿部次郎、南原繁などやり玉に上がる。安岡正篤や平泉渉も駄目、永井道雄、藤原弘達も。「美の研究」で分からないという話などあり。8時終わり。

6月30日（土）　11時20分ごろ、勝部氏来庁。沖縄に行く話。第5部に案内し、旅行費3万円渡す。大学管理制度の問題、参院選のことなど話す。12時半、去る。

9月12日（水）〔池田勇人総理〕の浅沼〔清太郎〕秘書官からの依頼で、社会党の教育政策に対する反論希望される。第5部と協力。こちらは勝部氏に連絡。有識者をあたらせる。藤原〔弘達〕宅、勝部宅に行ってもらう。

9月19日（水）4時半ごろ、勝部氏、宮田氏と来る。日教組関係の調査の進行状況聞く。思想関係も。教育、言論、基地、財政、軍事、戦争の惨禍の思い出など。

1963（昭和38）年

2月21日（木）4時、車で出発。住友銀行東京支店に至り、520号室前で待つ。教育課程審議会は4時半に終わり、上野芳太郎氏〔文部省〕、勝部氏らと話した後、大島康正氏〔倫理学者〕に挨拶。車呼んで総理府へ。「EECの文化・思想的背景」を話してもらうはずだったが、主としてベルリン問題で1時間半もとり、東西の比較、難民状況などを説明。あと30分弱、クーデンホーフ・カレルギー〔ヨーロッパ統合運動の提唱者〕の見解などヨーロッパ思想の話。7時頃解散。えびすへ。勝部氏を交えて酒と寿司。全学連の委員長のその後、田中耕太郎〔法学者〕と親戚のこと、ヨーロッパのカトリシズムのこと、マルクス主義のこと、ソ連はマルクス・レーニン主義ともはやいえないこと、京都学派のことなど話して9時過ぎまで。

3月29日（金）4時半頃、勝部氏が来たというので情報官会議を抜け出て応接。「日教組の思想」についてのレポート持参。5時半去る。

1965（昭和40）年

7月23日（金）1時、勝部氏来る。白亜ビルに案内。勝部氏の欧米滞在中の印象、青年問題を中心に質疑あり。3時過ぎに終了。

38　勝村茂《かつむらしげる》

（早稲田大学名誉教授、政治学）

1967（昭和42）年

10月11日（水）勝村茂・早稲田大学教授が来たので3人で対応。団地族の政治意識を調査する計画の話など。約1時間。

39　加藤寛《かとうひろし》

（慶応義塾大学教授、政府税制調査会元会長、千葉商科大学学長、嘉悦大学学長）

1963（昭和38）年

2月7日（木）　6時過ぎ、蠟山道雄〔国際政治学者〕、河上民雄〔父・河上丈太郎秘書〕、加藤寛各氏らが集まったので会議。戦後総合誌論文分類、国際政治、経済、国内政治の三つに分け、項目別に整理、原案を検討する。うなぎ飯食い、あれこれ雑談も出て9時近くなる。

1964（昭和39）年

8月10日（月）　10時半、白亜ビルの会議へ。気賀健三氏〔慶応大学〕を中心に「ソ連の現状判断」の執筆討議。加藤氏よりソ連の経済（農業、工業）について報告あり。あと質疑。

1967（昭和42）年

8月21日（月）　1時頃、都市センターへ。民社研の研究会に出席。報告者の加藤氏が40分も遅れ開会。産業構造の変化と国民の政治意識の関係などにはふれず、もっぱら政策を論じ、ナショナルコンセンサスなどという。関嘉彦〔東京都立大学〕、武藤光朗〔経済哲学者〕各氏らの質問もあまり冴えぬ。

12月1日（金）　1時30分、加藤氏来る。4階の会議室に案内。「最適社会の経済学」のことを1時間ばかり講演。あと質問。20人ほど集まり、なかなか活発。福祉国家論、比較体制論など。3時半終わり。室でまた話し、4時に去る。

1969（昭和44）年

7月1日（火）　6時20分退庁。「那か井」行き。加藤氏来る。大学問題（政治感覚の要）、老人の職業、1990年の日中争い、南北問題、その他種々の話。9時半まで。

1970（昭和45）年

6月10日（水）　6時退庁。「ふくでん」へ。法政大学の力石定一氏〔経済学者〕、遅れて加藤氏来る。公害問題、物価、投資、日本経済のこと、新日鉄合併問題、農業論、農業規模など。9時まで互いに話し合って解散。

1971（昭和46）年

9月7日（火）　5時退庁。「ふくでん」行き。『ソビエト年報』編集会議。辻村明〔社会心理学者〕、加藤、志水速雄〔ロシア政治論〕、中西治〔ソ連政治・外交史〕ら各編集委員来る（註）。読売の二宮氏らは急用で欠席。読売の意向伝え、企画の相談。本文と資料に分ける。統計は昔からの分も載せる。東欧も入れる。政治、経済、社会、外交という具合に一応分担。地図、漫画等入れて読みやすくする。本文は筆者の判断で思い切って書くなど種々相談。あとドルショックの話などして8時15分頃解散。

（註）『ソビエト年報』（1971年版）は、社団法人民主主義研究会の編集、内閣官房内閣調査室の監修で、71年11月に公刊された。編集委員、執筆者の名前は記されていない。

40 金森久雄《かなもりひさお》

（官庁エコノミスト、日本経済研究センター理事長）

1967（昭和42）年

3月9日（木）午後、車で大手町の日本経済新聞社ビルへ。9階の経済研究センターに金森久雄氏を訪問。美濃部学説、インフレ論などに対する批判を聞く。約1時間話す。

1969（昭和44）年

8月4ヨ（月）〜7日（木）箱根シンポジウム。石川忠雄、神谷不二、本間長世、金森、佐伯喜一、高坂正堯諸氏ら来る。6日（水）9時から会議。金森氏より日米貿易の問題報告。日本経済の伸長とアメリカの焦燥など。

1970（昭和45）年

3月29日（日）〜31日（火）川奈ホテルへ。錦章会（川奈会議）。神谷不二、永井陽之助、本間長世、佐伯喜一、石川忠雄、金森久雄各氏ら。30日2時半、神谷氏の司会で金森氏が経済問題の報告。各国GNPの比較表など書いて説明。日本の繁栄恐るべし。対米協力、円切り上げも必要。

1971（昭和46）年

3月9日（火）6時前退庁。歩いて東京クラブへ。国際問題研究所のパーティー。岡崎久彦氏がアメリカへ赴任するお別れのパーティーの意。学者多し。神谷不二、永井陽之助、金森、本間長世、富永健一〔社会学者」、堂場肇、粕谷一希、武者小路公秀各氏らと話をする。7時退出。

1972（昭和47）年

11月16日（木）昼、東京プリンスホテル行き。金森、渡辺正一郎各氏ら集まる。堤清二氏の招待会。田中内閣の方向に疑念多し。列島改造論と土地買い占め。派閥選挙と新人の進出。四次防と予算。田中邸訪問人。円切り上げ問題など話す。

1974（昭和49）年

3月7日（木）12時、白亜ビル行き。審議員会議。金森氏より「エネルギー危機下における日本経済」の話。かなりの楽観論。2時終了。帰庁。

1975（昭和50）年

8月1日（金）3時退庁。ヒルトンホテル行き。5部主催の「経済研究会」に出席。内田忠夫、金森、加藤寛、嘉治元郎、竹中一雄〔日本長期信用銀行、経済評論家〕の5氏による日本経済（インフレ、物価、成長率、財政等）の論議。なかなか有益。

10月3日（金）6時退庁。ホテルオークラ別館へ。すぐ金森氏来る。まず彼が20分ぐらい話したあと、質疑。景気回復策に積極論。減税、金利引き下げなど。活力をつけよと。5カ国会議のことも出す。9時解散。

41 神谷《かみや》不二《ふじ》

（大阪市立大学・慶応義塾大学教授、国際政治学）

1967（昭和42）年

10月7日（土）京都・大阪出張。10時50分頃、新大阪ホテル退出。阪急ホテルロビーで神谷不二大阪市立大学教授に会う。報告の遅れている理由（外国旅行の多いこと）。沖縄問題に入り、熱こもる。下の食堂にて昼食。佐藤批判あり。返還方式、核問題、世論対策など。ヨーロッパのことも話したが、結局沖縄が中心。

1969（昭和44）年

6月21日（土）1時40分退庁。タクシーでパレスホテルへ。神谷氏に会い立ち話。神谷氏と内調の関係を追及する動き、学生側に在りと。注意を要す。大学の惨状、若干聞く。

9月3日（水）9時まで待ち、神谷氏来る。箱根の原稿、上で飲みながら10時まで話す。ホーチミン死亡後のこと。大学紛争。明日からの下田会議のこと。金森氏、永井陽之助氏のこと。

11月27日（木）　4時退庁。「宝家」へ。まもなく神谷氏来る。韓国経済問題、沖縄開発のこと、尖閣列島のこと、共同声明のこと、各種試論あり。

1970（昭和45）年

4月15日（水）　昼、慶応に神谷氏を迎えにやる。主幹室ですしを食い話す。ハイジャック問題（註）、国家の諜報機能のことなど。1時半になり官邸に案内し、木村俊夫副長官に会わせる。2時に帰ってきたので若干状況聞く。政府は金浦着陸は何ら指示せずとのことだった由。

6月5日（金）　12時50分、神谷氏来る。朝鮮問題の話をし、若干資料を渡す。台湾の話も。あと次の委託の打ち合わせ。「分裂国家論」を頼む。

6月29日（月）　6時前退庁。歩いて「瓢亭」へ。神谷氏在り。韓国出張報告。上から下まで汚職腐敗の問題最大。文化交流、精神的レベルアップの問題、人脈、経済など。

10月7日（水）　東京美術倶楽部から歩いて「クレッセント」へ。7時神谷氏来る。日韓文化交流のこと、寺沢一氏〔国際法学者〕のこと。日米関係問題、その他の話。『マスコミ文化』の原稿頼み、OK。朝鮮半島が統一しない方が日本にとって良しともいう。

1971（昭和46）年

3月12日（金）　6時退庁。「ふくでん」行き。7時には神谷氏。大学院生の問題、分裂国家の敵対的協力のこと、日中問題の話、読売新聞の不見識のこと（中共気兼ね）、韓国情勢、都知事選不利なこと、黒田了一〔憲法学者、大阪府知事〕の戦前のこと（黒田節など）、奈良本辰也〔歴史家〕の永末氏応援のことなど話す。9時過ぎまで。

7月19日（月）　6時前退庁。「山の茶屋」行き。神谷氏来る。ニクソン訪中問題で討議。対ソ、対べ、経済援助、対日が問題の順。日中研問題では中嶋嶺雄氏に大いに批判あり。錦章会をやること決定。8時半過ぎまで話し解散。

1972（昭和47）年

4月13日（木）　6時過ぎ退庁。「ふくでん」行き。神谷氏来る。西山記者と社会党の関係、キッシンジャー来日中止の内幕、朝鮮問題、日米関係（核武装論、安保）、ソ連問題、台湾問題など。9時過ぎまで話して解散。

（註）1970年3月31日に起きたよど号ハイジャック事件。

42 川喜田二郎《かわきたじろう》

（東京工業大学名誉教授、文化人類学）

1968（昭和43）年

9月26日（木）5時前、川喜田二郎氏来る。「一扇」行き。ネパールの話。文化人類学上の問題、インドの社会（筋のよいもののこと）、ニューギニア、東インド会社を作れ、TVAのこと、大学問題、組織と人間例など。川喜田氏、飲んで意気上がる。

1970（昭和45）年

2月27日（金）2時前、川喜田氏来る。主幹室で話す。2時20分より講堂で「発想法」の講演。六変化（芸術家・宗教家、科学者、哲学者、政治家、ビジネスマン、エンジニア）のこと。訓練のことなど1時間余話す。あと質問あり。4時半解散。

43 川添登《かわぞえのぼる》

（建築評論家）

1969（昭和44）年

7月2日（水）4時20分退庁。如水会館へ。林雄二郎氏〔未来学者〕来る。ビール飲みつつ、情報化時代、コンピューター問題（その限界はよく分かっている）などの話を聞く。途中、川添登氏も加わる。6時解散。

12月17日（水）5時半過ぎ退庁。「はじめ」行き。30分遅れて川添氏来る。文化的問題、大学の紛争のこと、縄文土器と日本人のことなど話す。

44 川野重任《かわのしげとう》

（東京大学東洋文化研究所教授、農業経済学）

1960（昭和35）年

8月5日（金）5時半退庁。タクシーで弁慶橋畔の「清水」へ。アジア経済研究所の川野重任副所長らが来場。ビールと酒、食事。アジ研の調査状況、機構、採用状況（試験制）、委託調査状況、資料のことなどを聞く。こちらは国際情勢研究会の機能、調査テーマ、調査員のことなどを説明した。8時過ぎ終了。

1963（昭和38）年

3月4日（月）　1時半頃、川野教授来る。アジア政経学会のグループで『東南アジア経済要覧』の如きものを刊行したいと。援助方につき相談に来たもの。今年度は50万円ぐらいで、来年度に出版などと話し合い。詳細は後日を期す。

3月23日（土）　11時半、川野氏が来たので話す。タイ以東、初年度70万円の計画書を持参。当方の担当は40万円ぐらいしか出せない状況と説明する。計算の結果、既に予算が逼迫してきた由。川野、板垣与一〔経済学・国際政治学〕、原覚天〔アジア経済論〕、粟本弘〔アジア経済〕、山本登〔国際経済学〕ら優秀学者を抱えているので頼むこととする。昼になり「三会亭」に案内。米国のランド・コーポレーション、スタンフォード大学の研究所、ハーバード大学の国際問題研究所などの話。軍より金が出る。各国の共同研究など。日本の経済繁栄の根拠（人材）、大国論、イギリスの停滞、日本の労働力、農村問題、防衛問題などを話した。1時半解散。

1967（昭和42）年

10月19日（木）　6時前退庁。「清水」行き。まもなく川野氏来る。米価審議会会長辞任話。アジ研のこと、台湾研究生のこと、各種審議会のこと、学生運動、青年の海外旅行、中共問題、ベトナム問題、沖縄問題など。談論風発。8時10分解散。

1968（昭和43）年

1月18日（木）　6時前退庁。四ツ谷の「福田家」行き。川野氏在り。離れの古い室で宴。欧・米・日社会の比較論、全学連論、東大論など。9時前解散。

1969（昭和44）年

3月17日（月）　6時、「福田家」行き。川野重任氏の招宴。大学問題が主。特権意識を払拭すべく入試、進級、卒業をなくし、聴講券を発行（試験と制限あり）。採用試験などは各会社や官庁がやる。医者の実態、沖縄問題、東南アジア、アジ研のことなど聞く。9時終了。

1974（昭和49）年

5月21日（火）7時半、学士会館から築地の中央会館へ。経国研究会。川野氏の講演中に入る。農業問題、主として食料のこと。なかなか面白い。大体、農林省に聞いたことと同様。8時半終了。質疑15分。挨拶する。

45 河部《かわべ》利夫《としお》

（東京外国語大学教授、東南アジア史）

1968（昭和43）年

5月28日（火）河部利夫氏が来たので、6時前退庁。一緒に霞山会館地下「花山」へ。東南アジア華僑の話、ベトナム問題。河部氏のタイ華僑の話あり。マレーシア調査費用50万円程要求あり。一応了承。8時過ぎ解散。

1970（昭和45）年

2月4日（水）6時前退庁。「もみぢ」行き。河部氏来る。東南アジア旅行の話。マレーシアの安定、経済好調。タイの経済問題（防衛は安泰）。ラオスの複雑さ、インドネシア・スハルト政権の問題、華僑のこと、教育文化のことなど。8時半まで話して得るところあり。

46 気賀《きが》健三《けんぞう》

（慶応義塾大学教授、経済政策学・ソ連計画経済）

1962（昭和37）年

11月28日（水）『調査月報』の編集会議が12時過ぎる。終わってすぐ白亜ビルへ。国際情勢研究会の審議員会議に列席。EECについて気賀健三氏より説明。シューマンプランやユートラムの評価ないこと不満。2時終了。

1964（昭和39）年

8月10日（月）10時半、白亜ビルの会議へ。気賀氏を中心に「ソ連の現状判断」の執筆討議。加藤寛氏よりソ連の経済（農業、工業について）報告あり。あと質疑。

8月31日（月）白亜ビル11時着。「ソ連の現状判断」の検討会。慶大の中沢〔精次郎〕氏がソ連の政治について報告、気賀氏司会。和田敏雄〔拓殖大学〕、寺谷、若泉ら出席。昼食して1時解散。フルシチョフの安定性、党の指導性、民族問題など。

10月28日（水）　12時過ぎ、白亜ビル行き。審議員会議。宗像氏より「ソ連の東欧政策」報告。10分ぐらい。例によってお粗末。あと気賀氏より東欧を回ってきた報告。2時終了。

1965（昭和40）年

3月17日（水）　昼、白亜ビル行き。審議員会議。気賀氏よりソ連の現状について報告あり。あとの雑談の方が面白い。長谷川才次〔時事通信社社長〕と福島慎太郎〔ジャパンタイムズ社長〕らが、ジョンソン佐藤会談について対中政策の話し合いのことなど。「中共討つ」といったことなど真偽不明。両者の意見分かれる。

7月30日（金）　2時、白亜ビル行き。気賀健三氏を中心に青年の政治意識問題について討論会。各研究員から各人の調査状況を報告。

1967（昭和42）年

12月18日（月）　気賀氏、研究費受領に来る。施政方針意見のこと依頼。学術会議対策のことも頼んでおく。

1969（昭和44）年

2月26日（水）　6時退庁。「あしべ」行き。気賀氏、続いて石川忠雄氏、遅れて加藤寛氏来る。ふぐ食って談笑。女にもてる話、学生問題、ソ連問題のことなど。9時頃終わり、2次会に銀座の「スウリイ」へ。石川氏のみやや早く去り、11時頃まで。

1972（昭和47）年

2月1日（火）　午前、気賀氏来る。『ソビエト年報』1冊贈呈する。ソ連学会を作りたい由。

47　岸田《きしだ》純之助《じゅんのすけ》

（朝日新聞安全保障問題調査会研究員、朝日新聞論説主幹）

1966（昭和41）年

9月27日（火）　6時退庁。千駄ヶ谷駅前の愛知事務所へ。若泉敬君、朝日の岸田純之助氏来る。若泉君よりトロントの核拡散防止について報告。

1967（昭和42）年

1月26日（木）　11時半過ぎ出て、白亜ビル行き。審議員会議。矢部〔貞治〕氏らと選挙の話など。岸田氏12時15分頃来る。食事してから、日本核開発能力について説明してもらう。技術的に可能で、決定してから3～5年で出来る。1時頃終わり。あと質問多く出て、割りに詰めることができた。40分頃終了。

1970（昭和45）年

1月10日（土）　12時45分退庁。1時半、経団連ビル10階の会議室へ。モートン・ハルペリン氏を囲む会に出席。久住〔忠男〕、佐伯〔喜一〕司会。ハルペリン、ブルゼンスキー両氏より20分、SALT〔戦略兵器制限交渉〕について講演。SALTの効果、意義など。永井陽之助、岸田、神谷不二、蠟山道雄各氏ら。若泉敬、関寛治、三好修〔毎日新聞社〕、堂場肇、森永和彦〔時事通信社から外交評論家〕ら来て在り。他に警察庁、外務省からも。USISより資料。私は3時で辞去。（居れば官邸に間に合わず）。

48　木下和夫《きのしたかずお》

（大阪大学教授、財政学）

1967（昭和42）年

10月20日（金）　外務省幹部との定例会議。2時前に終わり帰庁。木下和夫氏来る。近畿経済圏の話などして去る。

1968（昭和43）年

1月26日（金）　午後、木下氏来る。9月にアメリカの租税学会に行きたいが、出張命令を文部省より出してもらう手段を相談。自治省より依頼してもらうこととし、それがダメな時は民研より文書出すことを考慮。

1969（昭和44）年

5月23日（金）　12時半過ぎ、木下氏来る。ホテルニューオータニへ。中華料理食べつつ話。大阪大学の問題、日本文化会議のこと、岡潔グループのこと、各種審議会出席と手当のこと、国防費と財政の関係、税制のことなど。かなり反共の線。彼の学部はよく押さえてあるらしい。2時半、別れて帰庁。

7月3日（木）「もみぢ」にて。木下和夫氏在り。関西の大学紛争、財政、税などの話。富士・八幡（製鉄）合併の周辺話、木下夫人ノイローゼ気味。

1970（昭和45）年

1月9日（金）　木下和夫氏来庁。阪大を3月で辞める話。大学人に嫌気がさしたと、趣味と自由と健康を得ようと。

3月6日（金）　三番町の「仲むら」にて。約束の木下和夫氏8時になり来たる。日本の経済成長、人口労働問題、外貨問題などの話。

49　木村駿《きむらしゅん》

（群馬大学教授、臨床心理学）

1964（昭和39）年

9月12日（土）　5時半、慶応病院南別館176号に相場均氏を見舞う。外国製（台湾or香港）肺炎の由。そこに木村駿氏在り。20分ぐらいで辞去。

1968（昭和43）年

11月7日（木）　5時半退庁。「宝家」行き。日大の浅井〔正昭〕助教授、相場氏、群馬大学の木村氏、女子美術大学の滝沢〔清人〕教授ら参集。群集心理の研究相談。

1972（昭和47）年

5月14日（日）　国際文化会館、2時40分着。相場グループの会合へ出席。滝沢氏が自治医大の教授になった祝い。木村駿氏からは連合赤軍と下宿の話。

7月18日（火）　資料読んで2時過ぎ退庁。FPフォーラム。木村氏よりチュメニ報告。

1973（昭和48）年

9月5日（水）　6時前退庁。ヒルトンホテル行き。相場均ゼミへ。木村氏より日本人の深層心理、千年王国モデルへの危機などの話あり。7時半頃了。それから質疑で私が指名され、内調の釈明と日本共産党伸張の限界を言う。

50　木村尚三郎《きむらしょうさぶろう》

（東京大学教授、フランス中世史）

1976（昭和51）年

8月5日（木）　6時半退庁。パレスホテル行き。経済部の教育研に出席。木村尚三郎、高根正昭（上智大学）、鈴木重信、志水速雄（東京外国語大学）ら各氏。高根氏よりアメリカの教育と社会の報告あり。あと質疑。かなり面白い。9時過ぎまでやって解散。

1977（昭和52）年

10月18日（火）　6時前退庁。ホテルニューオータニへ。国民心理研究会（KSK）出席。佐藤誠三郎氏司会。松原治郎氏（青年の家族意識）、福島章氏（青年のパーソナリティーの変化）がそれぞれ報告。木村、藤竹暁（学習院大学）各氏らも。

1978（昭和53）年

1月9日（月）6時退庁。ホテルニューオータニ行き。KSKに出席。戦後世代の問題。松田義幸氏（余暇開発センター）と斎藤精一郎氏（経済学者）よりそれぞれ報告。競争より協調への変化。昭和30年以後のニューヤングのこと、第一世代との差など。野田一夫氏（経営学者）途中退席。木村氏が代わって司会。佐藤誠三郎氏の質問多し。9時終了。

2月8日（水）6時退庁。ホテルニューオータニへ。KSK研究会に出席。藤竹氏の青年の意識（世論調査より）、佐藤氏より戦後世代の政治意識（20代前半は成熟、保守化と規定）の話あり。あと質疑。木村、斎藤、松原治郎各氏ら。9時終了。

3月1日（水）退庁して7時、ホテルニューオータニへ。16階でKSK出席。木村氏と佐藤氏より戦後世代論。あと討議。松原氏司会。9時終了。

51 清浦雷作《きょうらいさく》

（東京工業大学教授、産業公害科学研究所理事長）

1970（昭和45）年

8月13日（木）5時50分退庁。「福田家」行き。間もなく大津英男室長来る。6時15分頃、清浦雷作・東京工業大学教授来る。公害の話。温排水のこと、亜硫酸ガスより浮遊塵の方が問題なりと。目黒で計った塵の紙見せられガックリ。空気のよいところが良い。ゴルフ場は良いという結論。なかなか材料豊富で話尽きず。9時15分解散。私がハイヤーで送る。公害予算の試算をするように言われる。

8月19日（水）12時、歩いて「賀寿老」行き。清浦教授来る。若干の打ち合わせをしているところに、12時半、木村俊夫副長官と矢沢秘書官来る。清浦氏より例の浮游塵のサンプル見せ、光化学スモッグ、英米との比較など説明。食事して対策のことなど話す。意気合う。

1975（昭和50）年

5月1日（木）午後、清浦雷作氏来る。環境汚染のパンフレットをくれる。日本の基準が厳し過ぎることの説明。孤立しないよう仲間をつくるよう忠告。

52 公文俊平《くもんしゅんぺい》

（東京大学教授、多摩大学情報社会学研究所所長、社会学）

公文俊平氏は東大教養学部で佐藤誠三郎氏と親しかった。

1967（昭和42）年

8月18日（金）　5時半、東大の公文俊平助教授が来たので、一緒に退庁。「平吉」へ。カナダへ1年行くというので送別の宴。経済学の話。ロストウ〔米国の経済学者〕のテイク・オフのこと、南北問題、インドのこと、宗教と経済、日本の経済成長、ドイツのことなど。9時まで話。ハイヤーで彼を下北沢まで送る。

1968（昭和43）年

9月5日（木）　6時半退庁。「福田家」で公文氏歓迎会。カナダの話、反米風潮ありと。学生運動の話。東大のことなど。9時半まで。

11月6日（水）　帰庁6時半。ヒルトンホテル行き。公文氏と食事。学生問題の話が出た。日本の社会と将来のこと、委託調査を頼んでおく。8時半終了。車で渋谷から東大教養学部へ公文氏を送る。

1969（昭和44）年

2月19日（水）　公文氏来たので6時退庁。「平吉」行き。大学問題の話。駒場は「民青大学」になった由。8時半までソ連、ドイツのことも話す。

12月15日（月）　5時半過ぎ退庁。「一扇」行き。公文氏、浜井修氏〔倫理学者〕来る。浜井氏は初対面。社会思想史専攻。東大の学生騒動分析。世代論、大正っ子、日本にマルキシズムが土着したこと、丸山真男氏、清水幾太郎氏のこと、近代経済学者とマルクス学者のこと、見田宗介氏のこと、カナダ行き（公文氏送別の会ともなる）など話し合い。8時半解散。浜井氏には今後の意見交流頼む。

53 蔵居良造《くらいりょうぞう》

（朝日新聞中国各地特派員）

1968（昭和43）年

8月16日（金）　登庁9時50分。田中直吉氏〔東海大学〕来る。「極東をめぐる米ソ中」の調査要領示す。

神谷不二氏、蔵居良造氏らも加わる。

1969（昭和44）年

2月27日（木） 5時45分退庁。銀座の近鉄飯店行き。現代アジア研究会の会合。蔵居良造氏ら在り。中国問題の話。大人のシナ人、子供の日本人。経済の一体性。台湾問題にも言及。

5月13日（火） 5時50分退庁。「もみぢ」行き。中国年鑑刊行の相談会。前田寿夫〔防衛研修所〕、坂本是忠〔東京外国語大学〕、蔵居良造、土井章〔大東文化大学〕、石川忠雄、中嶋嶺雄各氏の順で来る。当方の案を示して討議。昭和同人会の事務所を使うこととする。坂本氏が責任者とする。予算は総額250万円、うち執筆費は150万円。鹿島研究所に出版交渉する。食事して9時前解散。

8月1日（金） 12時、有楽町の昭和同人会事務局へ。坂本、蔵居両氏在り。石川、中嶋両氏も来る。皆で『中国総覧』の相談。毎日新聞アジア調査会にやらせること、そのためには150万円に50万プラスして出す。あと委員手当など50万で賄う。内調の名は出さぬこと。蔵居氏は朝日だが、毎日でも構わぬ。1時半頃終わり解散。坂本氏に毎日に行ってもらう。帰庁2時。

1970（昭和45）年

10月22日（木） 12時過ぎ、白亜ビル行き。審議員会議出席。蔵居氏より「台湾問題」の話。歴史的説明。中国本土の支配下にあったのは清朝200年のみ。台湾人の意識のことなど。質疑あり。2時終了。歩いて帰庁。

54 黒川紀章《くろかわきしょう》（建築家）

1971（昭和46）年

11月22日（月） 5時半退庁。「福田家」行き。山崎正和氏在り。世阿弥の話。合田周平氏〔電気通信大学〕来て紹介する。香山健一、黒川紀章、志水速雄氏〔東京外国語大学〕の順でそろい会食。山崎氏の提案で各人当面の課題としていることを若干語る。遅れて公文俊平、中嶋嶺雄両氏も来る。山崎氏を中心とする社会戦略研究会（仮称）の集まり。後に、これをPSRと呼ぶ。黒川氏が初めて登場する。

1972（昭和47）年

PSRはこの年、大いに活躍し、次のように黒川氏は出席した。1月22日（土）、2月15日（火）、3月30日（木）、6月1日（木）、6月30日（金）、10月13日（金）、11月2日（木）、11月17日（金）、12月7日（木）。

この中で、3月30日に黒川氏は2000年と1972年の比較を試み、面白く湧かせた。11月17日には、社会工学研究所の「日本列島改造論への合意と提言」を概説した。7月7日（金）には、PSRとは別にホテルオークラで社会工学について話し、日本列島改造論を批判した。特別に委託費を要請し、迫力ある説得で、私は500万円を計上せざるを得なかった。

1973（昭和48）年

1月12日（金）6時退庁。「ふくでん」行き。PSR。公文、佐藤誠三郎、黒川、合田、山崎、志水、中嶋の諸氏来る。今後のテーマについて話し合った。

2月15日（木）5時40分退庁。ホテルニューオータニ行き。PSR。食後、公文氏司会、黒川氏報告。アメリカの大規模プロジェクトの実行組織について。列島論との関連。1時間弱して、あと質疑。佐藤誠三郎、中嶋、志水各氏のみで、山崎、香山、高坂正堯各氏は欠席。

3月8日（木）6時前退庁。ホテルニューオータニへ。PSR。山崎氏司会で公文氏より「産業構造の転換の可能性とそのストラテジー」報告。なかなか面白い。黒川、佐藤、合田、志水各氏ら発言。

5月18日（金）6時前退庁。PSRのため、帝国ホテルへ。黒川氏より大都市政策について。美濃部都政と比較した。

6月13日（水）6時前退庁。帝国ホテル行き。PSR。

7月18日（水）4時50分退庁。帝国ホテル行き。PSR。

11月29日（木）5時45分退庁。帝国ホテル行き。PSR。福祉の概念規定などについて公文、黒川両氏より報告。これをめぐって大討論。9時まで。

1974（昭和49）年

4月5日（金）3時より下のプレハブ室で住民運動調査の報告会。黒川氏が概説。松原治郎氏〔東京大学〕が住民運動の背景。高崎地区の新幹線反対運動、福島県の原発反対運動について。松原氏が補足、黒川氏が締め括り。黒川氏の話がなかなかいい。

4月16日（火）2時より室長室にて黒川氏と香山氏より〝戦略マップ〟の作成について説明を聞く。資源エネルギーと人口問題についてまずやるという。

1975（昭和50）年
7月11日（金）12時15分外出。青山の社会工学研究所に至る。皆で昼食してから黒川紀章建築事務所などを回る。レセプションルームに集合し、1時半から戦略マップの説明会。地図を重ね合わせ、色の重なりで人口、米、小麦、牛肉、石油の4点を説明。70年と85年を比較などする。

8月28日（木）6時退庁。PSR。黒川氏より住宅政策について説明。建設省批判もあり。ライフサイクルのことも。公団住宅の劣悪さ、狭さなど。

10月23日（木）5時50分退庁。帝国ホテル行き。PSR。黒川氏より都市の安全保障の考え方について報告。個人が自ら守るシステムを主張。

12月22日（月）6時前退庁。帝国ホテル行き。PSR。9時50分頃終了。事務局を慰労してくれるというので外へ出て、黒川氏の案内、フィリップ・クラブとやらへ。そこで飲み話す。11時半まで。

1976（昭和51）年
11月29日（月）6時退庁。帝国ホテル行き。PSRに出席。香山健一氏より保守化の傾向について報告。黒川氏の反論などあり。

12月18日（土）4時半退庁。「ふくでん」行き。PSRに出席。9時過ぎ終了。忘年会を兼ねる。

1977（昭和52）年
1月8日（土）2時40分退庁。ホテルニューオータニへ。PSRに出席。黒川氏より土地住宅政策について説明報告。都市開発、集中合同住宅などについて詳しくやる。

3月8日（火）6時退庁。帝国ホテル行き。PSRに出席。黒川氏よりアブダビ等の話あり。

1978（昭和53）年
4月10日（月）5時過ぎ外出。歩いて帝国ホテルへ。PSRに参加。食後に私より退官の挨拶。花鳥風月を友とし……、で笑う。黒川氏が援助問題などで大いに発言。

5月26日（金）　6時、帝国ホテルへ。PSR。黒川氏より日本の対外援助の実情、問題点など実例で報告。ソフトとハードのこと、総合的機能の問題がここでも重要。コンサルタントの訳語ないことなど。

同年4月に私は退官したので、その後はおおむね黒川氏との交流はなかった。女優の若尾文子との結婚は50歳を前にした再婚であったが、世間をいろいろ騒がしたものである。

55　桑原寿二《くわばらとしじ》

（中国問題研究家）

1964（昭和39）年

11月6日（金）　12時、車で梶工業ビル、総合研究所行き。桑原寿二氏の「中共の核実験と日本の受取り方」、若泉敬君の「日本の政変に対する英米論調」。3時半になったので私は辞去。大山岩雄〔元昭和研究会研究員〕、甲谷悦雄〔旧陸軍武官〕、林三郎〔毎日新聞〕各氏ら出席。

1966（昭和41）年

1月26日（水）　12時過ぎ、白亜ビル行き。審議員会議にて桑原氏の「中共の現状判断」最終説明。質疑あって2時前終了。

3月19日（土）　2時、かすみ会事務所へ。曽村保信氏〔政治学者〕、桑原氏も来て座談会。日米関係、中ソ問題、中共の対日政策、安保条約など討議。

1968（昭和43）年

2月5日（月）　13　委託研究を担った人々の入江通雅の項参照。

1969（昭和44）年

9月20日（土）　2時半過ぎ、ヒルトンホテルへ。かすみ会例会。小谷秀二郎〔京都産業大学・国際政治学〕、利光三津夫〔慶応義塾大学・法制史〕、桑原、山崎重三郎（米軍顧問）各氏ら参集。宮沢泰東欧課長より「ソ連の外交政策とくに中、米、日関係」の話あり。

12月25日（木）　11時白亜ビル行き。審議員会議。桑原氏より自著の紹介。佐伯喜一氏より、70年代の政治、国際状況の話あり。12時より質問に入り、安保批判をめぐる意見交換大いに活発。

1970（昭和45）年

1月29日（木）　11時、大津室長と官邸へ。保利茂官房長官報告。12時前終了。一度帰庁してから白亜ビル行き。審議員会議。桑原氏の台湾報告。外交文書保存の執念、日本の浮薄風潮警戒など。

5月16日（土）12時半過ぎ退庁。ヒルトンホテル行き。かすみ会。〔外務省〕中国課長橋本恕氏を囲み、桶谷、中村菊男、桑原、入江、林三郎、上条末夫〔政治学者〕、小林正敏〔政治学者〕、奈須田、遅れて大島康正〔哲学〕各氏。食事して日中問題の話し合い。橋本氏の考えは概ね石川、衛藤氏と同様。なかなかしっかりしている。台湾問題、日中貿易、古井喜実〔厚相・衆院議員〕、内藤誉三郎〔文相・参院議員〕のことなど。

1971（昭和46）年

3月26日（金）6時退庁。「栄林」行き。かすみ会幹事との会。中村菊男、入江、漆山成美〔京都産業大学〕、桑原各氏。内調より川島広守室長以下6人の計10人で会食。中共問題、台湾のこと、都知事選のこと。

8月26日（木）昼、白亜ビル行き。審議員会議に出席。桑原氏より中国事情説明。米中接近のこと、党委員会のことなど。

1972（昭和47）年

7月6日（木）12時より白亜ビルへ。審議員会議。桑原氏より中国と北鮮の関係報告。他に佐伯喜一氏の朝鮮半島問題（行ってきたばかり）報告、原子林二郎氏〔国際問題評論家〕のソ連と北鮮の関係報告。2時10分頃終了。

1973（昭和48）年

7月19日（木）12時白亜ビル行き。審議員会議。桑原氏の中国事情説明あり。

12月20日（木）11時白亜ビル行き。審議員会議。東南アジアへの経済協力問題答申案を読み上げて討議。若干の修正で可決。12時20分終了。あと「栄林」に行き、本年最後の昼食会。佐伯氏に石油危機のこと、経済見通し、インドネシアのこと、桑原氏に中国問題（反潮流）、原子氏にソ連の人々のことを聞く。

56 高坂正堯《こうさかまさたか》

（京都大学教授、国際政治学）

高坂正堯氏との出会いは、『中央公論』編集長の粕谷一希氏に負う。彼が私に高坂氏を紹介してくれた。

高坂氏とは碁の手合でも親しく、彼の方が私より若干強かった。二目程の差があったかもしれない。

1964（昭和39）年

2月24日（月）　5部に高坂正堯氏が来たので行って話す。宰相吉田茂論のこと、日中国交回復のこと、碁のことなど。来年は「中共と東南アジア」というようなテーマで考えてくれる由。

3月13日（金）　4時半、高坂氏来る。5部にて話。来年の計画、中共と東南アジアの問題など。「愛宕苑」へ。始め碁を二子でやり負け。なかなか強い。あと食事しながら麻雀。一荘半。10時半まで。

4月15日（水）　5時半退庁。京橋の中央公論社7階へ。6時半頃、粕谷氏、上山春平氏〔哲学者〕まず来る。次いで高坂氏、次に奈須田、続いて堀田〔政孝防衛庁〕局長。6人で夕食。もっぱら上山氏と堀田氏の応答やりとり。防衛問題。自主防衛、待機命令、シビリアン・コントロール、韓国問題、隊見学の話など。

1965（昭和40）年

3月25日（木）　登庁10時。高坂氏来る。10時半より班長会議で司会。高坂氏の講演。「東南アジアにおける国際政治情勢」。ベトナム問題が中心。なかなか思い切ったことを言って面白い。1時間やって、あと質疑。12時終了。本多武雄室長室で主幹らと会食。午後1時解散。

10月21日（木）　10時半、粕谷君が高坂氏を伴い来る。ホテルオークラの喫茶室へ行き話す。『中央公論』来月号に保守党激励的論文を出す由。自民党側の日韓〔条約批准〕運動を概略説明。昨日の〔電話で聞いた〕末次一郎〔沖縄返還の功労者〕君の話が中心。粕谷君途中で去り、総理府へ引き返して3部の室であちこち資料を読む。賀屋興宣〔蔵相、法相など歴任〕の言論、社会新報の論文も。高坂氏は自民党はデモをやらないのが良いという説なり。

1967（昭和42）年

9月26日（火）　5時過ぎ、東京教育大学の大島清、長坂聡両氏来る。一緒に車で「富美川」へ行った後、8時20分頃、私のみ辞して「もみぢ」へ。高坂氏来て在り。京大の状況聞く。法の守れる状態にせよと。なかなかきびきびしていてよし。未来学のこと、下田会議のことなども。

11月20日（月）　7時近くまで居て退庁。半蔵門会館へ。高坂氏来る。「福田家」に案内。京大の騒ぎは概ね収まりそうだが、法学部長の声明なるもの奇妙。「内調より法学部に委託あらば断る。個人的な委託もないことを期待？……」吉田茂論、関寛治〔東京大学・立命館大学〕の現実主義者批判、沖縄問題など。

1968（昭和43）年

3月23日（土）　11時半頃、高坂氏来る。朝食をしてないというので「ざくろ」行き。しゃぶしゃぶを食べつつ話。京大はあまり心配してない様子。左翼文化人とマスコミ批判。佐藤三選見通し。ジョンソンとベトナム問題など。委託研究は5月に報告とする。12時半別れて帰庁。

9月13日（金）　4時半過ぎ、高坂氏来る。すぐ大津英男室長室で懇談会。「1970年代の国際情勢」というテーマでいきなり懇談、質疑に入る。73〜75年の岐路が重大ということ。朝鮮、中共、米国の事情などから推定。わが国の社会問題に移る。6時終了。（政治の哲学と政治の技術、結局技術と教養ということになる。）ニッポン放送で録音するのを待ち、一緒に京橋の「ざくろ」へ。しゃぶしゃぶ食いながら、ニュージーランド、オーストラリア、社会党論、大学問題の話など。8時過ぎ終了。東京駅で別れ。

10月26日（土）　3時半、国際文化会館着。カナマロ会。高坂氏の中共の核兵器と国際関係の報告。カナマロ4氏ら。台湾問題と中共の対日態度（要求）のこと、日本への核脅迫のこと、日本人の心理の問題など。結局は日本は核の傘の下にあって通常兵力を増大するのがよいということ。5時半過ぎ終了。永井氏と学生運動の話。世論の味方を得ることなど。

PSRにおける報告等については12 政策科学研究会（PSR）の1973年、74年、75年、76年、77年、78年の項参照。

57 香山健一《こうやまけんいち》

（学習院大学教授、社会工学）

1969（昭和44）年

4月16日（水）　6時15分退庁。ホテルオークラ「山里」へ。20分ほどで香山健一氏来る。一緒に食事して話す。大学改革問題が主。古くさいお経をあげている教師のこと、能力なき教師、学生ら。社会目標、ビジョンのこと、学生運動のこと、社会工学のこと、東大駒場の仲間のこと、未来学のことなど。なかなか感覚良く、話も面白い。9時近くまで話し合って終わり。初対面。委託は引き受けそうだが、もっと綿密な詰めが必要。

6月26日（木）6時45分退庁。「えびす」行き。世論調査の話。田中靖政氏〔学習院大学〕、香山氏ら来る。オピニオンリーダーの調査（核意識など）。田中氏より説明あり。経費160万円というので困る。120万で交渉中断。あとは、情報とはとかコンピューターの話。

1970（昭和45）年

9月21日（月）6時前退庁。「瓢亭」行き。やや遅れて香山氏来る。香港での国際会議のこと、デルファイ法〔技術予測などに用いられる技法〕のこと、新聞チェック組織の必要なこと（寡占打破）、未来予測のこと、公害のこと（資源蓄積）など話し合う。やはり優秀なり。

1971（昭和46）年

3月19日（金）3時より下のプレハブ室で香山氏の講演。生き甲斐の喪失、戦争、貧困、大思想がなくなったこと。福祉国家論の再検討、豊かさの中の問題、情報化時代、環境問題など。なかなか面白い。質問あり。5時10分頃終了。ヒルトンホテル行き。喫茶室で話す。原文〔6月の参議院選挙に自民党公認で立候補した原文兵衛のことか〕応援の理論研究頼んでみる。

6月10日（木）6時半退庁。田中靖政グループとの会。遅れて香山氏来る。総括質問と経済問題を説明。

10月5日（火）5時45分退庁。「ふくでん」行き。香山氏と公文俊平氏来る。ローマクラブの話、南北問題、公害、日中問題、日本人論、成田学生事件など。研究態勢を話し合う。いかに総合性を発揮するかなど。研究グループ結成の件が目的。9時過ぎまで話して解散。

1972（昭和47）年

この年、PSRの会にほとんど出席。1月22日（土）、2月15日（火）、3月30日（木）、4月28日（金）、6月1日（木）、6月30日（金）、10月13日（金）、11月2日（木）、12月7日（木）という具合で、1977

（昭和52）年まで続く。12 政策科学研究会（PSR）の項参照。

1973（昭和48）年

1月31日（水） 6時過ぎ退庁。慈恵医大病院へ。新館706号室に香山氏を見舞う。左腕上部骨折。かなりよくなったが、輸血障害の恐れ。目下、点滴中と。でも元気。20分ぐらいで辞去。見舞金1万円。

3月22日（木） 香山氏退院の報。

1975（昭和50）年

11月28日（金） 夕方、香山氏来たので渡部正郎室長室で話す。スト権問題、野党、労組の事情など。総理のとるべき態度についても話し意見聞く。

58 小《こ》谷《たに》秀《ひで》二《じ》郎《ろう》（小谷豪治郎）

（京都産業大学教授、国際政治学）

1962（昭和37）年

6月23日（土） 9時半頃、永田荘に直行。10時より民研の第1回安全保障研究の打ち合わせ会。大平善梧〔国際法学者〕、高山岩男〔哲学者〕、久住忠男、林三郎、小谷秀二郎らの諸氏で討議。研究調査の方法論。特に中立主義について論あり。

1966（昭和41）年

2月19日（土） 1時半退庁。かすみ会行き。小谷、曽村保信〔政治学者〕、萱原宏一〔ジャーナリスト〕、林三郎、入江通雅各氏来る。昨夜帰国したばかりの小谷氏のベトナム情勢を聞く。米軍の優勢、しかし長期戦。

11月19日（土） 1時退庁。かすみ会行き。桶谷、西、中村菊男、小谷、奈須田各氏在り。小谷氏の出版計画を検討、実行することとする。あと建国記念日の話、電算機の話などして3時過ぎ辞去。

1967（昭和42）年

2月21日（火） 帰庁5時過ぎ。かすみ会事務所行き。例会。中村菊男、小谷、入江、西平重喜〔統計学者〕、奈須田の諸氏在り。西平氏より世論調査と選挙分析の話を聞く。社会党の退潮問題となる。ファシズムの危険性まで話に出る。公明党の票、自衛隊論など。

1968（昭和43）年

5月20日（月） 6時退庁。「栄林」行き。かすみ会との懇談会。桶谷氏（米欧旅行の話）、中村菊男氏

（『言論人』のこと、出版企画のこと）、小谷氏（沖縄問題）、入江氏（朝鮮大学問題）、西義之氏〔ドイツ文学者〕（第二艦隊文人グループ）等の話在り。世界の学生運動、放射能の件、マスコミ論など出る。

1970（昭和45）年

1月19日（月）　9時45分登庁。小谷氏来る。彼の出版記念会（30日）の話。法学博士号をとるため忙しいと。

1月30日（金）　6時退庁。飯野ビル行き。9階の「キャッスル」へ。かすみ会。小谷氏「国防の論理」出版記念会。中村菊男氏ら7名。食事して選挙のこと、韓国・台湾のこと、大学問題、出版のことなど話す。小谷氏は韓国語勉強始めた由。あと、銀座「クラブインペリアル」で飲む。

7月6日（月）　6時前退庁。「栄林」行き。中村菊男、小谷、入江、上条末夫〔政治学者〕、奈須田各氏在り。原書房のハンドブックシリーズの売れ行き、今後出すべき企画（軍事もの、歴史（現代史）、公害など）。日華協力委盛大の由、京都の猪木〔正道〕氏の進退、産大〔京都産業大学〕の状況、『今週の日本』不評、繊維とナショナリズム、言論人のこと、その他。8時解散。

10月2日（金）　5時半過ぎ退庁。神田の「葵」へ。中村菊男、入江、上条、奈須田各氏在り。小谷氏やや遅れ。中村氏4日より米国行き。入江氏4日より韓国行き。小谷氏東欧より帰国の話。教科書裁判問題、桶谷氏・中村氏対立問題、西氏ともまずくなった話。尖閣列島問題など。

1971（昭和46）年

10月16日（土）　小谷氏来たので、国連のこと、日中問題、沖縄国会のことなど話し合う。かなりの危機感あり。

1973（昭和48）年

3月9日（金）　午後、小谷氏ら来る。日華民族文化交流協会設立のため努力している由。事務所を設置して発足しようとしたが、ホテル側がどこも貸さぬと。相談に来たもの。よい知恵は浮かばぬが、協力はすると話す。

4月7日（土）　夕方、銀座から六本木へ。6時、六本木グランドマンションで日華民族文化協会発会式に出席。賀屋興宣〔元蔵相、法相〕、木内信胤〔経済評論家〕、角田順〔外交史家〕、宇野精一〔中国哲学者〕、村松剛〔フランス文学者〕、漆山成美〔国際政治学者〕、小林正敏〔政治学者〕、藤島泰輔〔小説家〕、小谷各氏らあり。川島広守室長も来る。

6月7日（木）登庁9時50分。小谷氏と室長のところに行き、台湾の話を聞く。中共の潜水艦を撃沈したので意気軒昂。航空協定の出方によっては大変とのこと。

59 小松春雄《こまつはるお》

（中央大学教授、西洋政治史）

1962（昭和37）年

5月2日（水）5時半退庁。タクシーで芝の「紅葉館」へ。中央大学の小松春雄氏来る。政治学界のこと、岡義武氏〔政治史学者、東京大学教授〕のこと、中共問題など。委託は「日本保守党の研究」とする。

1968（昭和43）年

12月18日（水）12時、「愛宕園」行き。小松教授在り。久濶。中央大学の紛争状況聞く。永山忠則〔自治大臣・国家公安委員長〕一派がよくない由。社会党のダメなこと、自民党の改善、大学生の海外派遣のことなど話す。「保守党の近代化」の委託研究を頼む。1時半、別れて帰庁。

1969（昭和44）年

12月2日（火）6時前退庁。「宝家」行き。小松氏来る。選挙のこと、社会党不振のこと、創価学会・公明党のこと（批判・攻撃多く出る）、小松氏の軍隊（東南アジア）物語、大学紛争のことなど。ほとんど小松氏が一人でしゃべる。8時半終了。

60 斎藤精一郎《さいとうせいいちろう》

（立教大学・千葉商科大学教授、社会経済学・日本経済論）

1972（昭和47）年

7月3日（月）車で「福田家」行き。PVR(Policy Vision Research)会。吉村融、松原治郎、飽戸弘、斎藤精一郎、佐貫利雄、牧野昇、綿貫譲治の諸氏。いかにして研究を進めるか、問題は何かなど自由討議。佐貫節面白し（涙の経済学）、牧野氏も発言多し。9時解散。

1974（昭和49）年

1月11日（金）　6時前退庁。ホテルニューオータニ行き。16階で5部のWPCの会。伊藤善市氏司会。三浦文夫氏より「福祉とマンパワー」。牧野昇氏より「福祉と働きがい、生きがい」の報告。なかなか面白い。松原治郎、綿貫譲治、斎藤氏ら参加。

1978（昭和53）年

1月9日（月）　6時退庁。ホテルニューオータニ行き。「有明」で国民心理研究会（KSK）に出席。戦後世代の問題。松田義幸氏と斎藤氏よりそれぞれ報告。競争より協調への変化、昭和30年以後のニューヤングのこと、第一世代との差など。野田一夫氏、途中で退席。木村尚三郎氏代わって司会。佐藤誠三郎氏の質問多し。9時終了。

2月8日（水）　6時退庁。ホテル〔ニュー〕オータニへ。KSKに出席。食事して藤竹〔暁〕氏の青年の意識（世論調査より）、佐藤氏より戦後世代の政治意識（20代前半は成熟、保守化と規定）の話あり。あと質疑。木村、松原、斎藤氏ら。

61　佐伯喜一《さえききいち》

（防衛研修所所長、野村総合研究所所長・社長）

1966（昭和41）年

4月8日（金）　10時半、車で出発。江戸橋の野村総合研究所に佐伯喜一所長を訪問。審議員就任を要請。報告書を書くことをなるべく少くしてくれと。社長に相談はするが、彼としてはOK。研究所の事業、予算など聞く。

1967（昭和42）年

1月19日（木）　12時、白亜ビル行き。審議員会議。日程説明（一部修正）。佐伯氏より「わが国の核防衛について」説明。1時間余。なかなか論理的で参考になる。質疑あって2時過ぎ終わる。あと若泉君と彼の論文（中央公論発表予定、核軍縮平和外交問題）について討議。修正意見出す。帰庁3時半。

3月8日（水）　矢部〔貞治会長〕、佐伯〔審議員〕、大津〔英男室長〕の3人が総理室に入り35分、11時半終了。核政策問題説明せりと。あと記者会見、1年間やってきたので国際情勢研究会の成果について話したと説明。佐伯氏は神戸へ、矢部氏は法務省へ、室長より模様説明あり。沖縄問題検討頼むと。

4月28日（金）　6時前退庁。「宝家」行き。6時10分、佐伯氏来る。株価の話から核武装問題、最近のナショナリズム論、中共問題、科学発展のこと、安保問題等。ハーマン・カーン〔米国の未来学者〕やボーフル〔フランスの軍人。ドゴールが進めるフランスの核戦略を立案〕の話多し。8時半までやって解散。

6月8日（木）　11時半、白亜ビル行き。審議員会議。初めに中東情勢の意見交換。海江田〔鶴造〕、久住〔忠男〕の状況説明。沖縄問題も。佐伯氏らより質疑ありて2時終了。

1968（昭和43）年

10月3日（木）　12時、白亜ビル行き。審議員会議出席。佐伯氏より欧米出張報告。学生運動について馬場〔義続〕氏の原案読んで討議。

12月12日（木）　3時過ぎ、白亜ビル行き。審議員会議。佐伯氏より国際通貨問題、20分ぐらい。あと石川忠雄氏より「中共の現状と展望」。5時20分頃終了。各々車に分乗して霞友会館へ。新旧審議員懇親会。横田喜三郎、花井忠、福島慎太郎、山口喜雄、植田捷雄ら旧議員に太田一郎、大平善梧、馬場、小倉謙、石川忠雄、佐伯、杉江一三〔元防衛庁統合幕僚会議議長〕ら新議員。保利茂内閣官房長官、石岡実副長官も来る。

1969（昭和44）年

8月6日（水）　4〜7日（木）、箱根会議。9時より会議。金森〔久雄〕氏に次いで佐伯氏より「日米関係における対立と協力」。経済問題、沖縄、安保と討議。日本の世論、アメリカの世論、文化的ギャップなど。

12月25日（木）　11時白亜ビル行き。審議員会議。佐伯氏より70年代の政治、国際状況の話。12時より質問に入り、安保批判をめぐる意見交換大いに活発。1時前終了。すぐ隣の「栄林」へ。3卓に分かれ中華料理。

1970（昭和45）年

1月31日（土）　夕方、葵会館行き。佐伯、神谷、永井、本間各氏の順で来る。日米問題シンポジウムの詰めをやるよう打ち合わせ。3月末2日間、川奈でと決める。あと金森氏来て加わる。6時頃から食事。コンピューターの話、未来学のこと、株のこと。主として佐伯氏語る。7時半解散。

3月31日（火）　29日（日）～31日、錦章会（川奈会議）。佐伯氏より「アメリカのアジア政策と日本」と題してコメント30分余。これにつき討議。やはりニクソン・ドクトリン中心となる。インドシナ半島の危険性の検討など。

4月23日（木）　12時白亜ビル行き。審議員会議。「日中共同声明」について30分ほどコメント。あと活発な意見出る。中共の対日態度、わが国の方策等、石川〔忠雄〕、佐伯両氏ら大いに語る。5時半過ぎ退庁。「加寿老」行き。石川、佐伯、永井各氏、木村〔俊夫官房〕副長官ら。日中問題が圧倒的。永井氏より錦章会の結論報告15分ぐらい。佐伯氏よりブルッキングス研究所に行くための心構えとして、日米関係（日本巨大化への危惧、繊維と軍備問題）、日中関係、安全保障等について木村氏の意見ただす。繊維のこと、よく説明あり。比較的好評。

12月3日（木）　新聞読んでから退庁。霞友会館へ。審議員たちの忘年パーティー。永井陽之助、大平善梧（言論人のこと）、佐伯（三島分析と株のこと）、小池〔欣一〕副長官らと話す。

1971（昭和46）年

2月4日（木）　12時、白亜ビル行き。審議員会議出席。平沢〔和重〕氏〔ジャーナリスト、外交評論家〕より名古屋の卓球大会へ中共参加問題の説明。佐伯喜一氏よりサイゴン、インドネシア、バンコク等回って来た収穫の披露。オスボーンの中共観、インドネシアの経済好転、サイゴンの戦局、バンコクの対日感情悪化など。質疑あり。2時終了。

1972（昭和47）年

4月6日（木）　昼、白亜ビル行き。審議員会議。安保論議などあり。佐伯氏も報告。

6月22日（木）　12時、白亜ビル行き。審議員会議。久住〔忠男〕氏〔軍事評論家〕より京都会議の概況報告。佐伯氏より京都会議のうち朝鮮半島問題を重点に報告。2時了。

10月5日（木）　12時、白亜ビル行き。審議員会議。佐伯氏より朝鮮半島問題のとりまとめ方式説明。各人より意見を聞く。平沢氏、例によりリベラル派見解。

石川氏はむしろ韓国協力的にウエイト。

1975（昭和50）年

7月3日（木）　12時、白亜ビル行き。審議員会議。佐伯氏より日米の安保体制、防衛問題について報告あり。平沢氏、〔渡部正郎〕室長らより質疑。

12月11日（木）　12時、白亜ビル行き。審議員会議出席。佐伯氏、米ソ・アジア等を論ず。

12月18日（木）　11時に白亜ビル行き。審議員会議。来年の展望について討議。佐伯氏の軍事、経済、大来佐武郎氏〔エコノミスト〕の経済と、それぞれコメントあり。12時半頃まで。引き続き「栄林」で昼食会。

1977（昭和52）年

8月25日（木）　12時、白亜ビル行き。審議員会議に出席。佐伯氏の「国際環境の変化を踏まえたわが国の総合戦略」の話。かなり常識的な線を要領よくまとめ上げたもの。経済、エネルギー、防衛、米中ソ関係など。わが国が「自己決定」を必要としてきているというが、それが得策かは疑問と思えた。2時終了。

62 佐《さ》伯《えき》彰《しょう》一《いち》

（東京大学教授、英米文学）

1970（昭和45）年

9月25日（金）　6時前退庁。奈須田ビル行き。ながら会。佐伯彰一氏を囲み、皆を紹介。日米交渉史、日米感情論、互いの研究例、対外強硬論の危険性等。なかなか面白く話してくれた。1時間ほどであと質問。日本のアメリカ研究貧弱なこと、アメリカ留学の日本知識人の左翼化の例、日露戦争後の状況と似ている現在（互いに相手を非難）の危険。その他、8時頃まで話して佐伯氏去る。

1971（昭和46）年

8月26日（木）　6時前退庁。「福田家」行き。佐伯氏来る。アメリカの内情、地方紙のこと、南部の事情、各地域の差、ユダヤ人の特性、日中問題、南米の危険性、ニューヨークタイムズのこと、ベトナム文書のこと、なかなか有益。8時50分頃まで話す。

63 坂田《さかた》善三郎《ぜんざぶろう》

（独協大学教授、経済政策）

1967（昭和42）年

10月21日（土）　10時過ぎ、坂田善三郎氏来る。インドネシアの話。旅費がほしいようだったが、「インドネシアの経済再建」というテーマにし20万～25万の委託とする。

11月27日（月）　6時退庁。6時半、八重洲口の「司」着。坂田氏来て在り。インドネシア行きを前にして壮行の夕食会。インドネシアの政治、経済、日本との関係などの話。8時半まで居て解散。

12月12日（火）　昼食から1時半帰庁。坂田氏再三来る。担当者不在のため代わりに説明して3万円餞別渡す。

64　坂本是忠《さかもとこれただ》

（東京外国語大学学長、モンゴル政治社会学）

1962（昭和37）年

10月1日（月）　午後、内調の岡崎修氏の紹介により来庁。アジア政経学会の状況などを聞いた。

1963（昭和38）年

4月12日（金）　午後、坂本氏来る。劣等学者の話。中国研究者シンポジウムのことなども。

5月27日（月）　午後、坂本氏来る。少数民族問題の話などする。

1964（昭和39）年

3月28日（土）　午前、坂本氏来る。5部の話。外国の学者の紹介学に終わっている者が多いと批判。

4月16日（木）　午後、坂本氏来る。創価学会の話。マルキストのこと。近い者の対立。

4月24日（金）　午後、坂本氏来る。創価学会の話。『月報』にインドシナとマレーシアの原稿を書いてもらう件、打ち合わせ。

6月19日（金）　午後、坂本氏来る。北京シンポジウムの学者、大学生レベルの話。対米感情、1970年問題など話す。

1966（昭和41）年

4月21日（木）　夕方、坂本氏が11カ月の外国旅行より帰国。土産話をした。

1967（昭和42）年

10月25日（水）　6時20分頃、坂本氏来る。「もみぢ」へ。ふぐ食って話す。グルジア、ウズベク、台湾、賤民的資本主義のことなど話した。9時前解散。坂本氏の新築の家に寄り帰宅。
1968（昭和43）年
1月24日（水）午後、坂本氏が報告書持参。同僚と来年度は打ち切る相談をする。
10月14日（月）午前、坂本氏来る。外語大のストの話。要するに、教授のだらしなさ、進歩ぶること、学生を甘やかすことなどが根本問題だという。
1969（昭和44）年
4月3日（木）午前、坂本氏来る。外語大学生部長就任の弁。タカ派で押し通すと。
1973（昭和48）年
2月12日（月）坂本氏が5時半に来たので退庁。「はじめ」へ。ふぐ料理で酒。香港の土産話を聞く。大学事情も。8時終わり。坂本氏宅（自由が丘）に送り帰宅。
1975（昭和50）年
11月13日（木）午後、外語大の坂本学長来る。野方の寮問題を相談。全く放任状態なりと。部外者も半数はいて逃げ場になっている。殴られるのを覚悟で行かねばならぬ。警察も簡単には出ない云々。私の意見も野方署と同様の由。

65 佐瀬《させ》昌盛《まさもり》

（成蹊大学助教授、防衛大学校教授、国際政治学）
1969（昭和44）年
4月8日（火）6時退庁。ホテルオークラ行き。6時半頃、佐瀬昌盛氏来る。「山里」で食事しつつ話。東西ドイツのこと。ヨーロッパ学のこと、学者の非現実性（歴史ばかりやりたがる）、成蹊大学のことなど。委託を頼む。ＯＫ。8時15分終了。
1970（昭和45）年
2月3日（火）5時半退庁。民研行き。佐瀬氏、「ベルリン情勢の研究」報告書持参。ベルリン情勢の悪化、自由大学の総長選挙、西独とソ連の融和、東西ドイツの接触、対日観など。なかなか面白い。食事して7時まで。
1973（昭和48）年
6月8日（金）6時前退庁。ホテルオークラ行き。現代演劇協会の10周年記念パーティー。田中健五（文藝春秋）と約束通り45分までいて退出。車で「ふくでん」へ。加瀬英明氏〔著述家、評論家〕らに挨拶。佐瀬氏来たので紹介。田中健五と入江通雅も来て皆で食事しつつ、「民主連合政権」ができたらという話。社共政権とほぼ同じとみて、その想定、経過、弊害等話し合う。チェコ、チリなどの例を引き合い。9時半過ぎまで話し合い、私は一足先に辞去。帰宅10時半。

1975（昭和50）年

7月18日（金）12時、白亜ビル行き。6部主催の内政研究会。佐瀬氏よりヨーロッパ各国共産党の実情、特にイタリア、フランスについて。わが国との比較もあり、なかなか面白い。小林正敏君〔政治学者〕補足。質疑応答活発。2時終了。帰庁。

1976（昭和51）年

2月12日（木）午後、白亜ビルに行っていた主幹たちを呼び戻し検討会を始める。3時になり佐瀬氏を入れ、担当官も呼んで話聞く。西独の経営参加の問題。6つの階層に分かれていること、西独の労使関係はうまくいっていること、共同決定法〔企業の意思決定への労働者の参加を定めたドイツの法律〕の内容など。5時終了。

1977（昭和52）年

3月10日（木）午後、白亜ビル行き。審議員会議。佐瀬氏の「ヨーロッパの政治と選挙」を聞く。なかなか面白い。主として英独仏伊のこと。帰庁2時過ぎ。

66　佐藤誠三郎《さとうせいざぶろう》

（政策研究大学院大学副学長、東京大学教授）

1968（昭和43）年

12月5日（木）午前、東大教養学部の佐藤誠三郎氏来る。仏教育法ゲラ刷り渡す。東大ストのこと、学生の気持ち、大学改革の意見など聞く。

1969（昭和44）年

5月30日（金）6時退庁。赤坂の「辻留」へ。公文俊平氏〔社会学者〕在り。佐藤氏続いて来る。大学状況聞く。暖房のない教室、戦場のようなキャンパス、初中校に比して予算の少なさ、大学教授の月給、東大コンプレックス、競争社会の弊害、振り分け（駒場）のこと、社会構造の欧米との比較、なかなか話面白し。委託費渡し、調査やってもらうこととす。9時別れ。私は佐藤氏を送り、帰宅10時。

6月6日（金）　4時前、佐藤氏来る。契約書に記入。30万とする。「学生運動の分析」講演をやってもらうこと約束。アメリカ行きの話など。

7月8日（火）　3時半、佐藤氏来る。4階会議室にて班長会議。「学生の叛乱とその背景」の講演。大津英男室長以下、30名ほど聞く。1時間講演のあと質疑。なかなか面白し。①最近の学生運動は新しい運動である。②その背景。③学生の意識と行動。

1974（昭和49）年

4月9日（火）　12時、富田朝彦室長室にて会食。合田周平氏［システム工学］と一緒。京都知事選の話など。終わって630号室に全員移動。主幹会議メンバー他数人が出席。「政党の得票能力」について調査の方法論。自民党はかなり強いこと、共産党は増大しているが30％の壁があること、社会党は減少が大きいことなど説明。質疑あり2時終了。

67 篠原一《しのはらはじめ》

（東京大学教授、政治学）

1970（昭和45）年

7月27日（月）　6時前退庁。「醍醐」行き。篠原一氏在り。創価学会と公明党の件、将来の伸び、止まる。共産党の限界のこと、イタリアほど行かぬ。競争政策の要。美濃部亮吉と蜷川虎三のこと、70年代はあまり心配なし、80年代が問題。東大の政治状況。社会党の限界。中小都市首長のこと。自治省の株上がること等。9時近くまで話して解散。ハイヤーで送らせる。

68 島田《しまだ》一男《かずお》

（聖心女子大学教授、社会心理学）

1970（昭和45）年

9月10日（木）　12時前、島田一男聖心女子大学教授を紹介される。「えびす」行き。警視庁と10年来関係ある由。公害問題で意見聞く。心理パニックの恐れ、何でも公害論（レジャー公害、情報公害など）、週刊誌論など聞くべきものあり。今後の協力を頼んで1時半別れ。帰庁。

1971（昭和46）年

10月13日（水）　6時15分退庁。九段の「浜竹」行き。島田氏在り。沖縄の話、聖心の試験のこと、コネのこと、内部事情、小笠原のこと、防衛庁のこと、高橋幹夫〔警察官僚〕のことなど。
　12月14日（火）アメリカ研究会を6時までやり退出。「ふくでん」へ。島田氏遅れて来る。沖縄調査の報告あり。案外楽観的。自衛隊派遣の心構えなど。9時過ぎまで話し合い、解散。

69　志水速雄《しみずはやお》

（東京外国語大学教授、ソ連政治史）

1968（昭和43）年
　7月17日（水）6時前退庁。中嶋嶺雄氏と志水速雄氏来たので一緒に下の「ざくろ」へ。ソ連・チェコ関係、ソ連の自由化、ベトナム問題、中ソ関係と米中関係、中共文化大革命、学生運動、大学問題など話す。8時半解散。2人に今年度委託「中ソ関係」（朝鮮戦争等）をやってもらう約束。車で池袋まで送る。
1969（昭和44）年
　2月19日（水）12時、民研へ。志水氏をそこで拾い、赤坂の「辻留」へ。食事しつつ話す。ソ連の脅威、中ソ対立、北ベトナムにおける中ソ関係、日米安保をソ連は否定せず、対独関係、サバ漁問題、シベリア開発、石油のこと、学者の協力と政府のことなど。なかなかしっかりしている。「辻留」の器類よし。2時15分終わり。車で民研に送り、帰庁。
　6月10日（火）6時前退庁。新橋「一松」行き。志水氏来て、飲み食う。中公論文、お祭りのこと（ゲバルト）、くらやみの哲学、中ソ問題、世界党会議、日本の不決断情況など。日本の問題に関心が強い。有益な話多い。9時解散。

70　杉山茂雄《すぎやましげお》

（法政大学教授、国際法）

1963（昭和38）年
　4月10日（水）6時、杉山茂雄助教授、6部に来たので行って話す。安保の総括の原稿に対する意見語ってくれる。日本の政治的体質の問題、派閥など。なかなかよく付箋つけてくれた。
　5月14日（火）夕方、杉山氏来てくれたので借用していた安保の資料返却す。
1964（昭和39）年

9月2日（水）昼、白亜ビル行き。審議員会議。花井〔忠・元検事総長〕氏のほかは皆出席。2時過ぎ終了。残り杉山氏の国連軍に関する説明聞く。法的問題など。未成熟なり。

9月3日（木）杉山氏来る。原潜寄港論の釈明。ラジオ評論がやや偏って受け取られたか。

9月9日（水）11時15分、官邸床屋行き。池田総理はガンである由。12時了。白亜ビルに赴く。審議員会議。中共の対日賠償請求権の存在について杉山氏より報告。あと福島慎太郎氏〔外交官、ジャパンタイムズ社社長〕と議論。福島氏はそもそも賠償請求権などという法的権利はあるのかと疑問を出す。未解決のまま2時終了。

1965（昭和40）年

10月6日（水）昼、本多武雄室長らと白亜ビル行き。審議員会議。杉山氏より「日韓批准後の課題」報告。法的問題点など。質疑あり。2時前終了。

1967（昭和42）年

5月18日（木）帰庁11時半過ぎ。すぐ白亜ビル行き。審議員会議。杉山氏から「沖縄問題の法的側面」の説明。1時間程。かなり内容あり。質問あって2時終。

1968（昭和43）年

6月13日（木）12時、白亜ビル行き。審議員会議出席。杉山氏より「台湾をめぐる米中関係」。国際法、ペーパーをもとに説明30分。帰庁2時半前。

1969（昭和44）年

5月15日（木）12時、白亜ビル行き。審議員会議。杉山氏より「安全保障上よりみた朝鮮の国際法的地位」の説明。質疑ありて2時終了。

1970（昭和45）年

11月19日（木）午後、白亜ビル行き。審議員会議久しぶりに出席。杉山氏より「台湾の法的問題」解説。帰属未決定論、中共国連加盟問題など。2時半帰庁。

1971（昭和46）年

7月5日（月）5時45分退庁。東京倶楽部行き。一又〔正雄〕グループの会。杉山氏より、日中関係の法的諸問題を報告。かなり常識的なもの。wait and see もまた政策なりと。

1972（昭和47）年

2月5日（土）杉山氏、欧州より帰国して来る。アメリカから送ってきた報告（写し渡す）の礼言う。イスラエルとアラブのこと、オーストリアの防衛問題、チェコのことなど聞く。午後1時退庁。

5月2日（火）5時45分退庁。「ふくでん」行き。西村熊雄氏〔外交官〕在り。ベトナム戦の話などする。中村洸氏〔慶応大学〕、杉山氏、一又氏の順に来る。中村氏のロンドン留学壮行、皆川〔洸一橋大学〕法学部長就任祝い、一又氏教科書出版祝い、杉山氏の帰国祝いを兼ねた宴とする。8時半解散。

8月16日（水）午後、杉山氏来てくれたので、日中は戦争状態か否か。日華平和条約の効力等につき意見求める。

8月17日（木）2時半頃、杉山氏来る。「村雨橋事件」（註）のこと話し合う。

9月6日（水）午後、杉山氏来る。日中国交問題の法理論、対ソ関係論。

10月5日（木）夜、一又グループの会。7時より食事。杉山氏来る。日本の歴史書き換えられる心配の話。

1973（昭和48）年

1月11日（木）12時過ぎ、白亜ビル行き。審議員会議。杉山氏より、極東の安全保障をめぐる国際法の問題について報告。海原治〔防衛官僚〕の自主防衛論批判の紹介などあり、かなり政治問題へも入る。

7月23日（月）午後、杉山氏来たので海洋法のこと、海洋資源（ウナギ、貝、サケ・マスなど）のこと、国後・択捉返還さすべきこと、欧州の政治経済情勢、法政大学の民青、小選挙区制問題、参院の改革（不要論）など。5時まで。

1976（昭和51）年

6月25日（金）夕方、杉山氏来たのでロッキード資料貸し明日を約束。

6月26日（土）午後、杉山氏来たので20万円を調査費として渡す。

（註）横浜市の飛鳥田一雄市長らが1972年8月4日、道路に座り込み、横浜港からベトナムに送られる戦車の搬送を阻止した事件。

71　鈴木《すずき》二郎《じろう》

（東京都立大学教授、社会人類学）

１９５６（昭和31）年

３月６日（火）　夕方、鈴木二郎氏と藤原弘達氏、それぞれ来庁。麻布の「あきもと」に案内する。ふぐを大いに食う。９時半まで飲んで食って談笑。仕事の話あまり出ずとも、意思疎通。終わって２先生を銀座に案内。「君の名は」に至る。藤原氏を家まで送り、次に鈴木氏を家に届け、帰宅12時半。

４月９日（月）　９時、鈴木氏宅訪問。昨夜京都より帰京の由。調査の計画話し、彼の意見を聞く。１カ所、地方をやりたい様子。10時半辞去。

５月10日（木）　鈴木、藤原両氏と連絡、４時に２人来る。官邸小客間で会議。質問表の検討終わる。

５月25日（金）～28日（月）　上野発午前９時の列車に乗り込む。藤原、鈴木両氏も来る。特２に乗る。私らは３等車。途中、食堂車で一緒に食事し打ち合わせ。藤原、鈴木両氏と学問、学者、恋愛、政治等について話す。５時間を忘れる。午後２時、福島着。26日に調査実行。

６月18日（月）　９時、新橋の日本食堂着。藤原、鈴木両氏らと会議。浅草、大森などの調査状況を聞き、今後の計画予定を相談。11時終わり登庁。

８月10日（金）　鈴木氏、続いて藤原氏来る。アメリカンベーカリー１時着。泉〔靖一・東京大学教授〕先生もあとから。すき焼きとビール。調査状況の報告を聞き、種々話が出る。事務的にも集計等打ち合わせ。話は４時了、解散。

８月29日（水）　４時、藤原氏来る。「いとう」行き。鈴木氏も来ていた。調査の結果を聞き、今後の取りまとめ方を相談。食事して８時頃退出。

９月５日（水）　６時、「いとう」行き。鈴木氏ら来る。スマトラをはじめインドネシアの状況話題。鈴木氏調査行きのため。９時終了。

９月18日（火）　午後、藤原、鈴木両氏を迎え長官官舎に案内。食事後、「青年に関する調査」報告会。案外の保守性。３時了。

12月21日（金）　５時半、上野「さんとも」へ。皆でふぐを食う。謝礼も渡す。８時半頃引き揚げ、銀座の「アリババ」へ。４人で渋谷・グランドハイツへ。

12時看板まで。車で藤原氏の家へ送り、帰宅1時前。

1958（昭和33）年
1月29日（水）　鈴木氏来る。マラヤ調査の件で打ち合わせ。あと「いとう」行き。食事し、マラヤ行きの件について先方の話、調査事項など話し合って有益。8時頃出て八重洲口の「ウルワシ」に赴き、ビールとダンス。あとすし。車で渋谷で別れ、帰宅10時半。

2月11日（火）　3時半、鈴木氏来る。次長に会わせ、シンガポール領事への紹介状もらう。清国〔重利〕氏〔元内閣調査室客員スタッフ〕のこと話す。来週の会のこと打ち合わせる。

2月17日（月）　5時半退庁。「いとう」行き。鈴木氏来て在り。食事して東南アジアのことといろいろ話す。調査要望書を示し、一応5万円とフィルム代を渡すこととする。現地からの通信費は別。手紙の書き方打ち合わせ。7時半終え、渋谷まで来て別れ。

2月25日（火）　午前、鈴木氏来る。調査費5万円とフィルム代5000円渡した。3日の会など打ち合わせして別れ。

3月3日（月）　5時前、藤原氏現れる。打ち合わせ後、「いとう」へ。暮して待つうち泉氏来る。鈴木氏は遅れて来る。泉氏のアメリカ、南米、スペイン、ポルトガル、イギリス、フランスなどの話。藤原氏のジャーナリズム登場について。久しぶりのオールスターキャスト。8時半まで食事。あと渋谷の「ダイアナ」へ。ダンスとビールとショー。サービス良いと藤原氏喜ぶ。12時までいて、女の子3人とガード向こうの小さいバーへ。12時半頃までいて別れ。帰宅1時。

1959（昭和34）年
6月15日（月）　3時過ぎ、鈴木氏来室。次長に会わせる。「いとう」行き。マラヤ話を聞く。2時間余り詳しく報告。マラヤのこと相当分かる。共産ゲリラの件なども。あと食事して質問。8時半解散。久しぶりに渋谷の「ダイアナ」へ案内。10時までダンス等。

8月11日（火）　夕方、車で築地の「よし本」へ。鈴木、福武直〔東京大学教授、社会学〕、藤原の3氏在り。宴会。藤原氏の欧米アフリカ行き。福武氏の仏伊行きの送別会。藤原氏に50万渡す。渋谷の「ダイアナ」へ。鈴木氏の希望で「バーアムル」へ若干寄る。藤原氏を家まで送って帰宅12時半。

1962（昭和37）年

7月2日（月）　11時頃、鈴木氏来る。部落問題についての調査レポートを依頼。20万円の予定。締め切りを9月末まで延期。すしをとって一緒に食べながら部落の状況など聞く。

7月23日（月）　午後、鈴木氏、調査計画書持参。事務打ち合わせ。

8月22日（水）　11時、鈴木氏来たというので5部行き。部落問題の話。インドのカーストのこと、ジプシーのことなど聞く。金渡し、12時となったので外に出、すし屋で食事して別れる。

1963（昭和38）年

3月5日（火）　午後、三会亭で鈴木氏の席に入る。来年度に在日朝鮮人問題を研究することなど話し合う。3時帰庁。

3月13日（水）　11時頃、鈴木氏来る。5部に行き「在日朝鮮人の実態」調査研究につき打ち合わせ。昼、三会亭に行き中華料理食事。帰庁1時半過ぎ。鈴木氏に朝鮮人関係の資料を見せる。一部貸して、4時頃帰ってもらう。

3月30日（土）　11時半頃、鈴木氏来る。5部に伴い話す。計画書持参。50万円とする。秘密保持の件、資料コピーの件など打ち合わせ。12時別れ。

4月23日（火）　午後、鈴木氏来たので喫茶室で朝鮮人の話。別れて地下食堂で五目そば。

5月27日（月）　11時過ぎ、鈴木氏来る。喫茶室に行き話す。朝鮮人問題。各国の少数民族問題。南北朝鮮統一問題など。12時別れ。

1964（昭和39）年

4月30日（木）　3時、鈴木氏来る。北鮮へ行く由。藤原氏も来たので一緒に若干話す。鈴木氏は5部へ。調査表検討。調査のやり方など説明。5時半まであれこれ打ち合わせ。金渡す。

5月21日（木）　鈴木氏来たので北鮮行きの餞別を1万円渡す。7月にはソ連、東欧に赴く由。

8月25日（火）　鈴木氏来たので、次長室で北鮮の話を聞く。やや洗脳され気味。

1966（昭和41）年

7月19日（火）　鈴木氏来る。「仲」に至り昼食。23日よりフィリピンに赴く由。帰庁1時。

72　関寛治《せきひろはる》

（東京大学教授、立命館大学教授、国際政治学）

1968（昭和43）年

　2月22日（木）6時退庁。ヒルトンホテル行き。50分頃、関寛治氏来る。食事しつつ話す。計量政治学の方法のこと。東洋文研〔東大東洋文化研究所〕のこと。中共問題。シミュレーション。アメリカの学問研究。日本政治。東南アジア。ベトナム戦争。委託も受けたいということになる。話はうまく弾む。10時まで話す。左の助手達の手前、あいまいなことを言うこともあると。

　11月12日（火）「えびす」行く。予約手違い。「宝家」に変更。7時近く、関氏来る。大学の教授会などで遅れた由。終始、東大紛争問題の話。東大教職員、特に助手の待遇劣悪を言う。民青のビラ、解決の途なきこと。林〔健太郎〕氏を必ずしもよく言わず。

1969（昭和44）年

　2月13日（木）6時前退庁。「もみぢ」行き。関氏来る。大学問題の話をする。東大法学部進歩的教授の被害状況。全学共闘活発化の背景にベトナム戦争ありと。（権威の崩壊）。共産党の体制化（公明党と同一基盤）。大学改革論など。コンピューターのこと。アジ研〔アジア経済研究所の意か〕のことなども話す。かなり有益。8時半解散。

　9月5日（金）6時前退庁。「もみぢ」行き。道を間違えて関氏と助手の森利一氏遅れて来る。会食。アジア国際問題のシミュレーション調査の状況聞く。なかなか面白い。仮説、模疑国家、外交など。日本の成長を総合的に検討、特に情報問題。9時まで話す。

1970（昭和45）年

　1月10日（土）1時半、大手町の経団連ビル10階の会議室へ。モートン・ハルペリン氏を囲む会に出席。機械設備悪く遅れる。ハルペリンとブルゼンスキー両氏より20分ずつ、SALTについて講演。あと質疑。永井陽之助、岸田純之助、神谷不二、蠟山道雄、若泉敬、関、三好修、堂場肇〔読売新聞防衛担当記者〕、森永和彦〔時事通信、外交評論家〕各氏ら来て在り。他に外務省、警察庁からも。USISより資料。私は3時で辞去（居れば官邸に間に合わず）。

5月27日（水）　6時退庁。「もみぢ」行き。関氏在り。食事して話す。大学改革遅々として進まざること。既得権人種多い云々。アメリカの危機。ラテンアメリカ調査の要。日中接近問題。分裂国家のこと。ベトナム戦争。GNP再評価。公害。スウェーデンを見習うべし。台湾、韓国のこと。シナの歴史など。委託研究は継続のこと了解し合う。9時前解散。

1972（昭和47）年

7月3日（月）　4時前退庁。山王グランドビル2階のアメリカンセンターに至る。「アジアの平和と安全——これからの課題」シンポジウム。4時15分始まる。若泉敬氏司会。W・E・グリフィス、ルシアン・パイ、M・H・アーマコストの3人よりそれぞれ20分ぐらい意見開陳。同時通訳ではよく分からぬ。あと石川忠雄氏と関両氏より10分ずつ。石川氏は中国の2種の外交、関氏は例によりつまらぬ（外国人の言ったことの紹介）。列席者より質問。日中、日台、安保、ベトナム問題など。応答あり。6時半で途中退席。国際会議の困難さを思う。

73　関嘉彦《せきよしひこ》

（東京都立大学教授、民社党参院議員）

1962（昭和37）年

2月7日（水）　6時退庁。銀座の「山和レストラン」へ。関嘉彦、竹山道雄〔評論家、文学者〕、林健太郎〔東京大学教授〕3氏、ほとんど同時に相次いで来る。食事しながら話。フランスの政治的混乱、安保の解釈、EECとキリスト教、日本のキリスト教神父の堕落、日本人の国民性など話してから、調査室の任務と37年度計画を説明。5部の仕事に協力してほしいと頼む。大体、了承。学者の紹介というところまではいかず。9時頃終わり、車に乗せて別れ。

6月27日（水）　午後、5部で関氏に会う。革新政党の理論状況に関する調査研究の計画書持参。周辺の理論家を中心にしたい由。共産党は除外して社会党中心でもよいことにする。金を渡して3時半別れ。

1963（昭和38）年

4月17日（水）　1時過ぎ、関氏が5部に来たというので行って話す。社会主義思想史の原稿報告書持参。日本社会党の将来などについて話し合う。来月講演してもらうこと約束。

1970（昭和45）年

9月2日（水）　3時半、都市センターホテル行き。民社研10周年記念パーティーに出席。大谷恵教氏〔早稲田大学教授〕司会、関氏挨拶。来賓から西尾末広〔初代民社党委員長〕、森戸辰男〔元文相〕、西村栄一〔第2代民社党委員長〕、滝田、藤井丙午氏〔経営者、参院議員〕ら祝詞。乾杯してから中屋健一〔アメリカ史〕、麻生、田中直吉〔東海大学教授〕らスピーチ。筑波常治〔早稲田大学教授〕らと話す。途中退出。5時帰庁。

74　杣正夫《そままさお》

（千葉大学教授、九州大学教授、政治学・日本選挙制度論）

1967（昭和42）年

9月23日（土）　9時半出発。〔世田谷区〕東玉川の杣正夫氏宅へ。自宅、経歴などの挨拶でほぐす。小選挙区制批判で共鳴。イギリス行きの話などして40分で終。10万円渡す。

1968（昭和43）年

10月30日（水）　杣氏、5時過ぎ来たので5人で話す。イギリスの都市化と選挙制度の話。勉強してきたから報告書出すという。6時退庁。杣氏を「宝家」に送り、あとは3人に任せる。

1969（昭和44）年

3月1日（土）　1時50分頃、杣氏来る。イギリスの選挙についての報告書持参。5人で新橋の「一松」行き。食事しながら杣氏のイギリス説を聞く。植民地人種の問題、都市化と選挙の関係、政党人採用機関のこと、試験をして専門家をとること、日本も取り入れるべし。4時まで話して解散。研究費追加をあてにしていた様子。

6月25日（水）　6時退庁。「一松」へ。杣氏在り。「都市化と選挙過程」、蕨市の話、イギリスの話、都議選のこと、日本の各地（自治体）のこと、フランスとイギリスなど話し合う。8時半解散。杣氏を自宅まで送り帰宅9時過ぎ。

1970（昭和45）年

7月16日（木）　6時前退庁。歩いて「平吉」行き。

杣氏ら在り。食事して話す。沖縄へ1カ月集中講義に行っていた由。反米感情の高まり、大学生のレベルは低いこと、宮古のゴルフ場、西表島の開発問題、小笠原のこと、英国生活、沖縄のゴーゴークラブ、畳と椅子の生活、日本と英国の個人生活比較、不文憲法のことなど話題。9時前まで話す。ハイヤーで杣氏を自宅まで送る。都市化対策のこと強調。各党の将来性など。帰宅10時前。

12月18日（金）12時半、「酔心」行き。杣氏ら在り。選挙のこと、次期政権のこと、社会党の将来（彼は期待している）など話す。2時過ぎ解散。

75 曽村保信《そむらやすのぶ》

（東京理科大学名誉教授、外交史）

曽村君とは東高の後輩であるので親しくした。

1966（昭和41）年

2月19日（土）1時半退庁。かすみ会行き。ラーメン食い待つ。小谷秀二郎〔京都産業大学教授〕、曽村保信、林三郎〔元毎日新聞論説副委員長〕、入江通雅〔青山学院大学教授〕の順に来る。主として昨夜帰国したばかりの小谷氏よりベトナム情勢を聞く。米軍の優勢。しかし長期戦状況。林氏もよく発言。私のみ5時で辞去。

3月19日（土）2時、かすみ会事務所へ。入江、中村菊男、桶谷繁雄〔金属学者〕、林健太郎来る。教科書問題、国旗国歌問題、大学問題。4時までやり打ち切り。あと防衛問題に切り替え速記とる。曽村、桑原寿二〔中国問題研究家〕も来て座談会。日米関係、中ソ問題、中共の対日政策、安保条約など討議。6時終了。あと自由討議。

4月9日（土）1時半過ぎ退庁。かすみ会事務所に至る。林、桶谷、曽村、中村菊男、入江各氏ら集まる。初め30分ぐらい中村氏の香港土産話。外務省安全保障課長、浅尾新一郎氏が来たので、3時から座談会開始（速記）。浅尾氏より安保70年の問題点など報告し討議。中立論や核武装論まで出て5時前終了。あと食事と懇談。

4月30日（土）1時半退庁。そば食べてからかすみ会事務所へ。桶谷、西義之〔ドイツ文学者〕、有吉久雄氏〔防衛研修所〕ら在り。林、入江、伊藤圭一

〔防衛庁広報課長〕、中村菊男、曽村ら来る。3時より座談会。「自衛隊問題」。有吉氏より現状説明。速記。討議。5時終了。食事して解散。

1967（昭和42）年

8月18日（金）日本教育会館の食堂に行き奈須田に会う。曽村君来る。アメリカ行き（国務省）と欧州旅行の経費相談。おおむね10万円面倒みることとする。帰庁2時40分。

1968（昭和43）年

2月5日（月）13 委託研究を担った人々の入江通雅の項参照。

1969（昭和44）年

9月20日（土）2時半過ぎ、ヒルトンホテルへ。かすみ会例会。小谷、入江、利光三津夫〔慶応義塾大学教授、法制史〕、桑原、曽村、小林正敏〔駒沢大学教授、政治学〕、都倉〔栄二内調次長〕。宮沢泰東欧課長より約1時間「ソ連の対外政策とくに中、米、日関係」の話。5時半解散。

11月25日（火）午後、曽村氏来る。

76　高瀬《たかせ》保《たもつ》

〔京都産業大学教授、東京都参与〕

1968（昭和43）年

9月3日（火）午前、渡辺茂〔システム工学者〕、高瀬保氏ら来る。次期調査計画を契約。今年1年の連続及び北京放送との比較。過去10年の分を深く分析。

10月1日（火）10時、高瀬教授来る。4階会議室に案内。班長会議のメンバーに「情報処理について」の講演。コンピューターを使うスタンフォード大学の話。CIA方式など。質問あり。人名ファイルのこと、確度のことなど。次いでベトナム戦局視察観を披露させる。さらにアメリカのスクール・ポリティクスのこと話させ、11時半終了。一緒に出て、築地の喜楽鮨に行き食事。

1969（昭和44）年

2月20日（木）6時退庁。「一扇」行き。渡辺茂、高瀬両氏ら在り。海洋研究のこと、コンピューターのこと、数学のこと、人工心臓のこと、沖縄のB52など話して、8時20分解散。帰宅9時10分。

7月26日（土）12時半過ぎ高瀬氏を呼び、警察庁防犯課の警視正に来てもらい、アメリカのエロ本鑑定を高瀬氏に頼む。

1971（昭和46）年

11月1日（月）6時前退庁。「福田家」行き。高瀬氏来る。食事して話す。アメリカの政策決定過程、キッシンジャーやその他の補佐官のことなど。日本の決定過程のことも話に出る。沖縄問題の時など。京都産大のこと、岸とニクソンのこと、リチャード・アレン〔のち米国家安全保障問題担当大統領補佐官〕のことなど。8時20分頃解散。ハイヤーで高瀬氏を九品仏の宅まで送り帰宅9時前。

1975（昭和50）年

7月30日（水）6時過ぎ退庁。かすみ会行き。高瀬氏よりアメリカの三木武夫評価など。2日前帰国したばかり。日米会談の件、論議。

77 高橋徹《たかはしあきら》

（東京大学教授、社会学）

1964（昭和39）年

2月3日（月）1時半、東大の高橋徹氏来訪。彼の計画を聞き、こちらの話、資料のことなど話す。将来の協力を約束して4時頃去る。

6月12日（金）高橋氏より資料「政治的無関心」の筆者に会わせてくれと電話。筆者と打ち合わせしておく。

彼との資料交換はよく行われた。成城大学の岡田直之氏を紹介する名刺をくれたこともあった。

78 高橋正雄《たかはしまさお》

（九州大学教授、東北学院大学教授、マルクス経済学）

1963（昭和38）年

4月12日（金）4時、政府刊行物センターに行き、高橋正雄教授と会う。彼のヨーロッパ旅行の予定など聞く。アジア財団の話も。来年度の委託として「福祉国家のビジョン」を50万円で頼むこととする。5時別れ。帰庁。

12月23日（月）5時20分退庁。ホテルヒルトンへ。高橋グループとの懇談会。計8人。食事して雑談。予算編成のこと、鉄道交通のこと、高橋氏が〔昭和〕40

年4月より鹿児島大学に移ることなど。7時半に解散。

1968（昭和43）年

5月14日（火）6時前退庁。「たい家」行き。高橋氏来る。美濃部亮吉知事の話。岡田宗司〔社会党参院議員〕のこと。東京都参議院選挙のこと。社会党はよくなるか（ならぬ）。経済復興の理由。警察制度のこと。共産党のこと。大内グループのこと。美濃部はなぜ人気があるか。8時50分まで話し合って解散。なかなか柔軟。相変わらず。

79 竹山道雄《たけやまみちお》

（作家、評論家）

竹山道雄が書いた『ビルマの竪琴』によれば、水島上等兵は一時少数民族の人食い人種の危機にさらされて、危うく助かったことになっている。そこで、人食い人種なるものがいるのか否かを、私は現地のガイドに尋ねてみた。しばらく考えていたが、結局いないという結論だ。竹山道雄は現地に行っておらず、想像で書いているのであった。

1968（昭和43）年

11月25日（月）2時半、竹山道雄氏、石原萠記氏と一緒に来る。大津英男室長室に案内。学生問題、雑誌のこと、日本文化会議のこと、『自由』の財政問題。30万円とりあえず渡す。3時20分まで。

80 武山泰雄《たけやまやすお》

（日本経済新聞論説顧問）

1972（昭和47）年

4月25日（火）6時前退庁。「瓢亭」行き。奈須田〔敬〕在り。武山泰雄氏、川島〔広守〕室長、田中健五、粕谷一希の順に来る。6人で話。西山〔太吉〕記者問題、内情、上田〔健一〕部長の責任、社内体制の問題など。「袋だたきの人」の出版のこと、日本の将来の危機、日本社会の崩壊……。田中君は文春本誌編集長に昇格。武山氏なかなか鋭い。9時過ぎまで話して解散。

9月21日（木）5時40分退庁。「ふくでん」行き。角田〔順〕、武山、田中、室長、奈須田と6人で会。日中問題大議論。日米を憂えるは角田氏。唯一合法の政府の「唯一」は辞めよと。台湾がどうでるか。東南アジアの政治家など。８時50分解散。
12月21日（木）６時前退庁。「ふくでん」行き。角田氏と奈須田君在り。川島室長来る。30分で武山氏来る。例により武山氏の憂国の情あふれる日米編集者会議のこと。あと武山氏のＪＡＰＡＮ ＨＯＵＳＥ構想、日米関係の分析など聞かされる。角田氏はホルドリッジのことなど。９時解散。角田氏を目白の家まで送る。外務省に反米的空気のあるのが問題と話す。帰宅10時過ぎ。

１９７８（昭和53）年

３月９日（木）12時、白亜ビルへ。審議員会議。武山氏の「日米欧国際関係とわが国の対応」について話あり。例の憂国の至情あふれる話。やや表現過剰ではあるが考えるべきこと多い。円高２２０円で秋の危機だと。佐伯氏らの質疑あって２時過ぎ終わり。帰庁。

81 館龍一郎《たちりゅういちろう》

（東京大学教授、青山学院大学教授、経済学）

１９６４（昭和39）年

１月27日（月）午後、東大の館龍一郎氏が５部に来たというので次長室に案内して話す。金融財政問題。岩波書店から出版する本のこと。経済楽観論など。

１９６７（昭和42）年

９月22日（金）６時20分退庁。「宝家」行き。館グループの先生方来る。館、嘉治元郎〔東京大学教授、経済学〕、小宮隆太郎〔東京大学教授、理論経済学・経済政策〕、島野卓爾〔学習院大学教授、経済政策・国際経済学・金融学〕、村上泰亮〔東京大学教授、経済理論・相関社会科学〕、新飯田宏〔横浜国立大学教授、経済学〕、速水佑次郎〔東京都立大学教授、農業経済学・開発経済学〕、小野旭〔一橋大学教授、労働経済学〕の８氏。大学教授の俸給論。公務員との比較。プレステージの問題。戦時中の思い出。70年の経済見通し。東南アジア経済援助のやり方。物価論。財政硬直化問題など。９時解散。後味よし。朝日の記事（会田雄次の項参照）など少しも気にかけていない。

82 竪山利忠《たてやまとしただ》

（拓殖大学教授、創価大学教授、社会運動家）

１９６２（昭和37）年

6月8日（金）　5時過ぎ、車で民研事務所へ。拓大の竪山利忠教授来る。挨拶し、よもやま話。日本労働運動のこと、満鉄調査部のこと、東南アジアのことなど。「世界における労働組合の政治活動について」調査を委託。そのあと、「富田屋」へ行き、洋食とビール。8時半解散。

1968（昭和43）年

5月16日（木）　4時半、民研行き。竪山氏来る。「大衆行動」の委託報告持参し、大要説明。話が最近の各国学生運動に移り、なかなか面白い。アナーキズムの傾向などあり。背景と本質の分析を追加調査してもらうことにする。6時前別れ。

10月28日（月）　登庁9時50分。新聞読み。竪山氏来る。4階会議室に有志十数名を集めて講演。「欧米の大学事情」。アメリカのバークレーとコロンビア大学、仏独伊など見聞記。なかなか説明がうまく、聞かせる。

1969（昭和44）年

7月31日（木）　4時15分出発。車が混み、40分頃民研へ。竪山氏来ていた。新委託の件、「社会変動と大衆運動」、45万円とす。メンバーは再考を頼む。5時過ぎ辞去、帰庁。

83　田中直吉《たなかなおよし》

（東海大学教授、国際政治）

1968（昭和43）年

8月16日（金）　登庁9時50分。新聞読み。田中直吉氏来る。「極東をめぐる米日ソ」の調査要領示す。神谷不二氏、蔵居良造氏らも加わる。

10月22日（火）　9時40分登庁。10時、田中氏来る。班長会議で20名程に「核時代のナショナルインタレスト」の報告書の要点を話してもらう。教科書的で新味はないが、常識的にまとめる。若干の質疑あって12時了。謝金渡して送る。

11月19日（火）　午後、田中氏来る。学内闘争の組織を作る必要あると。「自由主義研究会」で講演をやる話など。計画により応分の援助をすること約束。資料類読み。4時50分退庁。

12月17日（火）　午後、田中氏来る。学生組織強化の話。講演会費用など10万新しく出すことにする。

1971（昭和46）年
3月18日（木）午後、田中氏来る。学術会議選挙の相談。この方側の人材を各部相協力して作戦練りたいと。その会議費ぐらいもってくれと。一応OKする。

84 田中靖政《たなかやすまさ》

（学習院大学教授、社会心理学）
1969（昭和44）年
5月1日（木）6時、「平吉」行き。田中靖政氏来る。食事しつつ話す。アメリカ学生運動と日本との比較。マスコミ操作の問題。世論工作、アメリカの例。70年問題。民青のことなど。中教審への意見も聞く。9時まで。
6月26日（木）6時45分退出。田中、香山健一ら来る。オピニオンリーダーの調査（核意識など）など。田中氏より説明あり。経費160万円というので困る。120万円で交渉中断。あとはコンピューターの話（情報とは、とか）、大学のことなど。10時近くまでかかる。ハイヤーで送らせる。
1970（昭和45）年
12月18日（金）6時前退庁。7時に山王ホテルから歩いて「一（はじめ）」へ。田中氏を囲む会。デルファイ法の説明。日本の基本政策について。調査実施計画、来年やってもらうこととする。週刊誌のこと、学生の意識、アメリカ状況など話し、10時となる。
1971（昭和46）年
6月10日（木）6時半退庁。麻布プリンスホテル行き。田中グループとの会。安田寿明氏〔東京電機大学教授〕も来たばかりで一緒に食事。コンピューター批判で共鳴。田中氏よりデルファイ調査の質問表など説明。国際問題が主。遅れて香山氏来る。総括質問と経済問題を説明。1000人近く発送し、歩留まりは250人ぐらいか。9時過ぎまで討議して解散。
1972（昭和47）年
3月31日（金）夕方退庁後、「津つ井」へ。田中グループ研究報告会に出席。デルファイ法でかなり面白い結果が出ている。香山報告先にして5時半過ぎ、私は香山氏と退出。
1974（昭和49）年
7月4日（木）11時より富田朝彦室長室にて田中

氏の調査結果報告。中ソ関係に関する百数十名の有識者の回答。戦争の可能性はあまり高くみないが、対立は80年までは続くと。その他、割りに面白い。12時了。

85 力石《ちからいし》 定一《さだかず》

（法政大学教授、経済政策・社会工学）

１９７０（昭和45）年

6月10日（水） 6時前退庁。「ふくでん」へ。法政大学の力石定一氏来る。遅れて加藤寛氏〔経済学者〕来る。公害問題、物価、投資、日本経済のこと、新日鉄合併問題、農業論、農業規模など。9時まで互いに話し合って解散。帰宅10時前。

6月19日（金） 10時登庁。新聞、資料読み。「公害」意見原稿読んで修正。力石、宇都宮敏男〔電子工学研究者〕ら。

86 千種《ちぐさ》義人《よしんど》

（慶応義塾大学名誉教授、広島修道大学学長、関東学園大学名誉学長、理論経済学）

１９６３（昭和38）年

6月3日（月） 4時退庁。民研行き。慶応の千種義人教授来る。調査費渡し、欧米旅行の話。経済政策の話。6時頃、ホテルオークラに案内。2階の小宴会場にてビールと食事。慶応大学のこと。女子学生のこと。官僚論など話し合う。7時半、私のみ辞して銀座の「双幸」へ。

12月9日（月） 4時頃、千種氏来る。経済成長政策に関するレポート持参。経済政策のこと話す。5時、一緒に退庁。「ざくろ」に至り、椅子席にて水たきを食う。千種氏、うまいという。日本の製品がまだ欧米に劣ること、日本の大学生のあこがれ、教授の質について話し合う。7時までやって解散。

87 辻村《つじむら》明《あきら》

（東京大学教授、東北女子大学学長、社会心理学）

１９７０（昭和45）年

6月25日（木） 6時過ぎ退庁。「仲むら」行き。辻村明氏来る。ソ連社会の話。辻村氏の話、面白い。なかなかの反共タカ派。東大のこと、日本のマスコミのことも話す。再会を約束。9時半終わり、解散。

12月25日（金）　5時40分退庁。「ふくでん」へ。辻村氏、6時過ぎに来る。大分1区等の調査と田中靖政氏らの調査（テレビと選挙）を説明。ソ連のことも聞く。150万円位の選挙関係調査（テレビとの関係等）をやってもらうことにする。9時前解散。

1971（昭和46）年

7月23日（金）　5時退庁。「たい家」行き。辻村氏来たる。ニクソン訪中の件。『ソビエト年報』の話。読売がよいという意見。日経はアテ馬とする。

9月7日（火）　5時退庁。「ふくでん」行き。『ソビエト年報』編集会議。辻村、加藤寛、志水速雄、中西治、寺谷の編集委員集まる。読売の意向伝え、企画の相談。200万出す件話す。本文と資料に分ける。統計は昔からの分も載せる。東欧も入れる。政治、経済、社会、外交という具合に一応分担。地図、漫画等入れて読みやすくする。本文は筆者の判断で思い切って書くなど。種々相談。あとドルショックの話などして8時15分頃解散。

11月11日（木）「もみぢ」にて。辻村明氏来たる。アメリカ旅行の話、イデオロギーの終焉。

1976（昭和51）年

11月4日（木）　6時過ぎ退庁。帝国ホテル鶴の間へ。「月曜評論」300号記念会に出席。もう大半は帰ったあと。辻村、林三郎、福田信之〔筑波大学〕、宇野精一〔中国哲学者〕、白井浩司〔慶応義塾大学〕、藤島泰輔〔小説家〕、村尾次郎〔文部省教科書調査官〕、中嶋嶺雄、椎名良吉〔筑波大学〕各氏らと話。桶谷氏と彼の演説の録音聞き、8時退出。

88　角田《つのだ》順《じゅん》

（国士舘大学教授、外交史家）

1972（昭和47）年

9月21日（木）　5時40分退庁。「ふくでん」行き。角田順、武山泰雄、田中健五、川島広守室長、奈須田、志垣の6人で会。日中問題大議論。日米を憂えるは角田氏。唯一合法の政府の「唯一」は辞めよと。台湾がどう出るか。東南アジアの政治家など。8時50分解散。

12月21日（木）　6時前退庁。「ふくでん」行き。角田氏と奈須田君在り。川島室長来て始める。30分で武山氏来る。例により武山氏の憂国の情あふれる。日米編集者会議のこと。室長は7時頃退出。あと武山氏のJAPAN HOUSE。日米関係の分析など聞かされる。角田氏はホルドリッジのことなど。武山氏、興奮気味。9時解散。角田氏を目白の家まで送る。外務省に反米的空気のあるのが問題と話す。帰宅10時過ぎ。

1973（昭和48）年

1月26日（金）5時50分頃退庁。「平吉」行き。角田氏在り。日米問題話し合う。福田赳夫氏に会った話（核防条約のことを含む）。田中側近に外交防衛の分かる者いないこと。ホルドリッジのこと（今回のアメリカ行きのこと）。日共の進出のこと。ニクソンの対日出方。第7艦隊のこと（日本の航海路防衛できぬと）。日中、日ソ、米ソ、米中のことなど。9時解散。

4月3日（火）5時40分退庁。国会図書館行き。若干待ち角田氏を迎え一緒に「梓」へ。アメリカでの会議の状況聞く。ニクソン・ドクトリンの意味するもの。アメリカの対日態度。安全保障問題。日本の黒字解決策。英仏の意向。米中関係。米ソ、ソ中関係。その他国務省のこと、外務省のことなど。なかなか有益。質疑多し。9時解散。

4月9日（月）10時前登庁。新聞読み。角田来る。〔ロバート・〕キントナーから福田赳夫氏宛て書簡等見せてくれる。日米関係の研究所作ること相談。5年間に100万ドル必要。佐伯彰一、村松剛、江藤淳らの協力を得たいという。

4月26日（木）12時、ヒルトンホテル行き。角田氏と会い、食事して話す。高田〔人物不詳〕が協力方要請せりと。アメリカへ行って種々調べてくれと。金は出す由。ただの情報屋は嫌だと。他に海洋問題のこと、日米のチャネルのこと、天皇訪米問題、その他。1時過ぎ別れて帰庁。

5月23日（水）昼、虎ノ門の「赤トンボ」（神戸銀行地下食堂）に集合。谷川和穂議員を招き海洋議員連盟の趣旨等聞く。角田氏は座長格。漆山〔成美〕氏初意見、長谷川才次氏もマスコミのこと言う。原田統吉〔陸軍中野学校第二期生〕、曽村〔保信〕、奈須田ら参集。海洋国家の構想なかなか良し。2時まで話し合って解散。

12月24日（月）8時半、赤坂プリンス旧館シルバールームにて科学懇談会。森山欽司氏の要請で多数集まる。斎藤忠氏〔評論家〕より核防条約批准反対の意見約1時間。角田氏よりアメリカの最近の動向（批准要求せず）。森山氏発言のあと、野沢〔豊吉〕氏の説明に入り退出。

1974（昭和49）年

4月22日（月）　8時半、赤坂プリンス着。科学懇談会出席。森山氏よりNPTの経緯、かなり前のと重複。角田、斎藤、野沢3氏よりそれぞれ反対の説明。特に角田氏のは長く、核軍縮の進んでいない現状の説明、わが国の安全保障問題など。10時半まで。福田信之氏の中共訪問記若干。登庁10時45分。

89　寺沢一《てらさわはじめ》

（東京大学教授、独協大学教授、国際法）

大津英男室長が浦和高校の先輩ということで親しくなる。

1968（昭和43）年

4月16日（火）　5時半、寺沢一氏来る。米国行きの話。一緒に「福田家」行き。大津室長遅れて来る。室長が浦和高校の先輩というので室長の話も出る。北方領土問題、大陸棚、領海、漁業問題、ジョンソン声明など話す。あとは寺沢氏の独説。9時室長去り、銀座のバー「ゆきさん」へ。ママが「福田家」にいた人。10時半まで。

1969（昭和44）年

3月18日（火）　6時「福田家」行き。寺沢教授ら来る。外務省の話、大学問題、東大紛争の経緯などあれこれ話し合い、10時となる。

8月1日（金）　5時半過ぎ退庁。「福田家」行き。寺沢氏在り。室長、広部〔和也〕埼玉大学助教授ら来て宴会。寺沢氏の独演会的になる。大学の状況。立法反対の所以。木村副長官の安保廃棄説。米国のための安保。女将が出てきて店の話。9時半解散。

1970（昭和45）年

7月10日（金）　6時前退庁。「一扇」行き。寺沢氏とその弟子（埼玉大学助教授）来る。寺沢氏の家新築のこと、中ソ国境問題のこと、沖縄返還問題、日ソ安保条約のこと、日華協力委のこと、日本の非武装論など。寺沢氏大いにしゃべる。10時までやってまだ続きそうだったので打ち切り。

10月19日（月）　6時前退庁。「ふくでん」行き。寺沢教授ら在り。広部氏に大津室長も来る。尖閣列島問題、都知事選、創価学会と寺沢氏のこと、『週刊新潮』の記事について、青年の船について、日本防衛論、沖縄非武装実験について（室長と寺沢の論争となる）。話大いに発展、10時過ぎになりようやく解散。

1971（昭和46）年

10月6日（水）　6時退庁。「福田家」行き。寺沢氏来る。アメリカ行きの件聞く。国連問題、中共招請の可能性、その後の国連とアメリカ、日本の対応策など話し合う。なかなか面白い。公明党の話も。9時前解散。

11月15日（月）　6時退庁。政治部長との会。毎日、時事、日経、共同、サンケイ、NHK、朝日、中日、読売の9名揃う。次々に酌をして話し合う。サンケイのみ対中問題で独自の論説張ると。7時45分になったので私は失礼して出る。赤坂の「もみぢ」へ。寺沢氏を囲み、国連総会の状況聞く。大森実〔元毎日新聞外信部長〕の話などになり、9時半過ぎ解散。

90　土井章《どいあきら》

（経済評論家、昭和同人会）

1963（昭和38）年

1月29日（火）　午後、土井章氏来る。来年度の調査計画報告。5部の幹部と会い、5項目につき金額等打ち合わせ。

1967（昭和42）年

10月3日（火）　土井氏、知念〔栄治〕氏（琉球石油）を伴い来る。沖縄の経済問題を急ぎやりたしという。計画書を渡し、やってもらうこととする。沖縄の外国資産の話などする。30分ぐらいで去る。

1968（昭和43）年

7月26日（金）　午後、土井氏来る。沖縄行きの話。もう1件委託願いたいと。

11月15日（金）　昼頃、土井氏来る。「えびす」行き。食事しつつ話す。昭和同人会のこと。満鉄のこと。賀屋興宣のこと。農本主義のこと。「70年問題」の調査委託頼む。労働組合中心に計画立ててもらうことにする。帰庁2時半。

1969（昭和44）年

5月13日（火）　5時50分退庁。「もみぢ」行き。『中国年鑑』刊行の相談会。前田寿夫〔防衛研修所〕、坂本是忠〔東京外国語大学〕、蔵居良造〔朝日新聞〕、土井、石川忠雄、中嶋嶺雄の順で来る。当方の案を示して討議。昭和同人会の事務所を使うこととする。坂本氏が責任者とする。予算は総額250万円、うち執筆費は150万円。鹿島研究所に出版交渉する。食事して9時前解散。

91　富永《とみなが》健一《けんいち》

（東京大学教授、経済社会学・社会変動論）

1970（昭和45）年

1月20日（火）　6時前退庁。「もみぢ」へ。次長らも来る。富永健一氏来てふぐ。アメリカの大学研究の話。日米比較。社会調査の方法。コンピューターのこと。内調の職務のこと。委託調査の実例。文部省科研費との差。大学紛争など。9時まで話して終わり。

1971（昭和46）年

3月9日（火）　6時前退庁。歩いて東京クラブへ。島津〔久大〕理事長主催の日本国際問題研究所のパーティー。岡崎久彦氏がアメリカへ赴任するお別れパーティーの意。学者多し。神谷不二、永井陽之助、金森久雄、本間長世、富永健一、堂場肇、粕谷一希、武者小路公秀らと話をする。7時退出。赤坂東急ホテル14階のバーへ。

1977（昭和52）年

2月10日（木）　防衛施設庁から沖縄軍用地法案の説明を聞いて12時解散。すぐ白亜ビル行き。審議員会議。東大の富永健一教授より社会変動と政治について報告。国民意識の変化などから日本社会の安定度、都市化、情報化、中間化など数字をあげて説明。無目標社会のことなど。2時了。帰庁。

92　永井《ながい》陽之助《ようのすけ》

（東京工業大学教授、青山学院大学教授、政治学）

1967（昭和42）年

10月17日（火）　11時、5部幹部会議終了。すぐ車で東京・大岡山の東京工業大学へ。40分頃着き、永井陽之助氏の部屋で待ち、彼に会う。車で虎ノ門へ来る間約35分、沖縄問題について意見聞きテープ。民族主義の希望と恐怖。日本自ら守るという体制へ。なかなか明快。12時40分、「福田家」前で別れ、第一ホテルロビーへ。

1968（昭和43）年

1月26日（金）朝車で雪ヶ谷の永井陽之助宅（公務員宿舎）に寄り、乗せて一緒に高速道路で登庁。すぐ班長会議へ。永井氏の講演「情報と組織」。政策決定者と伝達者とレセプターの関係。CIAの機能。情報の壁。マクナマラ理論のことなど。あと質問。沖縄は返さないだろう。大統領選のことなど。11時50分了。大津英男室長室で食事し、懇談。アメリカ情報船捕獲事件など。40分に解散。民研まで行き、あと車で東工大へ送らせる。

4月30日（火）午後、永井氏来る。ベトナム戦争判断材料収集。北爆の前後比較など。アメリカ政情等話し合う。5時50分頃退庁。

1969（昭和44）年

1月7日（火）5時退庁。タクシーで「もみぢ」へ。5時半、永井氏来る。ふぐ食って話す。大学問題（東京工業大学も危うしと）。中公問題。夏の日米問題のシンポジウム計画について相談。永井、石川忠雄、高坂正堯、神谷不二、金森久雄、佐伯喜一、本間長世、村田（外務省）らが候補。箱根で7月の予定など。7時半まで。ハイヤーで雪ヶ谷まで送る。

2月24日（月）3時、永井氏来る。大津英男室長室で話す。東京工業大学スト問題。

4月12日（土）12時退庁。「宝家」に至る。永井、神谷、石川の順に来る。食事し、大学紛争の話。永井、石川は成功の例。神谷は目下、困窮のドン底らしい。1時半まで大学話。あと日米関係シンポジウムの相談。「1970年代の日米関係」と標題決定。項目として①1970年代の日本、②1970年代のアメリカ、③日米関係をめぐる国際環境、④日米関係の矛盾と調和、⑤日本の対米姿勢、との5つに分け、7人の学者の分担も決める。富士屋ホテルはルームクーラー無いことが分かり、キャンセルする。謝礼5万円。速記者なし。3時終了。ハイヤーあてがって解散。

5月1日（木）4時頃、永井氏来る。東京工業大学状況の話。中教審答申への意見を聞く。

5月22日（木）12時、永井氏と垣花秀武の両氏来る。「えびす」行き。食事しながら、東京工業大学の話を聞く。永井氏の作戦成功して石川を落とし、加藤〔六美〕を学長代行〔事務取扱〕になし得た由。学生対策も逐次成功中と。大学立法は反対、治安立法は賛成（刑法改正、特別立法など）。要路の人と話したいことなど話す。2時前終わり、総理府の車出させる。

6月3日（火）10時半過ぎ、永井氏来る。新年度の委託の件、相談。東大の辻村明を入れて「日本人の中国観」となっていたのを、話すうち「情報化社会における都市ゲリラ」というように変えて70万円に増額。大津室長に会わせ、東京工業大学の状況話す。次第に収まりつつあると。12時過ぎ去る。

9月18日（木）4時頃、永井氏来る。大津室長室にて話す。健康だいぶ回復したが、まだ不十分。体のこと、家新築のこと（坪18万25坪、土地は100坪弱）、東京工業大学のこと、新幹線大学のこと（批判）、その他、1時間余話して去る。

9月22日（月）毎日新聞社行き。ロビーで2時半、永井氏と待ち合わせ。喫茶店でRAND研究所のこと。安全保障会議のこと。日本でやるとしたらの話を聞く。意見あまりないが、アメリカの実情など参考となる。RAND必ずしも成功していない。CIAの件も。3時15分別れ。

10月3日（金）5時半頃、永井氏来る。退庁。TBS地下の「ざくろ」に至る。肉、サラダなど食って話す。新築の家のこと（永井宅）、土地のこと、ヨーロッパの女たち、英国の凋落、アメリカの内部危機、対日感情、日米関係最大考慮の要、資本自由化のこと、RANDの如き研究機関のこと、テーマごと委員会方式がよいこと、など。9時前終。彼を帝国ホテルまで送り、帰宅9時半。

12月16日（火）6時半退出。青柳君と「もみぢ」へ。彼は下の永井氏の室へ。私は上の伊藤善市氏〔東京女子大学〕の室へ。沖縄開発の問題、大学問題等例の如くよくしゃべる。途中より青柳君来る。私は代わりに下の永井氏の部屋に行き話す。社会権力のこと（藤原弘達を見直す）、情報ゲリラのことなど話す。再び上へ戻り、9時過ぎまで話す。4人で新宿へ。伊藤氏のなじみのバー「ととや」に入る。10時40分まで飲んでしゃべる。帰宅12時前。

１９７０（昭和45）年

1月20日（火）　夕方、永井氏来る。東京工業大学の改革、シンクタンクのことなど話す。まだ精神状態安定せず。

2月14日（土）　4時の特急に乗り、30分で聖蹟桜ヶ丘着。タクシーで丘の上の永井氏邸へ。１００坪ぐらいの土地によい家建つ。中を見るになかなか合理的。書庫、ボイラー、茶室などを見せてもらう。茶室に土産の伊万里皿を飾る。よく映える。ビール飲んで四方山話。家の建て方、費用、新築披露。日本国際問題研究所のこと。協力体制のこと。衛藤瀋吉のこと。京極純一〔東京大学教授、政治学者〕のこと。福田歓一のこと。夫人との出会いの話（東大ダンスパーティー）。永井論文のことなど。9時半まで談笑して辞去。

3月5日（木）　3時、永井氏来る。錦章会のこと。国内政治資料取りそろえること。ビジョン会議（山崎正和、江藤淳、力石定一〔法政大学教授、経済学者〕、黒川紀章らを呼ぶこと）のこと。外務省国際問題研究所のこと。5時頃去る。

6月24日（水）　5時半退庁。次長と「那か井」行き。永井氏来る。会食。次長渡米するのでアメリカの話を永井氏より聞く。南部戦略のこと、サンベルト地帯のこと、ニクソン戦略の右傾化のこと、下位中産階級をつかむこと、カンボジア政策のこと、文化政策のこと、繊維交渉の重大性、外務省の欠陥など話し合う。7時半過ぎ、永井氏去る。

9月25日（金）　午後、官邸地下会議室の永井講演会に出席。アメリカの動向について、例のＷＡＳＰの崩壊、大学、黒人問題。ニクソン戦略など絢爛多岐。3時半から質問で4時終了。大津英男室長室に入れ懇談。日本に世界の学者を集めてしまう案。5時前去る。

１９７１（昭和46）年

11月1日（月）　3時45分出発。ホテルニューオータニへ。20分余待って永井氏来る。下のロビーで話す。日米関係の有識者調査の相談。２００万円の予算の使い方。乗り気になり協力するという。神谷不二氏も同席。5時近くまで打ち合わせして別れ。タクシーで帰庁。

93 中嶋嶺雄《なかじまみねお》

（国際教養大学学長・理事長、東京外国語大学学長、現代中国研究）

1967（昭和42）年

8月4日（金）6時頃、中嶋嶺雄氏来る。中共文化革命の話。研究費残り渡す。中共行きを感謝している由。効ありし例。

9月18日（月）6時退庁。中嶋氏らと「由多加」行き。中嶋氏に香港情勢と中共のこと聞く。あと内調の学者接近について意見あり。中核グループのクッションを置いて接触したら如何かと。8時半終。車で池袋まで来て中嶋氏と別れ。帰宅9時半過ぎ。

12月1日（金）夕方、中嶋氏来るというので待つ。7時半来る。「新六」へ。ふぐ食って中共の話。文化大革命依然困難（左派を切って妥協か）。広州交易市、西独等に押され気味。石川〔忠雄〕、永井らとの中国研究団体設立の件など。9時半退出。池袋まで中嶋氏を送り、帰宅10時半。

1968（昭和43）年

2月9日（金）7時前、中嶋氏来る。金渡し、レポートの話。中共の現実は厳しい話。7時半、「由多加」行き。中嶋氏より中国問題研究グループの説明。アジア調査会に話し、OKとなった由。その一環として行動。内調の関係は後刻出すこととする。そのメンバーのこと話し合う（永井〔陽之助〕、石川〔忠雄〕、野村〔人物不詳〕、竹内〔人物不詳〕、坂本〔是忠〕、大川〔次郎〕、佐伯〔喜一〕、村松暎、富永〔人物不詳〕、辻村〔明〕ら）。9時半まで話す。総理府まで送り、帰宅9時半。

7月17日（水）6時前退庁。中嶋氏と志水速雄氏来たので一緒に「ざくろ」へ。ソ連、チェコの関係、ソ連の自由化、ベトナム問題、中ソ関係と米中関係、中共文化大革命、学生運動、大学問題など話す。8時半解散。2人に今年度委託「中ソ関係」（朝鮮戦争等）をやってもらう約束。車で池袋まで送る。帰宅10時前。

12月23日（月）3時、霞山ビル喫茶店へ。30分たって中嶋氏来る。地下食堂ですし食って、外語大の話聞く。彼が最もやられたらしい。廃校の決心なり。4時過ぎ別れ、帰庁。大津英男室長に外大と東大（西村等）のこと報告。

1969（昭和44）年
2月7日（金）　12時半、「えびす」行き。2階で待つ、1時半過ぎ、中嶋氏来る。外語大のスト状況聞く。安東原卓也の無責任自由人、金持ちの坊ちゃんなど。安東次男の卑劣な行為など。本日の代表者会議が一つのヤマ。入試問題等。2時過ぎ終え、ヒルトンホテルへ送り帰庁。

3月31日（月）　中嶋氏を待ち、もっぱらビールとチーズ。外語大の紛争状況聞く。おおむね一段落。中ソ国境問題、意見聞く。来年度の委託の話もする。「中国の外交」というテーマ可。10時20分別れ、帰宅11時頃。

9月26日（金）　6時前退庁。「はじめ」へ。中嶋氏来る。香港出発送別の宴。中国と中共の差。古い文化とシナ人のこと。毛沢東伝。文化革命のこと。中国研究体制のことなど話す。8時50分頃解散。中嶋氏は自分の車で今夜長野へ。帰宅9時40分頃。

1971（昭和46）年
3月29日（月）　6時前退庁。「松亭」行き。中嶋氏来る。東欧事情（反ソ親日感情）、日中問題（重大、研究会の相談、木村機関〔不詳〕作ることなど）、香港話（土産物、亡命者）、その他話して8時半解散。ハイヤーで帰宅9時。

4月26日（月）　5時前退庁。「ふくでん」行き。中嶋氏ら在り。日中問題、米中関係等の意見をテープし、終わったところ。周恩来のヘゲモニー的様相、難民聴取のことなど話す。日中懇の企画、中国総覧、中嶋レポートの件など話す。中国の実態かなりよくつかんでいる。7時10分まで話して別れ。ハイヤーで帰宅8時前。

6月9日（水）　11時前、「ふくでん」行き。中嶋氏来る。食事しながら昨日の打ち合わせ結果を聞く。安保研との関係に留意のこと。地味な形でフォーマルにやる。資金は木村〔俊夫官房副長官〕氏よりということにしたい。事務局長は候補が挙げられたのみ。11日の会合前に木村氏に会った方がいいということになり、1時半を約束。車呼んで官邸へ。若干待たされ入る。中嶋氏より4点程の件報告要望。安保研への配慮、十分すると。外務省へも了解工作やると。金は木村が出す（総理にも報告済み）。キャップは意中の人なし。大野〔勝巳〕は若干色ありと。30分程話して、内調との関係を隠す要ありとなる。11日の会も内調丸抱えの印象を与えたくない、と木村氏言うので私らは遠慮することにし、川島〔広守〕室長のみ偶然居た格好にすることにした。帰室して室長に報告。木村氏から出席者減らすこと電話まであった由。人数は少ない方が好きなり。

7月24日（土）午後1時15分退庁。「ふくでん」行き。軽昼食。2時過ぎ、中嶋氏来る。日中研の話聞く。衛藤氏に苦労して説得（結局寂しい人と）。国際関係懇談会と称しようという。ニクソンのこと若干聞いて、3時半、私のみ辞去。

1972（昭和47）年からはPSRに多く出席。1978（昭和53）年まで続く。

94 中村菊男《なかむらきくお》

（慶応義塾大学教授、政治学）

1963（昭和38）年

2月15日（金）9時45分登庁。新聞読み。中村菊男氏来たというので5部に行き会う。安保の分析をレポートしてくれた。見て質疑。大衆闘争を著しく低く評価し、保守の団結さえよければという。スカラピーノ的なり。自衛隊問題を話し、来年度の調査に加えてもらうことを決める。

1964（昭和39）年

4月3日（金）午後8時「いろは」に至り、堀田〔政孝〕防衛庁教育局長の会に出席。堀田、奈須田、中村氏在り。村松剛氏遅れて来る。自衛隊員の意識、制服と背広問題、戦力のこと、兵学協同のこと、昇格問題、憲法9条、隊員の士気、抑圧感、長官のことなど。主に堀田氏の説明を聞いたが、小田村〔四郎〕がなかなか食いつく。10時半まで話し、解散。オピニオンリーダーの協力得ることを計画。堀田氏に家の近くまで送ってもらい、帰宅11時過ぎ。

5月15日（金）5時半退庁。青山の東高会館行き。理事会。私のみ7時半辞去。白タクで市ヶ谷自衛隊横の市ヶ谷会館へ。防衛庁堀田〔政孝〕局長の会へ出る。村上〔信二郎〕計画官（防衛3課長）の話が終わった後。中村、村松、奈須田と5人在り。食事。沖縄問題、

PR問題など話す。9時過ぎまで。堀田氏の車で村松氏を早稲田、奈須田君を巣鴨に送り、渋谷で堀田氏を降ろし、私のみ自宅まで。帰宅10時20分。

1965(昭和40)年

2月16日(火) 登庁9時40分。資料見て、明産ビル地下のミーティングルームへ。間もなく中村氏来る。「時の課題」の編集改善につき検討。中村氏より6つの意見。名の通った筆者使用、長期展望論文掲載、学生青年層を対象に等々の披瀝あり。これに基づき増頁(132頁へ)、レイアウト、筆者、対談企画等につき12時まで討議。有効。12時、中村氏去り、残り4人で昼食して解散。

10月26日(火) 4時、明産ビルのミーティングルーム行き。小島龍一氏〔主幹〕を中村氏に紹介。日韓国会討論会TV(29日)の準備として各種資料提供。小島氏より警察側の態勢や考え方を説明。大学の左傾化、創価学会のことなども話して5時半解散。帰庁。

11月24日(水) 3時前、本多武雄室長らと明産ビルミーティングルームへ。中村氏在り。日韓後の思想対策等。横の連携の話。連携の室とオルガナイザーの欲しいこと、先生より希望。室長、考慮を約束。帰庁4時。

1966(昭和41)年

1月28日(金) 12時半、かすみ会事務所へ。食事して佐藤総理の施政方針演説聞く。2時頃、ビールで乾杯。半頃、中村氏来たので、皆に紹介。柳田誠二郎氏〔日本航空、海外経済協力基金〕の韓国帰りの話などする。3時帰庁。

12月20日(火) 9時50分登庁。10時10分、中村氏来る。直に4階会議室へ。班長会議のメンバーに講演。「内外政治情勢の展望」と題して、①中共の文化大革命、②台湾事情、③日本の大衆社会状況と選挙のこと、を話す。若干質問ありて、11時45分終。まあまあの出来。6部と5部で話してから大津英男室長室で会食。やはり中共問題の話と日本の政界のこと。佐藤内閣に極めて悲観的。午後1時終。ハイヤーで中村氏を送り出す。

1967(昭和42)年

3月22日(水) 4時、中村氏来る。大津室長らと会。安保の損得勘定、安全保障座談会、両者出版の件、

「社会構造の変化」調査委託の件、OKする。恵庭事件判決問題について意見交換（註）。討論、まず公法学者にやらせるべきだという。5時前去る。

10月17日（火）　6時前退庁。大津室長を「富美川」に案内。中村菊男、中村勝範、利光三津夫、堀江湛、上条〔末夫〕各氏ら。中村グループとの会合。菊男先生の「〔日米〕安保肯定論」と小説「若い思想の旅路」の話。羽田事件と大学問題を論じたあと、小選挙区制、食管、都市化の話など。9時20分頃解散。

1968（昭和43）年
3月16日（土）　中村氏来る。中共の自衛隊論の資料（RP）などとりそろえて渡す。相変わらず破防法適用論。

4月9日（火）　6時前退庁。「もみぢ」行き。中村菊男、〔中村〕勝範、利光、堀江、上条各氏ら在り。中村食事して「日本の選挙構造」の批評。東京都知事選の予測話。混戦と。今年度の調査項目相談。70年安保の予測、選挙、マスコミ、文化人、60年との比較、治安立法、対策、国際、沖縄といったテーマで分担することとする。中村〔菊男〕氏の台湾、沖縄、香港、フィリピン行きの話も。8時半了。解散。

10月16日（水）　午後、中村氏来たので3回分金渡す。学生問題に憤慨中。

11月27日（水）　5時半頃、中村氏来る。黒河内君〔人物不詳〕の給料3月分渡す。大津室長に会わせてから「ざくろ」行き。慶応のストほとんど解決。よき例なり。大学問題の処理の仕方聞く。一般学生の立ち上がりと教授がしっかりしていること。政局、PRの話などして8時15分解散。

1969（昭和44）年
4月1日（火）　6時前退庁。新橋の「一松」行き。慶応の中村菊男、〔中村〕勝範両教授、利光、堀江助教授、上条の各氏。当方は大津室長を加えて4人。食事して話す。大学問題。大学教授の不甲斐なさ。マスコミの悪。「安保と女性」などのアイデアについて。出版活動の件。「自由」の件。三派学生のこと。その他話し合う。8時半頃解散。ハイヤーに5人乗ってもらう。

1970（昭和45）年
3月18日（水）　2時、中村氏来る。レポート（70

年代の政治勢力動向）提出。共産革命の危惧なしと。吉原公一郎〔ジャーナリスト〕の著書、抗議の要ありと。

4月14日（火）　6時退庁。「山王飯店」行き。中村グループとの会。中村菊男、〔中村〕勝範、利光、堀江、上条の5氏。内調から大津室長ら。京都〔府知事〕選のこと。民社党大会のこと。政治家の勢い、強さなど話す。9時15分解散。ハイヤーで送らせる。

4月27日（月）　9時40分登庁。新聞、資料読み。中村氏と上条君来る。今年の委託テーマとして「日中改善をめぐる国内的諸条件」ということで話がつく。その他、わが国内体制の諸問題も論に出た。11時過ぎ去る。

12月24日（木）　午後、中村氏来る。「教科書裁判」の本の話。10万円渡す。文部省の気構えダメなこと。矢次一夫〔岸信介らと親しく「政界の黒幕」と言われた〕の立派なこと。言論人のこと。「かすみ会」のことなど話す。あと室長に会わせ同様の話。5時40分頃退庁。

１９７１（昭和46）年

2月8日（月）　夕方、5部に待たせていた中村氏と会う。10万円の受け取り持参。教科書問題の件、京都市長選、永末〔英一〕勝つと〔実際には落選〕。東京都知事選のことなど話して去る。

6月24日（木）　6時前退庁。「山王飯店」行き。中村グループの会。中村菊男、〔中村〕勝範、利光、堀江、上条の5人。食事しつつ話す。百人委員会の件。時事通信社の件。参院選の件。今年度研究テーマ（都市化、生き甲斐、目標）、3党（社公民）合一の件など話題。概ね菊男先生の独壇場。8時半終了、解散。

１９７７（昭和52）年

5月30日（月）　2時25分出発、芝公園の妙定院へ。中村氏の告別式に参列。表から並んで待つ。石原萠記夫妻と漆山〔成美〕氏に会う。漆山氏を車に乗せ役所までの間、〔京都〕産業大学の話。学生が年々穏やかにパッシブになっていく由。５００人の答案を見るつらさがなければ、こんないいところはないと。

中村菊男グループのメンバーは次の通りである。中村菊男、中村勝範、堀江湛、利光三津夫、上条末夫各氏。

（註）恵庭事件＝自衛隊の違憲・合憲が問われた訴訟事件。１９６２（昭和37）年、北海道石狩支庁恵庭町（現恵庭市）の陸上自衛隊島松演習場そばの牧場経営者が演習に伴う騒音に抗議し、通信線を切断して自衛隊法違反に問われた。札幌地裁は67年3月29日、憲法判断にふれないまま無罪を言い渡した。

95　西義之《にしよしゆき》

（ドイツ文学者、評論家）

１９６４（昭和39）年

11月13日（金）　8　中国核実験後の若泉報告の項参照。

１９６５（昭和40）年

　7月29日（木）　5時40分退庁。赤坂の「宝家」へ。中村菊男氏在り。本多武雄室長、村松剛氏、西義之氏続いてくる。ベトナム問題、マスコミ論。日韓問題、AA会議〔アジア・アフリカ会議〕の件など話す。中村氏提案の機関誌を1冊持つこと。室長は月10万～20万円出すという。バカに気前よし。村松氏渡米につき要人と会う工作など話す。70年問題で政府の対策完全なりやと問われる。学者の心理、インドネシア批判等も出て9時解散。西氏の車に乗せてもらい帰宅10時前。

　8月30日（月）　12時過ぎ、「宝家」行き。〔本多武雄〕室長も来る。定刻半に村松氏、やや遅れて西氏来る。食事しながら新雑誌の件について話す。保守派も団結の要あること。全学連に対抗するもの。土曜会如何？　ティーチインのことなど。2時解散。室長より村松氏に餞別10万円。

１９６６（昭和41）年

　4月30日（土）　1時半退庁。そば食べてから、かすみ会事務所へ。桶谷繁雄、西、有吉久雄氏〔防衛研修所〕ら在り。林三郎、入江通雅、伊藤圭一〔防衛庁広報課長〕、中村菊男、曽村保信ら在り。3時より座談会「自衛隊問題」。有吉氏より現状説明。速記。各氏討議。5時終了。食事して解散。帰宅7時。

　9月13日（火）　6時前退庁。半蔵門会館へ。かすみ会、秋の第1回。桶谷、中村菊男、村松、西、入江、小谷秀二郎、桑原寿二、倉前義男〔地政学〕、曽村、

木村肥佐生〔亜細亜大学教授、『チベット潜行十年』著者〕、山崎重三郎（米軍顧問）、春日行雄（モンゴル協会事務局長）、奈須田、若泉（途中退席）ら計16人。食事して放談。各人簡単に略歴など紹介。なかなか面白い。あと懇談。

1968（昭和43）年

5月21日（火）　11時、西氏来る。世界の学生運動の話。「えびす」行き。昼食しつつ学生運動の分析。特に独仏の違い。ソ連回りでヨーロッパ旅行するのを援助することとした。学生運動の調査を頼んで20万円。帰庁1時過ぎ。

6月5日（水）　朝9時半、西氏の家に迎えに行く。車で10時登庁。大津室長室にて20名ぐらいの人々と学生運動の検討会。11時まで西氏より西独の学生運動の経過を述べ、フランスの騒動をシュピーゲル氏より説明。あと質問あり。12時了。西氏ら5人で「えびす」行き。昼食して学生運動の話。1時半帰庁。原潜放射能の資料渡して書いてもらうことにする。

9月24日（火）　9時15分、車で西氏宅訪れ、彼を伴い45分登庁。若干休んで10時過ぎより4階会議室で班長以上約30名と懇談会。私の司会で進め、①その後のヨーロッパの学生運動、②東大教養学部の現状、③チェコ問題感想の3テーマを次々と話させる。質問も活発で、なかなか充実。12時終。あと「えびす」行き。昼食しつつ、ソ連のこと、大学のことなど話聞く。帰庁1時半前。

12月20日（金）　1時過ぎ、タクシーでホテルオークラ行き。「山里」に行き、西氏らと合流。西村秀夫〔東京大学学生部専任教官〕のバカさ加減。加藤〔学長〕代行の性格。留年問題など。2時半了。あとロビーで施政方針演説の意見頼み、委託費の15万円は受け取ってもらう。報告書の様式などは相談。「言論人」の内容の話など。3時頃帰庁。

1970（昭和45）年

5月22日（金）　6時前退庁。「松亭」行き。7時頃、西氏来る。しゃぶとすき焼き。台湾の話（中国問題）、民青のこと、大学の状況、マスコミ、言論人、日教組、清水幾太郎。ドイツ問題など話す。9時半解散。西氏を家まで送り、帰宅10時過ぎ。

1971（昭和46）年

10月12日（火）6時退庁。「山崎」へ。西氏来る。食事。ドイツの話を主として聞く。時事通信社崩壊の経緯話し合う。「月曜評論」再建問題。革新首長のこと。ブラント政権のことなど。9時まで。ハイヤーで西氏と一緒に帰る。帰宅9時半。

1973（昭和48）年

9月5日（水）6時前退庁。ヒルトンホテル行き。相場均ゼミへ。8時過ぎに終わり、隣の室のパーティーに移る。立食。武田薬品、葉梨信行〔自民党〕代議士、柴田クリニック院長、田中直吉、西、川中康弘〔上智大学〕夫妻、木村駿〔群馬大学〕、滝沢清人〔女子美術大学〕、松本の病院加藤氏、サンドの豊島氏〔人物不詳〕、その他と話す。9時前退出。車を呼んで帰宅9時半。

1974（昭和49）年

4月4日（木）昼前、西氏来る。次長を紹介。一緒に白亜ビルへ。審議員会議。西氏より当面する教育の諸問題。とくに初中教育について話あり。日教組のこと、教育の荒廃のこと、学習指導要領のことなど。急に頼んだ割にはよくまとまっていた。2時終えて帰庁。

96　野《の》沢《ざわ》豊《れい》吉《きち》

（東京工業大学教授、理論物理学）

1968（昭和43）年

1月23日（火）夕方、野沢豊吉氏来る。報告書提出。シナの原子力開発の脅威、日本人の無国籍ぶりなど話す。学術会議対策の意見も出る。1時間余り話す。

7月3日（水）3時、野沢氏来る。原潜、原子炉のことなど聞く。

7月6日（土）10時半、野沢氏来たので、TBR1階C室へ。佐世保原潜問題座談会。「時の課題」の田口氏テープ係。弘津〔恭輔・総理府総務〕副長官司会、野沢教授ら。左翼マスコミ、左翼学者批判。第一次冷却水のこと、あまり害なきこと、学者との協力のこと。12時了。帰庁。

9月9日（月）午後、野沢氏来る。コバルト60検出の件説明。服部学〔立教大学、物理学者〕の言うことおかしい。朝日の取り上げ方もおかしい。

10月4日（金）午後、野沢氏来る。コバルト60の原稿校正。若干の説明聞く。

11月15日（金）午後、野沢氏来る。学生問題の話。国立の授業料を10倍にせよと。核防条約の話も。

1969（昭和44）年

4月4日（金）午後、野沢氏来る。濃縮ウラン製法の話。ガス拡散を書く朝日の真意如何（4月より編集方針変わったとみる）。

6月30日（月）9時50分登庁。新聞、資料読み。野沢氏来る。東京工業大学再封鎖と教授の態度の話。なかなかのタカ派。

7月7日（月）午前、野沢氏来たので記者会館に行って食事。アジアの留学生対策などの停滞を憂い合う。1時帰庁。

8月19日（火）午後、野沢氏来る。核防条約の調印延ばせと説明の由。その宣伝の本を1000部援助してくれと。大津室長はOKした模様。大学の状況調べよと。会えばすぐ仕事を押しかぶせる感じになってきた。

1970（昭和45）年

1月8日（木）野沢氏来る。若干話してから白亜ビル行き。審議員会議。人口問題研究所の舘稔氏の話。2時終了。大津室長と帰庁。野沢氏待っていたので室長に会わせ、核防条約問題の話。161トンのウラン使用問題でなかなかよいことを言う。5年ぐらい延ばすべきだと。その他種々3時過ぎまで。

3月18日（水）6時過ぎ退庁。「福田家」行き。野沢教授来る。遅れて〔外務省の〕法眼〔晋作〕審議官来る。本日は和気あいあい。ソ連の話。法眼氏大いに語る。原子力潜水艦作るべしで意気投合。天皇、皇太子の話。自衛隊元気を出せ。ソ連人との交渉は理屈でやれなど。大学民青問題も。9時終了。ハイヤーで野沢氏を田園調布の家まで送り帰宅10時。

1972（昭和47）年

1月31日（月）朝8時半、赤坂プリンス行き。〔自民党の〕科学懇談会出席。千葉三郎氏〔衆院議員〕より藤山愛一郎処分の経緯の説明。続いて東南アジア旅行の報告。核防条約と原子力問題で田中竜夫〔衆院議員〕、前田国男〔前田正男・衆院議員の誤記か〕、岩動道行〔参院議員〕各氏話してから野沢教授の話。私は10時15分退席。登庁。

1973（昭和48）年
1月22日（月）8時半、赤坂プリンスホテル着。科学懇話〔「談」の誤記か〕会出席。野沢氏より核防条約批准反対の話。外務省幹部とも話し合ったとのこと。10時になったので途中で退席。登庁す。
1974（昭和49）年
7月15日（月）8時半、赤坂プリンス着。久しぶりの科学懇談会出席。森山欽司氏〔科学技術庁長官〕より核防条約についての経緯説明。新聞論調の変化（毎日）と政情不安により批准は不確定となる。田宮〔茂文科学技術庁〕元原子力局長の海外旅行とその発言の件、野沢氏より報告。IAEAでのインド代表演説。原子力船むつ号出航の際、国会との関係微妙。アイソトープ問題。三木〔武夫副総理〕辞任と森山氏の立場、これも微妙。10時過ぎ終了。登庁〔10時〕20分。

97 野田《のだ》一夫《かずお》

（日本総合研究所理事長、経営学者）
1977（昭和52）年
12月7日（水）5時半退庁。ホテルニューオータニ16階の室で国民心理研究会。野田一夫氏が報告。「企業と戦後世代」。人材がありすぎ、中軸がしらけていること。間引きすべきこと。受け入れ条件を整えるべきことなど。あと食事して質疑。9時終了。タクシーで帰宅、10時前。野田氏はなかなか面白い人。
1978（昭和53）年
1月9日（月）6時退庁。ホテルニューオータニ「有明」でKSK〔国民心理研究会〕に出席。戦後世代の問題。野田氏途中退席。木村尚三郎氏が代わって司会。競争より協調への変化。昭和30年以後のニューヤングのこと。佐藤誠三郎氏の質問多し。9時終了。タクシーで帰り送ってもらう。9時半帰宅。

98 野々村《ののむら》一雄《かずお》

（一橋大学教授、ソ連経済論）
1962（昭和37）年
10月4日（木）1時半から審議員会議室で野々村一雄氏の話を聞く。ソ連経済と日ソ貿易について。米ソ経済の比較（工業力は米の60％）。シベリア開発など。例のごとくソ連を明るく見る。あと質問で農業問題などあり。4時近くまでやって終了。

1968（昭和43）年

9月17日（火）10時、「東南アジアの社会構造と変化過程」の報告書説明。12時前、私は退出。野々村教授来たので話す。アメリカのソ連研究のことなど。12時過ぎ、「えびす」行き。食事しつつ話す。アメリカ実情、フルブライト研究生活のこと、ソ連のことなど。なかなかさばけてきた。報告はシベリア開発はやめて、ゴスプラン〔ソ連邦閣僚会議国家計画委員会〕に替え提出してもらうことにする。2時帰庁。

12月3日（火）9時40分登庁。野々村教授来て在り。話若干。10時過ぎより4階で班長会議に講演してもらう。「アメリカにおけるソ連研究」。主として掲載問題について。雑談的。12時前終了。永田町のレストランへ。食事しながらアメリカ話、その他。別れて1時半帰庁。

99　林《はやし》 健《けん》太《た》郎《ろう》

（東京大学総長、歴史学者、参院議員）

1968（昭和43）年の東大紛争では、全共闘の学生に9日間にわたってカンヅメ状態にされ、団交を行ったが、学生側の要求を全面拒否し、剛直な姿勢を貫き通した。173時間頑張り、病を得て救い出された。この間の剛直さが評価され、遂に東大総長に選ばれるに至った。その後、自民党の参議院議員になり、1期限りで政界を引退して日本育英会会長、国際交流基金理事長などを歴任した。しかし、学者としての業績は余り多くはない。

1962（昭和37）年

2月7日（水）6時退庁。歩いて銀座の山和レストランへ。関嘉彦〔東京都立大学教授〕、竹山道雄、林健太郎3氏ほとんど同時に相次いで来る。食事しながら話す。フランスの政治的混乱、OAS〔米州機構〕の恐怖、安保の解釈、EECとキリスト教、日本のキリスト教神父の堕落、日本人の国民性など話してから、調査室の任務と37年度計画を説明。5部の仕事に協力してほしいと頼む。大体了承。学者の紹介というところまではいかず。9時頃終わり車に乗せて別れ。

2月22日（木）12時車で官邸へ。室長室で待つうち林氏来る。テレビのこと、社民党のことなど若干話してから小客間へ。各省連絡会議の20人ばかり。食事の後、林氏より話。ベルリン問題、ドイツの選挙のこと、ドイツ社民党のこと。40分余り話し、あと質問多々。2時15分終了。石岡実室長室での憩いのあと、車で帰す。

4月24日（火）10時15分登庁。浅沼〔清太郎・池田首相秘書官〕氏より、「教育の理想像」を聞いてくれとの要求あり。あちこち手配。5部に連絡。林氏に電話で聞く。

1963（昭和38）年

1月14日（月）朝、林宅に電話して行く。渋谷～荻窪。タクシーで井草八幡横を入る。10時10分着。施政方針演説に対する意見、政治史的なもの、世界政局を動かすもの、中ソ関係、国会正常化などにつき話し辞去。21日を約束。荻窪から地下鉄で登庁11時半。

1月21日（月）4時頃、林氏来室。NHK録音の帰途。5部の人々と室長室に行き、石岡氏紹介。一高で1年違いと。安保当時の話、外国（中ソ）のことなど。5時過ぎまでいて一緒に退庁。車で赤坂「扇家」に案内。石岡室長も遅れて来る。民主化の条件につき執筆方持ち出したが、どうもやってくれそうになく、そこはかとなく話題を転ずる。室長のみ帰り、9時頃まで酒、食事。エスポワールなら行くというので車で赴く。亀井勝一郎、水上勉、矢次一夫、池島信平〔文藝春秋編集者〕、今日出海、与謝野秀〔外交官〕ら有名人多し。互いに言葉を交わし、談笑。女とたわむれ、冗談口。あまり健全な空気ではない。林氏に謝礼金1万円渡し、名刺を置いて辞去。10時半。

1965（昭和40）年

10月28日（木）9時40分登庁。新聞読み。林氏来る。本多武雄室長室に案内。題目説明。司会。「歴史的にみた革命とマルキシズム」。勘違いで戦後国際政治のことを話すつもりだったらしいが、何とかうまく合わせてくれた。総ざらい教科書的。おさらいできてよし。11時半に終わり、あと質問。12時了。室長室にて主幹連と林教授会食。薄謝1万円。午後1時解散。

1966（昭和41）年

3月14日（月）資料読んだりして7時半まで居残る。六本木より歩いて「竜土軒」へ至る。8時。『自由』の編集会議終わって林氏待って在り。伴いタクシーで日生劇場地下バーへ。国際情勢研究会のこと話し、審議員になってくれるよう頼む。承諾。ウィスキー飲みつつ9時半頃まで話す。安保問題、防衛論、東大法学部の進歩的文化人たち、植田捷雄〔東京大学、国際政治学者〕のことなど。タクシーで井草八幡の林宅まで送り、帰宅11時前。

10月4日（火）　6時前退庁。「もみぢ」行き。林氏も来て在り。会食。ソ連、東欧旅行記を聞く。日本語を学ぶブルガリア人、トロツキーとスターリンの写真のないモスクワ博物館、マルクス主義とナショナリズムなど。あとは女の話。10時近くなり解散。車で渋谷まで一緒。帰宅10時半。

1968（昭和43）年

12月25日（水）　10時40分頃から11時20分頃まで室長室に来る。東大の状況説明。大津室長らと一緒に聞く。法経はスト解除か、最後は警官導入、文学部処分についてなど。よく話してくれた。

1970（昭和45）年

3月23日（月）　7時前までTBS地下「ざくろ」で永井陽之助氏と話す。タクシーで四ツ谷の「福田家」へ。林氏と青木雄造氏〔東京大学教授〕を囲む会。青木氏は大津室長と旧制浦和高等学校同級。英文学の先生でディケンズの専門。専らその話と万博のこと。林氏の英文学読書の話など。どうも話題がうまく運ばず、皆自分勝手なことを喋り出す。林氏は一時眠ってしまう。9時になり解散。帰宅9時半過ぎ。

10月30日（金）　4時、林氏来る。「言論人」の内紛の問題で相談の件。桶谷〔繁雄〕らへの批判が強い。潰れる恐れ出てきた。林氏はもう嫌気さした由。5時15分まであれこれ語り合う。

11月6日（金）　4時半、グランドホテル行き。ロビーで林氏と落ち合い、「言論人」のその後の状況聞く。やや好転。桶谷氏への批判かなり厳しい。別れて5時半帰庁。

11月26日（木）　審議員会議2時15分終了。林氏と近くの喫茶店に入り話す。事態は中田氏〔人物不詳〕側に好転の由。桶谷、西両氏が主張を抑えれば自分がやってもよいという。2人が思うままにやるなら手を引き、「言論人」などどうなっても構わないと。1時間ほど中田弁護。別れて3時半帰庁。

12月17日（木）昼、白亜ビル行き。審議員会議出席。林氏が東西文明の比較論みたいなこと報告。日本と中国の距離、近代化、封建制など。2時了。帰庁。

1971（昭和46）年

4月22日（木）昼、白亜ビル行き。審議員会議。林氏、「言論人」を元気にやっている様子。中田女史の救済方依頼あり。車を呼んで帰庁2時半。

12月2日（木）12時、白亜ビル行き。審議員会議。林氏、根本命題。共産主義と中国のこと出して討議。2時解散。

12月9日（木）4時、白亜ビル行き。審議員会議。日華条約の扱い方、日中正常化のタイミングについて各人の意見開陳あり。なかなか政策的意見出て聞かせた。5時40分頃までやり終了。皆、車で霞友会館へ移動。年末のパーティー。前審議員らも来る。福島慎太郎、林、小池〔欣一・内閣官房〕副長官、若泉敬、大川〔人物不詳〕、久住各氏と話す。竹下登官房長官も来て皆に挨拶。8時まで逐次退出。

1972（昭和47）年

3月30日（木）12時、白亜ビル行き。審議員会議。佐伯〔喜一〕氏より会議出席報告。日米、日中、日ソ関係、防衛、核等の問題について。2時過ぎ了。歩いて帰庁。

6月16日（金）5時45分退庁。「醍醐」行き。林氏来る。室長も来る。国際情勢研究会の審議員を辞めた林氏を慰う会。大学の最近の状況（静穏、勉強する）。北べの弱り。新聞の偏向。ベトナム終結へ。雑誌援助のこと。政局のことなど話す。時々林氏が室長の話をそらして此方に話題を向けてくる。9時解散。

1973（昭和48）年

2月13日（火）帰宅7時20分。林氏、東大総長に当選。祝いの電話をかける。

1979（昭和54）年

5月7日（月）5時45分退社。歩いて霞が関ビル33階へ。矢部貞治先生13回忌（偲ぶ会）に出席。中曽根〔康弘〕、古井喜実〔衆院議員、厚相、法相〕、三木武夫、三宅正一〔衆院副議長〕、永末〔英一・衆院議員、民社党委員長〕、高山岩男らの挨拶までは聞いたが、あと藤井勝志、早川崇〔衆院議員、労相、厚相〕、大平善梧となると乱れ。芹沢功、吉村正〔政治学者〕、林、内田満、大平善梧、末次一郎、林健太郎、山野幸吉らと話す。7時になり林さんが「なかた」に行こうというので一緒に出る。タクシーで中野へ。久しぶり「なかた」へ。林氏から東大の話、政治のこと、国際情勢の意見聞く。飲み食い、9時20分退出。8500円代金は林氏が払う。中野駅で別れ、新宿〜渋谷〜自由が丘。帰宅10時15分。

1980（昭和55）年

10月14日（火）虎懇に来ていただき、「イデオロギーの終り」の講演（23名）。あと、平吉で食事。林氏の独居を楽しむ弁あり。

100 林《はやし》 三郎《さぶろう》

（毎日新聞論説副委員長、外交・国際問題評論家）

1966（昭和41）年

2月19日（土）午後1時半退庁。かすみ会行き。ラーメン食い待つ。小谷秀二郎、曽村保信、萱原宏一〔講談社、ジャーナリスト〕、林三郎、入江通雅の順に来る。主として昨夜帰国したばかりの小谷氏よりベトナム情勢を聞く。米軍の優勢、しかし長期戦状況。林氏もよく発言。私のみ5時で辞去。

1967（昭和42）年

3月15日（水）9時40分登庁。10時前、林氏来る。班長会議に案内。彼の講演「ヨーロッパにおけるイデオロギーの終焉」。社会主義政党の変容について。なかなか面白し。1時間余りで質問30分ぐらい。雑談してから室長室で大津英男室長ら10名余と会食。懇談。1時解散。

6月10日（土）2時退庁。かすみ会事務所まで行き、きしめん食ってから入る。桶谷繁雄、中村菊男、入江、倉前義男、田口利介〔海軍省嘱託〕、曽村、奈須田ら参集。林氏より東欧旅行の話。経済問題が重点なりと。ソ連のこと、中東問題も話に出る。4時まで。あと質問などで5時半。すしが来て食べる。私は6時半辞去。

7月27日（木）白亜ビル行き。審議員会議出席。審議員会議の事務を離れる配転の挨拶をする。事務局の場所を離れて傍聴側の席へ。林氏の「中共文化大革命」答申案を読んで検討。なかなか活発。欠席は大野〔勝巳〕、栗谷〔四郎〕、石川〔忠雄〕。これで終わり夏休みとなる。2時終了。帰庁2時半。〔平沢〔和重〕氏との意見交換などバトンタッチし、大平氏と話す。会長問題うまく話しておく〕。

1968（昭和43）年

2月15日（木）　12時白亜ビル行き。審議員会議。ベトナム情勢報告。次いで「70年の国際情勢」を説明。大野〔勝巳〕、平沢、林、大来〔佐武郎〕らより質疑あり。ある程度の予測をすべしというもっともな意見など。2時前終。大平氏に会津若松市の財政（人件費）のデータ渡す。文部大臣に会見を申し入れたこと、得意に話してくれた。

101　平沢和重《ひらさわかずしげ》

（外交評論家、NHK解説委員、三木内閣外交ブレーン）

1966（昭和41）年

9月22日（木）　5時50分退庁。「もみぢ」行き。平沢和重氏は6時半頃来る。平沢氏と飲む会。NHK解説のやり方、20年の経験、インドネシア情勢、アメリカ政界（国務省、大統領選）等の話から、最後はゴルフ談義。岸・アイク〔アイゼンハワー〕マッチの演出。世界特にベルギーのゴルフ場の話など。8時半、次の会ありとて解散。帰宅9時過ぎ。

1968（昭和43）年

5月9日（木）　12時白亜ビル行き。審議員会議出席。平沢氏より「米国の対中共政策」の話。大統領選、中共政策の方向、台湾問題、ドミノ理論など。皆よく質問し、内容のある会となる。2時前終了。帰庁。

10月17日（木）　昼、白亜ビル行き。審議員会議出席。平沢氏よりアメリカの政情報告。ニクソン有利、北爆停止の件など。馬場〔義続〕氏原案の〝学生運動〟を討議。石川〔忠雄〕、林〔健太郎〕、大平〔善梧〕と意見。あまりよい文ではない。帰庁2時過ぎ。

1969（昭和44）年

8月28日（木）　12時白亜ビル行き。審議員会議始まる。平沢氏、久しぶりに出席し、挨拶。骨折のこと。馬場氏よりヨーロッパ旅行の報告。学生運動の取り締まりについて。20分ほど（質疑も含めて）。あと大野勝巳氏より「アラビア情勢」解説。1時間余に及ぶ。パレスチナのこと、英仏のこと、アラブ内の対立抗争、団結の種々相。KKアラビア石油の宣伝も若干。2時了。帰庁。

1970（昭和45）年

7月9日（木）昼、白亜ビルへ。審議員会議。平沢氏の欧米旅行談。各国のインフレ対策大変、アメリカの苦悩、トルドー〔カナダ首相〕の明快な中共交渉、英国の選挙等。あと杉江〔一三〕氏の論文検討。防衛の基本政策。文章あれこれいじる。2時終了。帰庁。

8月27日（木）昼、白亜ビル行き。夏休み後初めての審議員会議。平沢氏より、独ソ武力不行使宣言の解説。質疑。大来佐武郎氏より韓国出張報告。南北統一問題、韓国経済の成長、米国との関係等。これも質疑。次いで久住忠男氏よりインドシナ軍事情勢。アメリカのブリーフィングペーパーによって解説。アメリカ軍退くか否かでかなり討論。2時終了。あと別室で話。北方領土問題など。国後、択捉の帰属問題。2時半、平沢氏に送られ帰庁。

1972（昭和47）年

5月11日（木）12時白亜ビル行き。審議員会議。久住氏より北ベトナム封鎖問題の説明。石油使用量など解説。米側にも見通しの誤りあり。あと東南アジア援助と安定化構想の問題について平沢氏中心に討議。各人より意見。2時過ぎまで。帰庁2時半。

5月25日（木）12時白亜ビル行き。審議員会議。平沢氏が東南アジア援助問題につき、各審議員に意見を聞く。まとめのため。2時了。

6月15日（木）12時白亜ビル行き。審議員会議。平沢氏のキッシンジャー会見談。アジア安保の提唱は原案読み上げて了承。あまり内容あるものでなし。アラブゲリラの説明も。声聞こえず眠る。あと質疑。ベトナム戦局（南に有利な話）。2時過ぎ了。帰庁。

10月5日（木）12時白亜ビル行き。審議員会議。次長の東南アジア出張報告。あと佐伯〔喜一〕氏より朝鮮半島問題のとりまとめ方式説明。各人より意見を聞く。平沢氏、例によりリベラル派見解。石川〔忠雄〕氏はむしろ韓国協力的にウエイト。2時了。帰庁。

11月9日（木）12時白亜ビル行き。審議員会議。平沢氏よりポストベトナムのアジア情勢と日本について説明。あと討議。大来氏、外貨減らし抜本策提唱。なかなか実があった。2時終了。

1973（昭和48）年
　5月24日（木）　昼、白亜ビル行き。審議員会議出席。平沢氏より日ソ関係の問題点指摘。各種質問あり。2時終了。
　7月12日（木）　昼、白亜ビルに行き、審議員会議出席。平沢氏が自己の原案「日ソ交渉会談への提言」を読み説明。質疑多々。特に北方領土問題で白熱化。国後、択捉は千島に非ずやとか、サンフランシスコ条約の時どうだったとか、国内啓蒙運動のことなど。2時10分了。平沢氏に日ソ中立条約の提案はどちらかと聞く。歩いて帰庁。
1974（昭和49）年
　1月17日（木）　12時白亜ビル行き。審議員会議。平沢氏より石油問題に関連して日米関係をみる報告。キッシンジャーの気持ち（会見の感想等）、中東問題など。佐伯〔喜一〕氏を中心として質疑。石油はかなり入荷しているということ。2時終わって帰庁。
1975（昭和50）年
　8月28日（木）　12時白亜ビル行き。審議員会議にて。平沢氏より日米首脳会談の状況について報告。なかなかの宣伝ぶり。質疑あり。2時了。帰庁。
1976（昭和51）年
　12月16日（木）　12時40分出て「栄林」へ。まだ審議員会議終わらず待たされる。平沢氏が来たので話す。バンス国務長官とは家族ぐるみのつきあいであること。対日政策の基本線は変わらぬこと。ブレジンスキーはNSCの国務長官ぐらいのところ。韓国より撤兵問題など。1時20分頃、太田〔一郎〕会長はじめ審議員来る。会食。小倉謙〔内務・警察官僚、警視総監〕、大来らに挨拶。2時半退出して帰庁。

102　福田《ふくだ》信之《のぶゆき》

（筑波大学学長、理論物理学）
1967（昭和42）年
　9月28日（木）　3時半過ぎ、約束のウェズリー・フィッシェル教授〔ミシガン州立大学〕、後藤〔優美〕女史〔米大使館〕らと来る。ベトナムの平定計画について話を聞く。5時半過ぎまでやり解散。帰庁。すぐ神楽坂の「みよし」へ。教育大の福田信之氏在り。まもなく松浦悦之氏〔東京教育大学〕も来る。教育大の実情、かなり攻勢に出る由。左翼の雄弁に対抗するには雄弁で。物理学会の状況。学術会議対策。文部省てこ入れの件など話す。朝日新聞のことも出る。9時過ぎまで話して解散。帰宅10時過ぎ。

11月24日（金）　5時40分退庁。「もみぢ」へ。遅れて福田教授。ふぐと酒で談論。向坊〔隆〕氏へ釈明頼む。学術会議対策のことで終始。その功罪表作り。年表読んで補足。福田氏は学術会議の三悪なるものを説明（学者動員、学問阻止、革命教育）。9時半過ぎまで意見多々。打ち切って車に乗せ帰す。帰宅10時15分。

1968（昭和43）年

5月16日（木）　4時半民研行き。6時前別れ。「宝家」行き。福田氏に続いて松浦氏来る。学術会議と学界の現状を憂え、対策に入る。松浦氏より「基礎と応用の科学者連絡会議」の企画説明。中核組織、物理関係250名。9時過ぎまで延々。帰宅10時20分。

8月19日（月）　朝8時40分、赤坂プリンスホテル着。科学懇談会出席。荒木万寿夫〔文相、科学技術庁長官〕、増原恵吉〔北海道開発庁長官、行政管理庁長官、防衛庁長官〕、森山欽司〔自民党衆議院議員〕、三木与吉郎〔自民党参議院議員〕、柴田周吉〔三菱化成工業社長〕、三輪知雄〔植物学者〕、福田、弘津〔恭輔〕副長官ら。教育大学本館封鎖解除の戦術検討。福田、三輪らより説明。荒木座長。森山ペースに大分引きずられる。学生問題論は多い。10時半解散。車を呼んで登庁。

8月30日（金）　柴田氏と福田氏、大津室長室に来る。福田氏より教育大の現況を説明。かなりうまくいって、左側は大分崩れてきていると。柴田氏は各社回ってPRした由。

1969（昭和44）年

2月20日（木）　福田氏来る。教育大学紛争のスケジュールの話（27日全学集会など）。教官がダメな大学。

2月24日（月）　7時半過ぎ出発。地下鉄赤坂見附より歩いてプリンスホテル8時15分着。8時半より科学懇談会。朝食。福田より大学問題。教授会の事務官化などを話す。10時半終了。車呼んで登庁11時前。

4月10日（木）　5時40分退庁。神楽坂「三好」行き。福田、綿貫芳源〔東京教育大学教授〕あり。大津

室長ら続いて来る。大学問題の話。11時半まで。

5月6日（火）9時40分登庁。中教審答申に対する意見、学者先生より多々集まる。片っぱしから読んで修正。本日答申への意見を持参した学者、吉村正、公文俊平、福田。他に郵送、電話等。

5月12日（月）9時40分登庁。新聞、資料読み。福田氏来る。学者組織について話す。今朝科懇で要望ありと。日本文化会議に連絡依頼する。

8月25日（月）朝電車で赤坂見附。タクシーで赤坂プリンスへ。8時20分着。科学懇談会に室長代理で出席。文部省〔大学学術局〕の清水〔成之〕審議官より大学法施行後の週間状況報告。森山欽司、千葉三郎、増原恵吉、田中竜夫らより質疑。座長三木与吉郎。弘津、福田も。〔大学学術局の〕渋谷〔敬三〕審議官より素研問題報告。福田氏とやり合う。なかなか討議に身が入り、尽きず。11時過ぎとなってようやく終了。

1970（昭和45）年
2月3日（火）12時出て丸の内へ。日本クラブ行き。福田、大津室長らと昼食。物理学会乗っ取られの件、各大学日共勢力伸長の件、その他、福田氏より話。学術会議の対策について話し合う。日共との関係を明らかにすること、公庁が具体事例を書くこと、内調で総論書くこと、6月までに出すこと、資料中学者の論文を入れることなど話す。小冊子作成の予定。2時半解散。帰庁。

2月12日（木）ホテルオークラを4時に出て帰庁。福田氏来る。学術会議の本、出版の話。原稿を頼む。読売新聞の記事（教育大村八分問題、寿原〔健吉・東京教育大学〕は㈲の件聞く。人工衛星成功したが、誘導装置がないのは学術会議の意向に沿ったものの由。

7月8日（水）午後、福田氏来る。70年代をよくする署名者の会のこと聞く。かなり集まった由。講談社の出版と映画の件、話あり。

8月6日（木）午後、福田氏来る。室長室で会う。学者結集の話。

12月2日（水）2時、福田氏来る。70年代ビジョンの会の構想を聞く。当座の女子職員の費用など出すこととする。（途中、パン買って昼食）。3時去る。

1971（昭和46）年
1月8日（金）午後、福田氏と岡津守彦氏〔教育

学者」が大津室長室に来たので一寸参加して聞く。

5月20日（木）　6時40分頃退庁。福田氏らと「もみぢ」行き。左翼の文化的攻勢を憂うる。70年ビジョンの会の件若干。中共問題、学術会議の話、教育大のことなど。9時まで話して解散。

7月26日（月）　朝8時半、赤坂プリンスホテル着。科学懇談会出席。有田喜一氏〔文相兼科学技術庁長官、防衛庁長官〕より放送大学の経過説明。NHK派と批判派と調整中と。50年からの予定で来月より実験放送。森山欽司氏はしきりに現政権の悪口（大臣になれなかったウップン）。次いで弘津氏より時事通信社の件。長谷川〔才次〕氏、室まで移されたことなど。これに議論集中。11時近くまで話ありて解散。荒木万寿夫、三木与吉郎、田中竜夫出席。福田氏発言多し。登庁11時。

11月18日（木）　3時、ホテルニュージャパン行き。2階の会場で「沖縄返還促進のつどい」に参加。山野幸吉、三越重役某氏、福田、沖縄議員3名、江崎真澄〔衆院議員、防衛庁長官、自治相〕ら演説。途中、西義之氏に挨拶。200名弱の聴衆。まあまあのところ。江崎氏の話はうまい。4時で退出、帰庁。

1972（昭和47）年

2月28日（月）　8時半、赤坂プリンスホテル行き。科懇出席。代議士ら出席良好。福田氏のカドミウム論の後、八田貞義代議士からイタイイタイ病の虚像について解説。萩野某のインチキ性を説明（註）。森欽氏〔森山欽司・衆院議員〕ら質疑と意見。犬丸〔直文部省大学学術局〕審議官より科研費配分問題で説明あり。10時散会。登庁。

10月23日（月）　8時半、赤坂プリンス着。科学懇談会出席。田中竜夫氏より韓国政情報告。弘津氏より時事通信内情報告。森山氏よりハッパ。福田氏より筑波大学の件など。10時半になったので退出。登庁。

1973（昭和48）年

2月5日（月）　8時20分、赤坂プリンス着。科学懇談会出席。森山氏、息子死亡の挨拶。荒木万寿夫氏司会。福田氏、筑波大学の構想説明。10時解散。登庁。

2月19日（月）　8時25分、赤坂プリンス着。科学懇談会出席。文部省学生課長より大学紛争の状況報告。公安調査庁四課長より追加。あと福田、森山らの発言。

文部省より安養寺〔重夫〕審議官も。大学の民青問題は根が深い。10時20分終了。登庁。

3月5日（月）　8時半、赤坂プリンス着。科学懇談会出席。筑波大学問題で福田氏説明。文部省批判出て安養寺弁明。森山氏は例により闘う姿勢を強調。10時15分解散。登庁。

3月19日（月）　8時半、プリンスホテル行き。21号室で科学懇談会。学術会議の件、笠木〔三郎大学学術局〕審議官説明。福田氏とやりとり。森山氏らも発言。次いで国会図書館の内情、共産党支配と副館長問題報告。これも活発な発言あり。10時15分終了。登庁。

1974（昭和49）年

5月16日（木）　9時50分登庁。新聞読み。福田氏の中国旅行記読み、大した内容なしと判断し返却。

（註）イタイイタイ病＝富山県の神通川に流されたカドミウムが原因で骨がもろくなって骨折し、「痛い、痛い」と泣き叫んだことからこの病名が付いた。1968（昭和43）年、公害病第1号に認定された。72年の科学懇談会の詳細は不明だが、日記の記述は当時の認識不足を感じさせる。

103 藤島泰輔《ふじしまたいすけ》

（小説家）

1967（昭和42）年

8月8日（火）　文部省から5時半帰庁。築地の「吉本」行き。相場均、三浦朱門、藤島泰輔、小島功〔漫画家〕、浅井〔正昭〕助教授（日大）の5人来る。宴。談はずむ。ベトナム戦争論、日本マスコミ（朝日、共同）、皇室論、松本清張論、創価学会など。10時過ぎまで（途中、芸能部若干）。車で送らせる。私も車で帰宅11時。

8月22日（火）　6時前退庁。「宝家」行き。相場氏、藤島氏来る。東欧旅行計画の話、打ち合わせ。香港、黒人問題、皇室論、小田実批判など出て8時半過ぎ出る。銀座へ出て、バー・ブロードウェイへ。村松剛氏へ電話。次いでスウリイへ行き11時まで。小泉信三カトリックの件。ハイヤーで2人を六本木に降ろし、帰宅12時前。

11月15日（水）　5時40分頃、相場氏来る。「もみち」行き。藤島氏来る。藤島氏の帰国歓迎会。東欧旅行の話聞きつつ、ふぐを食う。なかなか面白い見方してくる。8時半、相場氏去り、あと銀座まで藤島氏送る。帰宅9時半。

1968（昭和43）年

6月10日（月）6時前退庁。「福田家」行き。相場氏、続いて石原慎太郎、藤島、飯島清（慎太郎の会）、遅れて小島龍一〔主幹〕各氏。宴。選挙の話、政治の話。なぜ政府自民党はPRがまずいか。朝日新聞は何とかならぬか。首相夫人のイメージ、第一声の服装、公明党の将来、青年層の不満、20%アップの態度、朝鮮大学のこと、参院選予測など。9時まで話し合い解散。帰宅10時。

7月26日（金）6時半退庁、「福田家」行き。相場、佐々淳行、藤島在り。遅れて7時過ぎ、石原慎太郎来る。彼の評判説明、忠告。暗殺の危険性などについて話し合う。9時前いちおう終わり。藤島氏を青山に送り、エチオピア大使館へ。二次会。小島龍一、土田国保、武藤誠〔警察官僚〕、石原、佐々夫妻、相場兄弟、石川〔人物不詳〕夫人ら集まる。石原氏、相場覚〔知覚心理学〕、土田氏らと話す。11時辞去。帰宅11時20分。

1969（昭和44）年

5月27日（火）5時半退庁。ホテルオークラ行き。藤島氏と会い、「あしべ」へ。三浦〔雄一郎〕のエベレストスキーの話〔エベレスト遠征計画が2月に発表され、話題になったとみられる〕、外務省枢軸派のこと、美濃部批判、ヒトラー出でよ、石原慎太郎のことなど。8時半終え、一同銀座へ。「ばんく」へ。10時頃になり、歩いて日航横の「ひらた」へ。藤島氏の彼女のバーなり。プロデューサーの中井氏〔人物不詳〕を紹介され安保映画の話。11時頃退出。帰宅11時半頃。

6月5日（木）5時、藤島氏来る。餞別2万円渡す。大津室長に合わせ、佐藤総理夫妻と会ってきた話。橋本昭（共同通信）と行った由。民間PR機関のこと、「今週の日本」批判、石原慎太郎のこと、妻を殴ったという話など。英国の犬批判も。

1971（昭和46）年

8月6日（金）4時半、藤島来る。アメリカに移住（日本脱出）すると。中近東の骨董販売などやる由。

中東はアメリカに向いていること、外務省大使館のだらしなさ、マスコミにアメリカ通信を頼まれていることなど話して40分余で去る。

　8月17日（火）　6時前退庁。「松亭」行き。藤島氏来る。アメリカ移住?にあたり懇談。アラブの神秘、人の心を魅すること、反ソ親米のこと、ベドウィンの生活、骨董屋商売開始のこと、日米関係、外交問題意見聞く会のこと、日航運賃と学生のこと。村松剛氏とはイスラエル問題で対立の由。ペンクラブのことなど。8時半過ぎまで。青山へ藤島氏を送り、帰宅9時半。

　9月1日（水）　6時前退庁。「醍醐」行き。藤島氏に川口アキ氏来て挨拶。すぐ〔川島広守〕室長も来る。食事しつつ話す。中近東のこと、川口氏の仕事のこと、杉本氏（新宿予備校）の死去のことなど話す。川口氏の話かなりウソがある。爆弾を自民党と朝日新聞に投げるなどという。9時頃まで話して二次会へ。「ばんく」へ走り、軍歌など聞く。10時頃去り、歩いて「ラ・モール」へ。中曽根康弘、三輪ミツワ社長など在り。15分ぐらいで出る。更に歩いて「ジュン」へ。川口氏の顔。30分ぐらい居て11時頃去る。藤島氏眠ってしまう。そこで別れ。室長の言によりバー「姫」に入る。30分ぐらい飲む。ようやくハイヤーを頼み、11時半頃出る。渋谷の官舎に室長を送り届け、帰宅12時半。

　1973（昭和48）年
　4月7日（土）　六本木グランドマンション3階へ。6時、日華民族文化協会発会式に出席。賀屋興宣、木内信胤〔経済評論家〕、角田順〔国士舘大学教授〕、宇野精一〔中国哲学者〕、村松剛、漆山成美、藤島、小谷秀二郎ら在り。台湾側から林金莖、黄天才、陳盛南、鏡振宏、謝仁剣らに紹介され話す。浪漫社の西川社長とも話す。川島室長も来る。7時半過ぎ退出。地下鉄で帰宅8時20分。

　7月28日（土）　小谷氏と藤島氏来る。日華民族文化協会の伊藤〔人物不詳〕事務局長を斬った旨報告。金の使い込み、県議某と飲食、斎藤栄三郎〔経済評論家、参院議員〕に接近。威張り散らし、女の子も造反など。9月の催しの件など話していく。

　1974（昭和49）年
　2月20日（水）　12時半、ホテルオークラ行き。藤島氏来たので食事し、金大中に関する資料もらう。韓国政府は日本のマスコミに怒っていること、「浪漫」のこと、その他話し合い、2時解散。帰庁。

104　堀江湛《ほりえふかし》

（慶応義塾大学教授、政治学）

1967（昭和42）年

10月17日（火）　6時前退庁。〔大津英男〕室長を「富美川」に案内。中村菊男、中村勝範、利光三津夫、堀江湛、上条〔末夫〕。中村グループとの会合。菊男先生の「〔日米〕安保肯定論」と小説「若い思想の旅路」の話。羽田事件と大学問題を論じ、あと小選挙区制、食管、都市化の話など。9時20分頃解散。帰宅10時過ぎ。

1968（昭和43）年

4月9日（火）　6時前退庁。「もみぢ」行き。中村菊男、〔中村〕勝範、利光、堀江、上条在り。食事して「日本の選挙構造」の批評。東京都知事選の予測話。混戦と。今年度の調査項目相談。選挙、マスコミ、文化人、60年との比較、治安立法、対策、国際、沖縄といったテーマで分担することとする。中村〔菊男〕氏の台湾、沖縄、香港、フィリピン行きの話も。8時半終了。解散。

1971（昭和46）年

6月24日（木）　6時前退庁。「山王飯店」行き。中村グループとの会。中村菊男、中村勝範、利光、堀江、上条の5人。食事しつつ話す。百人委員会の件、時事通信社の件、参院選の件、今年度研究テーマ（都市化、生き甲斐、目標）、3党（社公民）合一の件など話題。概ね菊男先生の独壇場。8時半終了、解散。渋谷までタクシー。帰宅9時15分。

1972（昭和47）年

6月9日（金）　6時前退庁。「山王飯店」行き。上条君在り。遅れて利光氏、堀江氏来る。食事して話す。奈良時代の政治史、遣唐使のこと、道鏡のこと。西山事件のこと。慶大ゲバのこと。医学部と病院のことなど。8時までで解散。車で送らせる。私は出光寮まで来て、奈良氏（外務省）歓迎会に出席。

1977（昭和52）年

1月24日（月）　5時半、東京新聞の大林氏来る。

６２９号に案内。食事してから堀江氏の参院選予測の方法を話してもらう。衆院選との統計的推測なり。自民55ぐらいで敗北と出る〔１９７７年７月の参院選の自民の獲得議席は63で、無所属からの入党を含め過半数を維持した〕。あと政治の話。質疑応答などあって７時半頃解散。一緒に退庁。タクシーで家まで。応接間で２人で話。福田内閣に文化・スポーツを導入する要。文化、芸術、趣味、鎌倉、陶芸、寺、美術、ボロ市、祭、共産圏のスポーツ、文化、各党首の人柄、日韓問題、社会部記者と政治部記者、その他、10時まで話す。車で自由が丘まで送る。

２月17日（木）昼、白亜ビル行き。審議員会議で堀江氏の「参院選の予測」を聞く。東京新聞に出た分と東京２区の調査の分など。統計的に見た予測。自民過半数割ること確実。大来氏は新自由クラブより出ること確定（途中退席）。各氏より質問あって２時終了。帰庁。

105 本間《ほんま》長世《ながよ》

（東京大学教授、米政治・文化研究）

１９６９（昭和44）年

４月21日（月）６時退庁。「福田家」行き。本間長世氏来る。永井陽之助氏の紹介なり。アメリカ事情を聞く。面白い。ジョンソン大統領を評価し、ケネディを批判。黒人問題、学生運動等の話となる。日米関係シンポジウムの打ち合わせをやり、了承を得る。８時50分頃終了。渋谷まで先生を送る。帰宅９時半前。

９月19日（金）５時40分頃、神谷不二氏と一緒に退庁。「福田家」へ。本間氏も来る。宴。アメリカの研究所のこと、ドイツのこと、女性分析、その他の話。９時解散。私は残って、神谷氏と碁局。二子置かせ勝ち。11時終。あとハイヤー待って大学問題、次期政局の話などする。12時辞去。帰宅12時半前。

１９７０（昭和45）年

７月１日（水）12時、赤坂東急ホテルへ。本間氏来る。14階の食堂行き。次長のアメリカ行きに備え、本間氏より米国事情聞く。学者の名、黒人問題、左派勢力のことなど。１時半退出。帰庁。

１９７２（昭和47）年

１月14日（金）４時退庁。ホテルニューオータニ行き。アメリカ研究会。本間、江藤〔淳〕在り。続いて川島〔広守〕室長と永井陽之助。サンクレメンテの成果、丸山真男のことなど話した後、本間氏より「アメリカ外交の国内的条件」と題して報告。ベトナム戦の転機、大統領の機能、連邦憲法、イデオロギーの役割、孤立主義、国民の対外関心、世論、人種問題、南部、対日理解などについて説明。5時半から質疑。江藤氏の福祉政策否定論、文化復活論から始まって話は面白くなる。6時過ぎから食事。8時まで大議論。税制批判、朝鮮半島重視論、対ソ外交重視等内容あり。本間氏はどうしても発言少なくなる。次回を約束して解散。車で本間氏と一緒。帰宅9時前。

4月14日（金）4時前、班長会議退出。退庁してホテルニューオータニへ。16時、アメリカ研究会。本間氏より「アメリカ大統領選挙の現段階」について報告。70年代は60年代とは違うこと、ニクソン必ずしも絶対ならずと。あと例により江藤氏と永井氏の論説。6時一応終。室長と江藤氏は退席。残りで食事して話。毎日新聞の狂気批判。西山記者のスキャンダル。日米核部隊のこと。アメリカ情報をとる組織。キッシンジャーのことなど。8時前解散。六本木から地下鉄で帰宅8時45分。

7月22日（土）車にゴルフ道具積んで登庁9時50分。新聞・資料読み。12時前退庁。車で上野駅へ。室長ら続いて来る。本間氏も来る。12時47分発急行信州2号に乗り込む。車中懇談。食事弁当。2時間で軽井沢着。タクシーに分乗して万平ホテルへ。3時15分着。室長と本間氏は個室。休息して4時から会議。永井〔陽之助〕氏は既に泊まっており、江藤淳氏は別荘より来る。本間氏より「アメリカの民主党大会について」報告1時間。マクガバン旋風あれどニクソン勝利概ね不動と。質疑でベトナム戦争、日中問題などに及ぶ。6時半終了。食堂に至り夕食。江藤氏のヨーロッパ見聞記、日中復交の動きが中心話題。9時前車を1台呼び、江藤氏の車の後について全員江藤邸。千ヶ滝100へ（15分位）。立派な別荘1000万円かかったと。夫人と犬とレコード。粕谷〔一希〕氏途中から参加。外務省批判、ジャパン・ファンドのこと（松本重治を初代理事長にすべきと）。中公のことなど。11時半頃車を呼んでホテルへ帰る。永井氏の部屋で皆集まり日中問題（選挙前に田中総理は訪中するな）。12時半頃まで話。雨しきりに降り、よく眠れず。

11月17日（金）　5時退庁。ホテルニューオータニ行き。アメリカ研究会。本間氏が「ニクソン再選とアメリカの政局」報告。5時半了。あと江藤、永井両氏中心に話し合い。室長、次長はここで退席。6時頃から食事。日本の対米外交の甘さ、危険なナショナリズム、対ソ関係もまずい。皆国を憂う。あと江藤氏の悪徳不動産屋征伐記談をひとしきり聞く。7時20分解散。本間氏を四ッ谷駅に送り帰宅8時。

1973（昭和48）年

3月16日（金）　4時過ぎ退庁。ホテルニューオータニ行き。16階の室でアメリカ研究会。本間氏より「アメリカ社会の変化と第2期ニクソン政府の内政の方向」について報告。サイレント・マジョリティーのこと、日米経済戦争のこと、質疑、話し合い。6時過ぎより食事。〔川島広守〕室長去る。永井、江藤の戦史の話など面白い。7時半解散。帰宅8時20分。

1974（昭和49）年

4月26日（金）　5時半退庁。ホテルニューオータニ行き。16階でアメリカ研究会。食事して本間氏より「ニクソン政権の末期的症状」について1時間報告。あと討議。ほぼ辞任は間違いないという。フォードか、ジャクソンか。米国社会の分析も加わり面白い。8時終了。あと雑談。8時半江藤氏と別れ、別席で永井、本間両氏と話。外務省の国際問題研究所のこと、いろいろ聞かされる。9時15分別れ。帰宅10時前。

106 牧野《まきの》昇《のぼる》

（三菱総合研究所会長）

1972（昭和47）年

7月3日（月）　山王ビル2階のアメリカンセンターで開かれた「アジアの平和と安全―これからの課題」シンポジウムを6時半で途中退席。車で「福田家」行き。PVR会。吉村融、松原治郎〔教育社会学者〕、飽戸弘、斎藤精一郎〔経済学者〕、佐貫利雄〔経済評論家、帝京大学〕、牧野昇、綿貫譲治諸氏。如何にして研究を進めるか、問題は何かなど自由討議。佐貫節面白い（涙の経済学）。牧野氏も発言多い。他もなかなか優秀。不満、税制、勲章、官庁機能、政治など。9時解散。車で帰宅10時前。

1974（昭和49）年

1月11日（金）新聞読んで6時前退庁。ホテルニューオータニ行き。WPCの会。食事して、伊藤善市氏〔経済学者〕司会。三浦文夫氏〔社会福祉学者〕より「福祉とマンパワー」、牧野氏より「福祉と働きがい、生きがい」の報告。なかなか面白い。松原、綿貫、斎藤氏ら参加。9時終了。タクシーで六本木まで送ってもらい地下鉄。都立〔東横線都立大学駅〕よりタクシーで帰宅9時40分。

1976（昭和51）年

5月28日（金）6時半頃退出し、帝国ホテルへ。経済部のWPC会へ。牧野氏の中国技術水準について訪中談。生産性を考えないやり方、失業をなくすための非能率、鄧小平の失脚は科学技術の問題、わが国との比較、兵器生産のことなど。なかなか面白い。食事し、8時過ぎ解散。帰宅9時過ぎ。

107　松原《まつばら》治郎《はるお》

〔東京学芸大学助教授、東京大学教授、教育社会学〕

1962（昭和37）年

4月25日（水）東京学芸大の松原治郎氏、農村調査の計画書持参。説明聞いて、予算のこと打ち合わせ。

1963（昭和38）年

5月23日（木）2時半頃、5部に松原、蓮見音彦〔農村社会学〕、園田恭一〔医療社会学〕の3氏来る。来年の調査計画を説明。八戸と四日市の近代化過程をやると。110万位の予算だが、80万円にしてもらう。四日市の紹介などする。約1時間で辞去。

1964（昭和39）年

5月11日（月）9時半登庁。新聞、資料読み。松原氏、月報原稿「農村青年の意識」を持参。青年の流動状況、人口動態、社会学の方法などについて話して帰る。

1965（昭和40）年

7月13日（火）10時松原氏来る。地域開発調査の報告出版書持参。社会保障研究所の話聞く。教育社会学を東大で講義している由。再会を約束。

10月12日（火）5時半退庁。「宝家」に赴く。松原氏来る。食事しながら話す。久濶。日韓反対運動のこと、日本農村のこと、社会党の伸張見通し（あまり伸びぬ）、創価学会の地盤、全学連や学生の動向、大学移転問題、社会開発懇談会のこと、教師のこと、東大新聞科のことなど。9時解散。帰宅10時前。

1972（昭和47）年

9月19日（火）　6時前退庁。帝国ホテル4階「桃の間」でPVR。食事してから松原氏の報告「青少年の意識」16万人の調査など。なかなかよくこなしている。あと佐貫〔利雄〕氏より日本列島改造論の解説と批判。やはりうまい。9時半までかかりまだ続きそうなので私のみ退出。待たしてあった車で帰宅10時過ぎ。

1974（昭和49）年

1月11日（金）　新聞読んで6時前退庁。ホテルニューオータニ行き。16階でWPCの会。食事して伊藤善市氏司会。三浦文夫氏より「福祉とマンパワー」、牧野昇氏より「福祉と働きがい、生きがい」の報告。なかなか面白い。松原、綿貫、斎藤氏ら参加。9時終了。タクシーで六本木まで送ってもらい地下鉄。都立よりタクシーで帰宅9時40分。

4月5日（金）　3時より下のプレハブ室で住民運動調査の報告会。黒川紀章氏概説、松原氏住民運動の背景。大中氏〔人物不詳〕より事例報告。高崎地区の新幹線反対運動、福島県の原発反対運動について。あと松原補足。黒川締め括り。質問一つにより補足。黒川氏の話がなかなかいい。5時5分終了。

1975（昭和50）年

9月19日（金）　夕方、松原氏来る。〔渡部正郎〕室長支持のボランティア活動の件、外国の例、日本の内情など聞く。30分余。

1978（昭和53）年

2月8日（水）　6時退庁。ホテルニューオータニへ。KSK〔国民心理研究会〕に出席。〔下稲葉耕吉〕室長も出席。食事して藤竹〔暁〕氏の青年の意識〔世論調査より〕、佐藤〔誠三郎〕氏より戦後世代の政治意識（20代前半は成熟、保守化と規定）の話あり。あと質疑。木村尚三郎、斎藤精一郎、松原治郎ら。

108　見《み》田《た》宗介《むねすけ》

（東京大学教授、社会学）

1968（昭和43）年

12月12日（木）　12時前、民研行き。東大助教授見田宗介と会い「愛宕」へ。昼食し懇談。都市問題、大学問題の話。創価学会の支持層調査を委託し、OKとる。若くてなかなかシャープ。高橋徹〔東京大学〕より聞いて、私のことを知っていた。2時終。日比谷まで送って帰庁。

1969（昭和44）年

9月24日（水）　6時前退庁。「酔心」行き。見田氏来る。ふぐなどで飲む。駒場の状況聞く。学生と教官の思想分布面白い。創価学会の分析、政界のこと、研究所設立のこと、原理運動のことなど話し、9時まで。帰宅10時。

109　皆川洸《みながわたけし》

（一橋大学教授、国際法）

1969（昭和44）年

7月25日（金）　6時前、次長と「福田家」行き。一又正雄氏、佐藤功氏在り。一橋大の皆川洸来て食事。西村熊雄氏は失念して自宅に在り、すぐ来てもらう。大学紛争問題の話、旅券法のこと、出入国管理法のこと、外国人にないこと、台湾人、朝鮮人の反映（日本で）、ジュウのこと、各大使の話、法律雑誌のこと、憲法学者のことなど。一又氏、too much voiceと自分で言う。8時半まで話し合い解散。佐藤氏を家まで送る。家永訴訟負けるだろうと。しかし検定は必要。スタッフを取り替えよと。帰宅9時半。

1971（昭和46）年

11月29日（月）　4時半退庁。東京クラブ行き。一又、西村、皆川在り。日華平和条約論（対中共対応の仕方）、尖閣列島論など話し合う。一又氏、奥原〔敏雄〕論文の評価を訴える。5時40分になり、私は退出。

1972（昭和47）年

2月24日（木）　5時20分退庁。東京クラブ行き。一又グループ研究会。早大の大畠〔英樹〕教授より尖閣列島領有権につき日清戦争時の法的資料説明。6時20分彼は退出。続いて中村〔洸〕教授より尖閣列島の地図説明。大陸棚の境界など。7時より食事。西村、皆川、奥原氏も発言。早く灯台を建ててしまうべしとの意見強し。ナイジェリアの話。後進国収賄の話など。8時20分解散。地下鉄で帰宅。9時10分。

5月2日（火） 5時45分退庁。「ふくでん」行き。西村氏在り。中村洸、杉山茂雄、一又正雄氏の順番に来る。挨拶して中村氏のロンドン留学壮行。皆川氏、法学部長就任祝い。一又氏教科書出版祝い。杉山氏帰国祝いを兼ねた宴とする。皆川氏は7時過ぎに来る。留学の話、法政大のこと、学部長つらいこと、安井郁〔国際法学者〕批判、外務省態勢と学者のこと、国際法学会のこと、その他話す。8時半解散。それぞれ別れ車をつける。私の車で西村氏らを送り、中村氏を田園調布の家まで送り帰宅9時半。

7月4日（火） 5時半退庁。東京クラブへ。一又グループ会。佐藤功、杉山、皆川、一又、奥原。安保条約事前協議問題、日華平和条約廃棄云々の件、北方領土問題。一又氏の憂国の情。杉山氏の明快な論理。外務省のダラシナサなど。8時40分解散。佐藤氏を渋谷まで送り帰宅9時半過ぎ。

9月13日（水） 6時退庁。東京クラブ行き。一又グループ会出席。一又氏のニューヨーク学会出席報告が主。安保条約と米軍の地位、日中国交問題も大いに議論。かなり有益。西村、佐藤、皆川出席。食事して8時半解散。車で帰宅9時15分。

110 宮木《みやき》高明《たかあき》

（千葉大学教授、薬学）

1962（昭和37）年

3月13日（火） 11時、5部に行く。向坊〔隆〕、宮木高明教授来て在り。宮木氏の生物学、発生学、医学等の分野の鳥瞰図説明を聞く。初歩解説。昼、すしの弁当を一緒に食べて話す。政府補助金の実情、遺伝のこと、ガンのこと、原子力経費のことなど。4月10日に再会を約して別れる。向坊氏の誘いにより山葉ホールに行き原子力発電会社の科学映画（岩波）を見る。メダカの発生の映画（20分）もあり。1時より45分間。帰庁2時。

4月10日（火） 4時過ぎ、5部に行き宮木教授と話す。依頼事項渡す。5時頃、向坊教授も来る。こちらにはエネルギー問題を委託。雑談して6時近くなり出発。2教授が一緒に車に乗り「山和レストラン」へ。〔古屋亨〕室長に海原〔治〕防衛庁局長在り。向坊教授、海外出張の送別会。例により室長が家来を酒の肴にするが、海原氏が適当にあしらう。8時半頃一旦解散。あと2教授にお供して銀座のバー「りゅーぬ」へ。9時半頃解散。帰宅10時半。

6月11日（月）午後、5部の会。審議員室に入る。宮木氏ら在り。生物資源の話。何を報告するか、何が問題かが問題。概ね意向了解し、5時半去る。

12月13日（木）5時半退庁。銀座「はせ川」に至る。宮木氏らとの会。報告書概ねでき、見せてもらう。8時半解散。帰宅10時前。

12月25日（火）昼、5部に宮木教授リポート持参。「三会亭」に赴く。中華料理と老酒。戦時中の研究の話、SICのこと、麻薬のことなど話す。1時半頃解散、帰庁。

1963（昭和38）年

12月2日（月）5時半退庁。車で銀座の「はせ川」行き。宮木氏らすぐ来る。2階で寄せ鍋と菊正。エビ養殖物語。宮木氏も怪気炎。9時まで大いにやる。帰宅10時過ぎ。

111 三《み》宅《やけ》太《た》郎《ろう》

（早稲田大学教授、行政学）

1964（昭和39）年

1月27日（月）午後、三宅太郎氏と応対。大声で勝手なことをしゃべりまくられ閉口。途中で室に退散。

1968（昭和43）年

12月10日（火）5時20分退庁。「酔心」行き。川西グループとの会。相原良一〔東京水産大学〕氏ら在り。奥原唯弘〔憲法学〕、工藤重忠〔亜細亜大学〕、大淵利男〔日本大学〕、海妻玄彦〔東京外国語大学〕、三宅、中山健男〔憲法学〕ら続けて来る。川西〔誠〕氏は日大問題で来ず。村井、工藤両氏の学術会議選挙の善戦を慰う会となる。選挙状況報告。おのおの反省、三宅氏より例のごとく強い発言。横越英一氏〔名古屋大学〕の選挙違反問題はやはり訴えることにした。9時まで話し合い。解散。三宅氏を渋谷まで送り帰宅9時半。

1969（昭和44）年

3月11日（火）12時前、三宅氏来る。「平吉」行き。食事して三宅氏の話承る。公務員制度調査会の委員のこと（大蔵省の欠陥など）、司法試験委員のこと、その他左翼学者のことなど。何のために招いてくれたのか、はっきりしないまま1時半帰庁。
1970（昭和45）年
2月18日（水）　12時半「平吉」行き。三宅氏来る。食事して話。各学界の左翼の話、鵜飼信成〔憲法学〕、佐藤功、綿貫芳源〔独協大学〕、高柳信一〔東京大学〕、竹内理三〔東京大学〕、右も左も種々話。三笠宮批判。日本労働界のこと。ドイツ公務員制度のこと。続いて委託やりたいと。来年度のレポートほとんど完成し、持参。2時まで話し、帰庁。
11月18日（水）　12時抜けだし、歩いて「平吉」へ。三宅氏在り。食事。労働委員会の話など聞く。あと例のごとく人の批判。早大、拓大のことなど。2時前別れて帰庁。
1976（昭和51）年
6月25日（金）　5時退庁。ホテルニューオータニへ。16階で「現代政治研究会」に出席。三宅氏より過去20年間の保守、革新の支持率分析。20代、50代の差。自民への定着化。保守化の問題など。6時半食事、質疑。綿貫〔人物不詳〕、佐藤誠三郎、飽戸など面白い。

ロッキードと総選挙のことも。8時過ぎ解散。タクシーで渋谷。帰宅9時過ぎ。

112　宮崎繁樹《みやざきしげき》
（明治大学教授、国際法）
1968（昭和43）年
1月8日（月）　午後、宮崎繁樹氏、台湾旅行帰りの話。脱走兵のことなど。
5月23日（木）　午後、資料整理。宮崎氏の理論について話し合う。6時、TBS地下「ざくろ」へ。宮崎氏来る。陸士の話、沖縄問題、北方領土のこと、ドイツのことなど。領土問題で委託するよう概ね了解。8時半解散。車で渋谷まで送る。
12月11日（水）　6時退庁。六本木の「楓林」行き。6時半過ぎに明大の宮崎グループ来る。中華料理で話す。北海道、山梨のこと、北方領土、大学問題、日本民族のことなど。9時解散。宮崎氏を渋谷まで送る。帰宅9時半。
1969（昭和44）年
2月14日（金）　午後、宮崎氏来る。インドネシア出張の報告。

4月25日（金）　9時40分登庁。新聞、資料読み。宮崎氏、北方領土問題のレポート持参。クリル諸島と千島を分けること、国後、エトロフは日本固有の領土であること、サンフランシスコ条約の時はっきり主張しなかったことなど。（〔大津英男〕室長より中村菊男リポートを配布するなとの注意あり）。

7月18日（金）　午後、宮崎氏、北方領土の各論を持参。若干の話。

8月27日（水）　6時前退庁。タクシーで青松寺の「醍醐」へ。宮崎氏来る。大学紛争、赤旗寄稿のこと、安保条約違憲論のこと、北方領土問題報告書のことなど。8時解散。帰宅8時半。疲れてすぐ寝る。

1970（昭和45）年

3月5日（木）　午前、宮崎氏委託報告（外国人出入規制問題）を持参。若干話し合う。腎臓結石の由。

1971（昭和46）年

8月18日（水）　情報検討会5時15分終了。退庁。「栄林」行き。宮崎氏の話。北ベトナム旅行のことを聞く会。米軍の残虐性など。

113　**向坊《むかいぼう》　隆《たかし》**

（東京大学学長、原子力委員会委員長代理）

1962（昭和37）年

3月8日（木）　昼、官邸行き。12時半頃、東大教授向坊隆氏来る。若干話してから小客間へ。食事してから各省連絡会議。向坊氏の話「エネルギーについて」。エネルギーの新しい資源、原子力と太陽熱等について説明あり。あと質問若干。2時10分終了。結構面白い。やはり原子力のことに話題集中する。タクシーで帰庁2時半頃。

3月13日（火）　11時、5部に行く、向坊と宮木〔高明〕両教授来て在り。宮木氏の生物学、発生学、医学等の分野の鳥瞰図説明を聞く。初歩解説。昼、すしの弁当を一緒に食べて話す。政府補助金の実情、遺伝のこと、ガンのこと、原子力経費のことなど。4月10日に再会を約して別れる。向坊氏の誘いにより山葉ホールに行き、原子力発電会社の科学映画（岩波）を見る。メダカの発生の映画（20分）もあり。1時より45分間。帰庁2時。

4月10日（火）　4時過ぎ、5部に行き宮木教授と話す。依頼事項渡す。5時頃、向坊教授も来る。こちらにはエネルギー問題を委託。雑談して6時近くなり出発。2教授が一緒に車に乗り「山和レストラン」へ。〔古屋亨〕室長に海原〔治〕防衛庁局長在り。向坊教授、海外出張の送別会。例により室長が家来を酒の肴にするが、海原氏が適当にあしらう。8時半頃一旦解散。あと2教授にお供して銀座のバー「りゅーぬ」へ。宮木氏のY談など聞く。9時半頃解散。帰宅10時半。

7月6日（金）　11時、向坊教授来たので5部で話。ヨーロッパ出張の話、ウイーンの国際会議の状況など聞く。

11月27日（火）　10時半より向坊教授の教養講座「各国の原子力事情」。429号室。途中、古屋〔亨・総理府総務〕副長官の依頼で年賀状の文面修正してくれと言われ退席。岐阜向けの文面修正して渡す。昼「三会亭」に至り、向坊教授と中華料理。1時半帰庁。

1968（昭和43）年

2月29日（木）　12時白亜ビル行き。審議員会議。向坊氏の「科学者の見た核外交政策」講話40分。原子力発電、核拡散防止条約の是非等について話す。あと質問30分（久住〔忠男〕、佐伯〔喜一〕、大来〔佐武郎〕、平沢〔和重〕、大平〔善梧〕ら）。2時終了。石川〔忠雄〕氏より中共軍の研究もやると。大平氏より例により灘尾〔弘吉〕と会った話と学術会議茅場地区の話する。帰庁2時過ぎ。

1969（昭和44）年

7月7日（月）　向坊氏より大学立法の情報問われる。野沢豊吉教授来たので一緒に記者会館に行って食事。アジアの留学生対策などの停滞を憂い合う。

1975（昭和50）年

8月29日（金）　休暇とる。5時15分、車でホテルニューオータニへ。GS研究会に出席。食事して梅棹忠夫氏の「日本の文化戦略」。非常に面白い。ロシア、中国、印度、イスラムの4大世界はあきらめ不介入で、3大trans pole tripodsでいくと。留学生問題など。永井陽之助、向坊、佐伯喜一氏らより質問、発言。9時半終了。あと梅棹氏に誘われ、向坊らとバーへ行き飲む。官僚機構の話、文化戦略のことなど11時まで。タクシーで帰宅。11時半過ぎ。

114　向山《むこうやま》　寛夫《ひろお》

（国学院大学教授、労働法・現代中国法・日本の台湾統治）

1963（昭和38）年

4月1日（月）　昼食から1時半帰庁。向山寛夫氏来たので、未決だが30万円ぐらい出せると答える。

1964（昭和39）年

4月7日（火）　午後、向山氏6部に来たので「戦後台湾の内外情勢」の原稿持って相談。表現のどぎついところ修正する。

1965（昭和40）年

8月25日（水）　9時40分登庁。朝から6部資料「ベトコンとは」等の資料の配付の件で大いにもめる。結局〔本多武雄〕室長が長官にうかがい、国際情勢研究会の名で発送せよということになる。その旨、審議員会議で室長より報告。12時白亜ビル行き。あと向山氏より参院選と労組の報告などあり。

1968（昭和43）年

2月20日（火）　午後、向山氏来る。銀座の近鉄飯店へ。向山氏の中共の対地主政策史研究の計画など聞く。帰庁2時。

115　武者小路公秀《むしゃこうじきんひで》

（学習院大学教授、上智大学教授、国連大学副学長、国際政治学）

1967（昭和42）年

10月13日（金）　2時半出発。代々木八幡の武者小路公秀宅訪問。総理訪米に関する意見聴く。主として沖縄問題。なかなか論理的。米国のアジア政策に必ずしも全面的には賛成ではないことを示すことが沖縄返還に有利という説。1時間テープにとり、4時辞去。帰庁4時半。

1968（昭和43）年

3月15日（金）　午後1時頃、武者小路氏来る。ハワイ行きの話。ヒルトンホテルのラウンジへ。上智大学に移って研究所を設立する話、米中関係の調査の件、コンピューター使うこと、シミュレーション法など説明あり。日米関係はハワイで研究の由。来年度委託は米中関係とし、9月に帰国後にやってもらうこととする。3時前別れ帰庁。
11月8日（金）6時退庁。「福田家」行き。武者小路氏在り。宴。ニクソン勝利の話。アメリカ社会の問題点、日米関係、沖縄問題、ベトナム戦争、アスパック〔アジア太平洋閣僚会議〕、学生問題等々の話。来年4月から研究所発足ゆえ用心して、内調の委託は受けないという。了承。彼の家まで送り帰宅10時前。
1970（昭和45）年
3月9日（月）官邸に人事課長を訪ね、人事の件で6時半まで相談。退庁。タクシーで愛宕下の青松寺内「醍醐」へ。武者小路氏ら在り。学習院大学のこと、日米新関係のこと、在外公館と代議士のこと、国際政治のテキストのこと、その他学者の話など。9時了。ハイヤーで代々木八幡の家まで送り、帰宅9時半。
1971（昭和46）年
3月9日（火）6時前退庁。歩いて「東京クラブ」へ。国際問題研究所のパーティー。岡崎久彦氏がアメリカへ赴任するお別れパーティー。神谷不二、永井陽之助、金森久雄、本間長世、富永健一、堂場肇、粕谷一希、武者小路らと話をする。7時退出。

1977（昭和52）年
9月22日（木）昼、白亜ビル行き。武者小路氏が国際政治の構造的変化について話す。やはり抽象的で面白くない。東西問題に南北問題も加わったということなど。1時45分、話は終わったので退出。歩いて帰庁。

116 村田《むらた》宏雄《ひろお》

（東洋大学教授、社会心理学）
1962（昭和37）年
12月11日（火）午後、村田宏雄東洋大学教授来る。〔石岡実〕室長室に案内し、社会工学の話聞く。なかなか面白い。2時半終。早速「政治と社会工学」というテーマでレポート出してもらうこととする。5部担当。
12月28日（金）午前、村田氏来たので5部に案内。大学教授らをハイ・ソサエティーの調査といってやる手、女性を使う手など。「社会工学と政治」計画。
1963（昭和38）年
1月11日（金）午後、村田氏「政治と社会工学」

の原稿ペラ500枚持参。5部にて話す。次の計画100万円でやってもらうこととする。

1月16日（水）午前、村田氏来たので「人工衛星打上げの心理的影響に関する調査」を頼むことにし、細目相談。12時となり先生を伴い「三会亭」へ。中華料理食べつつ、村田氏の職業遍歴聞く。大学管理法のことも話す。別れて帰庁1時。

2月12日（火）3時半退庁。車で白山上の東洋大学へ。テレビ室4時着。村田氏のやっている実験を見学。ソビエトとアメリカの人工衛星打ち上げのテレビニュースを見せ、好き嫌いのボタンを学生に押させ、機械にかける。一方感情状況をアナライザーでとる。早大の相場均助教授と名刺交換。彼の連れてきていたInternational Research ASSOC. の Richard A. Kalish氏を紹介され、アメリカのことなどいろいろ話す。5時に実験終わり、ケイリッシュ氏若干話したいというので、近所の喫茶店で話す。他日食事でも一緒にすることを約束して別れる。相場氏の車に乗せてもらい、大回りして渋谷へ。車中種々話。

3月26日（火）村田氏12時前に来室。一緒に歩いて山王ホテルへ。相場氏とMacGinnis氏に会見。食事。マックは村田氏の学生を使って日本の学生の調査をしたい由（韓国問題と関連）。1時半頃、私のみ辞去。帰庁。

6月1日（土）午前、村田氏来る。マックは不良外人なりという。調査をタダでやらされたと。

11月20日（水）2時半頃村田氏来る。5部にて、アカハタに出た横山某の記事（村田氏の社会工学批判）につき出所など検討。川島武宜〔東京大学教授、民法・法社会学〕の批判、民社当選見込み少しなどの話あり。

1964（昭和39）年

2月6日（木）4時頃村田氏来る。アカハタに出た記事は彼の下にいた共産党員の男の仕業と分かる。

1965（昭和40）年

3月25日（木）午後、村田氏来る。左翼団体事典欲しいと。同盟のこと、全文協のことなど話す。大衆相手の文化運動、レクリエーション活動やっている由。

1968（昭和43）年

8月30日（金）午後、村田氏来る。久濶。労組の意識調査やりたいと。

117 村松剛《むらまつたけし》

（立教大学教授、京都産業大学教授、筑波大学教授、フランス文学、評論家）

村松剛氏とは、親しくつきあった。奈須田敬君とよく一緒だった。

1964（昭和39）年

5月29日（金） 5時半退庁。有楽町のすし屋横丁の「山楽」に6時。入って待つうち奈須田来る。7時に村松氏来る。ビールとおでんで話。斯波四郎〔小説家〕ちょっと来る。そのあと銀座のバー「杉」へ行き、9時過ぎまで話す。村松氏の話面白い。ベトナムのこと、平和部隊のこと、ペンクラブのことなど。帰宅10時。

6月10日（水） 5時半退庁。地下鉄で恵比寿へ。車で目黒区の防衛庁寮へ。防衛問題懇談会。堀田〔政孝教育〕局長、矢作〔十郎〕空将補、西義之立教大学助教授、中村菊男氏在り。遅れて村松氏も来る。食事しながら全般的話。防衛世論のこと、隊員の能力と士気のこと、海外協力のこと、全学連のこと、ナイキのこと、日共のこと、学者のことなど。10時まで互いに話。村松氏に平和部隊の資料渡す。西氏のフォルクスワーゲンに乗せてもらい家まで送ってもらう。彼はすぐそば。帰宅10時半。

12月17日（木） 6時退庁し、明産ビル地下のミーティングルームに至る。奈須田在り。西氏、中村菊男氏と来る。村松氏はかなり遅れる。食事して言論界批判。民社、社会党論など。会名は「かすみ会」とする。9時解散。あとは村松、西両氏に誘われ、銀座のクラブ「スウリイ」へ。10時半までブランデーなど飲み、文学座の話など聞く。西氏とタクシーで帰る。帰宅11時半。

1965（昭和40）年

1月13日（水） 5時半過ぎ退庁。「新六」へ。6時、中村菊男、奈須田、西、村松氏、相次いで来る。かすみ会。人間像のこと、右翼の電話のこと、「時の課題」充実のこと、各雑誌の傾向や部数のこと、官房長官との会のこと、中共のこと、マスコミの左翼、特に組合のことなど。9時解散。10時半前帰宅。

2月10日（水）　6時前退庁。弁慶橋の「清水」行き。中村菊男氏来る。慶大ストの話。6時半村松氏、すぐ橋本〔登美三郎・官房〕長官来る。西義之氏もやや遅れて来る。北ベトナム問題、ニチボープラント問題、核装備と教育について、三矢研究問題、マスコミ対策、文化人対策について議論出る。長官が村松氏より〝進歩的〟であると驚く剛さん。7時半、長官去る。入れ替わり本多〔武雄〕室長来る。しばらく応対。彼去って後、9時半まで話し合い。「時の課題」の改善策に集中。奈須田君のどぶろく趣味が批判される。ハイヤーで二手に分かれ、中村氏の車で渋谷まで。帰宅9時半。

3月16日（火）　5時半退庁。タクシーで東銀座の「新六」行き。村松氏来る。防衛問題の資料、「時事問題資料」、「前衛」、「社会党」等を貸す。中公内部の問題、池島信平の勢威、萩原延寿のこと、ベトナム問題、ドゴールの偉さ、法人組織としての懇談会設立について等々話し合い。京都まで行って猪木〔正道〕氏に相談する由。9時半頃まで話してからバー「スウリイ」へ。午後10時半まで飲み、タクシーで帰宅。11時過ぎ。

4月23日（金）　6時半退庁。東銀座の「新六」に至る。村松氏、約束により来る。社会党機関誌など返却。佐藤栄作総理との座談会TVに出るというので、その話。希望も述べておく。警察官の教養に関する方策、意見も聞いてメモ。8時半頃になり、隣の室にいた奈須田らも呼び一緒に話す。9時半頃出て、「ラ・モール」へ。今日出海〔小説家、評論家〕、岡部冬彦〔漫画家〕ら在り。高いバーの雰囲気よろしからず。10時半、私のみ辞し帰宅11時半。

6月8日（火）　4時過ぎ、明産ビルのミーティングルーム行き。中村、西、村松、奈須田のかすみ会会合に出席。メンバーを30名ぐらいにまで増加したいという中村氏の希望。防衛庁の会合は一応減らしていく方針。ベトナム等で連合戦線をと。5時まで話。諸件打ち合わせて別れ。帰庁。

6月18日（金）　6時前退庁。〔本多武雄〕室長より預かった5万円餞別に持って築地の「峯也」へ行き。村松氏に会い、出発前の挨拶。餞別渡す。西氏にもちょっと会う。

7月15日（木）　10時半、村松氏5部に来る。4階会議室にて班長会議メンバーで教養講座。「アルジェより帰って」。村松氏の話なかなか面白く皆喜ぶ。12時20分終了。あと、室長室で主幹たちと私ら、村松氏と会食。

7月29日（木）　5時40分退庁。赤坂の「宝家」へ。中村菊男氏在り。本多室長、村松氏、西氏続いて来る。ベトナム問題、マスコミ論、日韓問題、AA会議の件など話す。中村氏提案の機関誌を1冊持つこと、室長は月10万～20万円出すという。バカに気前よい。村松氏渡米につき要人と会う工作など話す。70年問題で政府の対応完全なりやと問われる。学者の心理、インドネシア批判等も出て9時解散。西氏の車に乗せてもらい帰宅10時前。

8月30日（月）　12時過ぎ、「宝家」行き。室長も来る。定刻半に村松氏、やや遅れて西氏来る。食事しながら話す。保守派も団結の要あること、全学連に対抗するもの。土曜会如何？　ティーチインのことなど。2時解散。室長より村松氏に餞別10万円。

9月17日（金）　朝8時、豪雨をついて自由が丘～蒲田。バスで時間かかり空港9時15分着。村松氏を見送る。家族と挨拶。中公の粕谷君在り。9時半入場したので辞去。粕谷君と中公の車で役所へ。永井陽之助と丸山真男のこと、日韓批准問題のことなど話す。曽村保信を育てることなども。役所まで送ってもらう。登庁10時5分。

1966（昭和41）年

8月19日（金）　6時過ぎ退庁。新橋の「クロスロード」に赴く。間もなく村松氏、続いて奈須田氏来る。情報センター、文化財団、インスティチューションの構想など。賀屋興宣に計画書いて出そうという。日本文化論などになり、9時頃出る。近くのすし屋で食べて10時解散。40分帰宅。

1967（昭和42）年

8月7日（月）　6時退庁。赤坂の「もみぢ」行き。かすみ会幹事で私の祝い〔主幹昇進〕をやってくれる。中村菊男、村松、桶谷繁雄、入江通雅に奈須田君。大学生批判、朝日批判多し。内調のこと、イスラエルのこと、情報機関のことなど話す。三浦朱門、藤島泰輔、松本清張のことなども。文壇とは。右翼に利用された話（村松、桶谷）など。8時終。解散。帰宅9時。

8月23日（水）　車迎え、登庁9時40分。村松氏来る。10時より4階にて班長会議。村松氏より「イスラエルの国家意識と防衛思想」と題して講演。中東戦争の状況詳しく説明。イスラエルの戦略、強さ、アラブ側の事情など面白い。12時まで一気に話し終わり解散。5部で謝礼して送る。

1968（昭和43）年

1月22日（月）　3時半、村松氏来る。〔大津英男〕室長らと会い、箱根会談の話など。戦争観、ナショナリズム、エンプラ問題等話す。5時前去る。84万円の受け取り提出あり。

7月29日（月）　5時半過ぎ退庁。「一扇」行き。名古屋大の山本賢三氏ら来る。東高の先輩。学術会議立候補のこと、作戦、福島要一〔農業経済学者〕の話、プラズマのこと、ソ連シリコンを欲することなどの話。7時半、私のみ辞去。「宝家」に赴く。村松氏在り。『論争ジャーナル』の中辻〔和彦〕君も来る。明治百年に関する若い世代の意見を中辻君より聞く。田中卓〔皇学館大学教授〕、平泉学派、大学問題、沖縄問題、日露戦争のこと〔日本の勝ち〕など。9時半退出。銀座の「スウリイ」へ。2人を渋谷まで運んで、そのまま帰宅11時。

1969（昭和44）年

1月22日（水）　3時半より『中国政治経済総覧』の企画会議。年鑑形式、来年出来、編集方針など話し合う。途中、〔大津〕室長室に呼ばれ、村松氏と会う。大学問題、中止の印象はやはりまずいと。中公問題聞く。大学改革の方向話す。駒場の教官のコンプレックス、非東大人の無責任発言など。

6月19日（木）　6時退庁。「瓢亭」行き。村松氏来る。立教大学の問題。まだ在職中の由。「村松氏を励ます会」の招待状発送先の問題。村松氏が知らない人が多すぎる由。

6月23日（月）　6時40分まで資料読んで退庁。ヒルトンホテルへ。「村松剛氏を励ます会」に列席。400名以上の盛会。坂本二郎〔評論家〕、ミッキー安川司会。佐伯彰一、遠藤周作、藤井丙午〔財界人〕、サイデンステッカー、三島由紀夫、石原慎太郎、池田弥三郎〔国文学者〕、白井浩司〔フランス文学者〕、林健太郎、御手洗辰雄〔政治評論家〕、ロゲンドルフ

〔比較文学者〕、相原良一、近藤日出造〔漫画家〕、村上元三〔小説家〕らが挨拶、激励。村松氏挨拶。私はあちこちで話し合い。ロゲンドルフ、法政の文学部長、小田村寅二郎〔亜細亜大学教授〕、矢﨑新二〔大蔵官僚、防衛官僚〕、弘津〔恭輔総理府総務〕副長官、大島康正、曽村保信、小林正敏等、その他挨拶を交わす者多い。8時半過ぎ一応終了。小谷秀二郎氏を青山まで乗せ、産業大学の話聞く。安保講演旅行中と。帰宅9時過ぎ。

1970（昭和45）年

5月6日（水）4時半、村松氏来る。カンボジア問題（米へ出兵要請の有無）話す。次長室に行き、旅券の件謝辞。韓国行きの話（ペン大会）。資料貸して車で送らせる。

1971（昭和46）年

6月1日（火）午後、村松氏来たので応接室で話す。カナダのこと、日本研究盛んなこと、加藤周一の評判悪いこと、麴町中学問題、日中問題振り回されぬよう留意のこと、ドゴールと会見のこと、三島〔由紀夫〕のことなど。『中国総覧』渡す。

118 矢野《や の》暢《とおる》

（京都大学東南アジア研究センター所長、政治学者）

1973（昭和48）年

11月15日（木）3時過ぎより室長室にて矢野暢氏の「タイのクーデター」について。学生の能力を過大に評価してはいかぬということ。王族も力は弱いこと。軍の内部にも問題はあるが、次第に固まろう。河部利夫氏〔東京外国語大学教授〕を酷評。

1974（昭和49）年

3月9日（土）10時半より〔富田朝彦〕室長室にて矢野氏の東南アジア報告。ASEAN5カ国訪問ルポ。フィリピン（マルコスに会う）、インドネシアの内部対立、タイにクーデターの可能性、マレーシアのシンガポール批判など。はっきり物を言うので面白いが、やや割り切りすぎのきらいも。質問あり。12時終了。

119 矢部《や べ》貞治《ていじ》

（東京大学教授、拓殖大学総長、評論家）

矢部貞治氏は東大法学部の政治学の教授であった。私はその講義を聞いた。安井郁氏の国際法などよりずっと面白かったのを覚えている。その後、縁あって一緒に飲むことになろうとは思ってもいなかった。

1963（昭和38）年

1月9日（水）　4時頃、次長室にて矢部貞治氏と話す（憲法調査会終了後）。〔石岡実〕室長らと。施政方針演説に盛るべき内容を聞く。

1966（昭和41）年

2月24日（木）　3時半、全国町村会館へ。選挙制度審議会に出ている矢部氏を30分余り待つ。終わったところをつかまえ、9階の食堂で話す。国際情勢研究会の会長をやってくれと。その任に非ざれど、皆さんがよいということなら座長ぐらいのつもりで引き受けようとOK。4時半過ぎ帰庁し、〔本多武雄〕室長に報告。

3月24日（木）　6時前退庁。赤坂の「宝家」に至る。矢部氏来る。長崎の話、審議員選考、交渉経過報告。遅れて大津〔英男〕室長、海江田〔鶴造〕主幹来る。4人で談笑、食事。愉快なおやじ。やはり加瀬〔俊一〕留任に反対。選挙制度のこと、日本評論家協会のこと、70年問題など話す。8時15分終了。上野駅に行くのを送る。室長の車で赤坂見附まで。帰宅9時過ぎ。

4月25日（月）　4時前、赤坂プリンスホテル新館2階へ。室長、海江田らと待つ。矢部氏来る。一室借り懇談。審議員の人選状況（加瀬問題など）報告、副議長大平、林と定める。27日の総会の議題打ち合わせ。当面の課題、安全保障問題、「中共の脅威」など説明。資料渡して30分余りで別れる。

4月27日（水）　11時半過ぎ、白亜ビルへ。椅子の配置。15分前に矢部氏来る。続いて平沢和重、小倉謙、杉江一三、林健太郎、遅れて大平善梧、大来佐武郎。参与として石川〔忠雄〕ら。社員総会。会長矢部決定。審議員委嘱、監事に小倉、杉江両氏。会長代理要員として大平、林両氏。室長挨拶。安保問題提出しておく。各幹事、6部陣容紹介。食事。日程、水曜をやめ木曜昼とする。手当は手取り6万強（会長）、5万強（審議員）と発表。1時になり平沢、林退出。あとも間もなく解散。数名残り話。大平さん等。1時半頃完了。

1967（昭和42）年

3月8日（水）　朝、日本交通の車迎えに来る。9時20分出発。矢部宅10時前到着。一緒に官邸へ。時間余りまず内調に入り、〔大津〕室長と話。官邸大臣控え室に案内。佐伯〔喜一〕氏も間もなく来る。矢部、佐伯、大津の3人で総理室に入り35分、11時半終。核政策問題説明したと。あと記者会見。1年やってきたので国際情勢研究会の成果について話したと説明。佐伯氏は神戸へ、矢部氏は法務省へ。室長より模様説明あり。沖縄問題検討頼むと。

4月18日（火）　5時45分退庁。次長と「もみぢ」行き。矢部会長との懇親会。室長、次長ら計7人。都知事問題、沖縄問題、1970年問題などの話。8時半解散。次長と銀座の「伯爵」バーへ行き、約30分いて退出。ハイヤーで田園調布へ送り、続いて帰宅10時。

5月8日（月）　9時20分登庁。矢部貞治氏死去に伴う諸件。小島〔龍一〕主幹らと相談、室長にも諮る。10時半より主幹会議となる。矢部さんの話。後任の件も出る。高柳賢三〔英米法学者〕、横田喜三郎、大野勝巳、茅誠司〔物理学者〕、古垣鉄郎〔外交官、ジャーナリスト〕、中山伊知郎〔経済学者〕など出る。あと米軍資金の日本学界流入の件、土曜会の件、15年史の件など。11時15分了。

5月9日（火）　5時半過ぎ退庁。渋谷で骨董蚤の市見てから井の頭線で明大前へ。歩いて築地本願寺和田堀廟行き。室長、小島主幹の名刺頼まれ、矢部氏の通夜に参列。焼香。杉江、大来、大野各審議員と挨拶。控所に上り一杯いただきすぐ退出。明大前より電車で渋谷。帰宅8時40分。

120　山下正雄《やましたまさお》

（東南アジア問題評論家）

1972（昭和47）年

2月17日（木）　12時、白亜ビル行き。四次防問題で討議あり。室長より見通しなど話す。山下正雄氏のインド事情説明。農業問題、貧困、政情など。絶望的な国。2時終わり帰庁。

12月21日（木）　11時過ぎ、白亜ビルへ。審議員会議出席。山下氏の「インド亜大陸とその周辺」（わが国の安全保障の一環）。バングラ、スリランカなどの話も面白い。12時20分まで。あと質疑。終わって隣の「栄林」へ。打ち上げの会食。2時半解散。帰庁。

1973（昭和48）年

4月5日（木）昼、白亜ビル行き。審議員会議。山下氏のイランの話が面白い。2時了。帰庁。

121　山田《やまだ》圭一《けいいち》

（東京工業大学助教授、筑波大学教授、社会工学）

1968（昭和43）年

6月21日（金）6時前、山田圭一氏来る。レポート「社会工学」の説明を受けてから、赤坂の「加じか」へ赴く。山田氏の欧米視察（EEC等）帰国報告。7月1日より東京工業大学助教授（社会工学）に就任の祝いを兼ね夕食。話はもっぱら写真のこと。スイスとカナダの景色のスライド映し見る。8時50分頃終了。山田氏は都立大学駅で降ろす。帰宅9時半前。

1969（昭和44）年

2月5日（水）午後、山田氏来る。大島恵一グループのリポート「社会工学」の打ち合わせ。政治との関連のこと、非行少年調査の件など。

1970（昭和45）年

3月5日（木）6時前退庁。「もみぢ」行き。山田氏在り。次長、続いて大島氏来る。ふぐ食。社会工学の説明。原子力問題。核防条約と査察問題、ティーチング・マシーンのこと、教育のことなど。8時半過ぎまで話して解散。ハイヤーで大鳥神社で大島氏を降ろし、自由が丘で山田氏を降ろし、帰宅9時半。

6月26日（金）午後、山田氏来る。報告書提出。シンクタンクの研究調査で役に立ちそう。

9月4日（金）午後、山田助教授来る。コンピューターの話。6時前退庁。帰宅6時半。

122　吉村《よしむら》正《ただし》

（東海大学教授、早稲田大学政経学部長、自民党中央政治大学院院長、政治学）

吉村正氏と吉村融氏は親子である。ともに政治関係の学者であった。

1963（昭和38）年

6月4日（火）3時より630号室にて教養講座。吉村正教授の「憲法調査会について」。制定の経緯、天皇制、国会、第9条、改正論などについて説明。あと質疑。5時過ぎ終。

1966（昭和41）年

7月5日（火）　4時半、約束の吉村正氏来る。3部の控え室で会い、古屋〔亨・総理府総務〕副長官を呼ぶ。建国記念日の審議委員を頼む。OK。あと、私と話。応援している政治家、橋本登美三郎、三木武夫。石田博英のことなど。小選挙区反対論など。5時半過ぎまで話して去る。

1967（昭和42）年

8月7日（月）　午後、吉村正氏来る。橋本登美三郎→竹下登の線で降りてきたもの。①地方自治体（小都市）の財政、行政の在り方②電算機を行政に生かす法、で各30万円という。概ね了解。地下でうどん食い、吉村氏を自民党に送り込み、飯野ビルへ。

9月14日（木）　吉村正氏ひょっこり来て、計画書様式欲しいと。行動科学の話。これでマルクスに対抗すべしと。小選挙区制、反対も述べていく。

1968（昭和43）年

12月5日（木）　5時半過ぎ退庁。「福田家」行き。吉村正氏来る。宴。大学問題、東海大学はうまくいっている由。憲法不条理のこと、米国大統領や圧力団体のこと、なかなか話面白い。9時前解散。帰宅9時20分。

1969（昭和44）年

6月3日（火）　6時、吉村正氏来室。「財政的にみた地方都市行政」報告書持参。大学立法への意見も。一緒に退庁して「たい家」へ。地方都市財政のこと、シティーマネージャーのこと、アメリカの例、大学問題、憲法改正問題、天満宮菅公のこと、TVのこと、PRのこと。9時過ぎまで話す。ハイヤーで送る。帰宅10時。

1970（昭和45）年

6月24日（水）　3時頃、吉村正氏来たので。都知事選いかに戦うべきか聴く。録音。放送大学の進行状況も聞く。

1971（昭和46）年

7月7日（水）　6時退庁。「ふくでん」へ。吉村正氏在り。政界人物物語。竹下登、橋本登美三郎、石田博英、藤井丙午、石橋湛山、三木武吉、川崎秀二、河野一郎、松村謙三、矢次一夫、三木武夫……。ほとんど早大出身。政党について著書も出そうとしている由。政治過程の研究のことなど。なかなか有益な話。人脈も分かる。9時前まで話し、日本を動かす1000人を選定する基準の研究を頼む。帰宅9時半。

10月1日（金）3時より吉村正氏の講演（地下の会議室）。「米国政治の特徴」。政党の在り方異なる。州権強く大統領の力に限界。圧力団体強し。権力の中心分散など。日本のは議院内閣制と大統領制の混合で、悪いところだけが出ている云々。質問活発。5時終了。

10月7日（木）6時退庁。「瓢亭」行き。川島室長在り。話す。北京の共同発記事取り消し問題〔詳細不明〕など話しているうち、吉村正先生とその教え子たち来る。まず宮崎吉政〔ジャーナリスト、評論家〕、太田博夫（朝日新聞関連事業担当付）、樋口弘其（読売新聞論説委員）、平山信義（読売新聞編集局付）ら来て話。政局、国連の中国代表権問題、その他話題。宮崎氏最も喋る。朝日新聞批判のこと、読売の北京特派員なかなか困難なことなど。9時近くまで話し、後刻を約す。調査の打ち合わせもやる。各人に重要人物を選んでもらうこと。帰宅9時半過ぎ。

123　吉村融《よしむらとおる》

（埼玉大学教授、政策研究大学院大学学長、政策学）

1963（昭和38）年

2月8日（金）5部に吉村融氏来たというので行き、話す。東高の後輩。人間心理の実証的研究や数学との関連、behavioral science〔行動科学〕のことなど話聞き、価値論の調査委託頼む。昼から3時頃まで話す。やっと地下に行き、そば食う。

1969（昭和44）年

10月29日（水）6時退庁。吉村融氏と「酔心」へ。ふぐ。新構想大学、放送大学のこと、三木武夫のこと、文部省のこと、平田敬一郎〔大蔵官僚〕のことなど。活発なる意見、人物評聞く。新しい分野の学問という感。8時半まで。総理府まで送り別れ。帰宅9時15分（ハイヤー）。

1970（昭和45）年

7月8日（水）5時半過ぎ退庁。歩いて「松亭」行き。埼玉大学の飽戸〔弘〕助教授来る。大学生の意識調査の資料説明し、分析の件頼む。間もなく吉村融氏来る。筑波大学の構想の話、坂田〔道太〕文相と会った話、あと大学紛争全共闘系学生の意識、放送大学問題、永井道雄〔教育社会学者、評論家〕批判、林知己夫〔統計学者〕の話し方のこと、橋本登美三郎、三木武夫のこと、文部省のことなど。シンクタンクのこと、調査のことではまた知恵を借りる約束をする。吉村氏なかなかよく成長。愉快な話多い。9時頃まで話して解散。ハイヤーで帰宅10時前。

9月28日（月）6時前退庁。赤坂プリンスホテル行き。吉村融、飽戸氏ら在り。学生問題のとりまとめ方若干打ち合わせして食事とする。福田信之氏と筑波新大学問題、教育大のこと、医者の世界のこと、NHKテレビ放送のこと、日高六郎、武者小路、関寛治〔国際政治学者〕のこと、東大新聞研のこと、公害問題、文化人類学のこと、人の噂になるとなかなか情報あり。8時15分まで話して終了。解散。タクシーで帰宅9時。

124 蠟山道雄《ろうやまみちお》

〔国際文化会館調査室長、上智大学教授、国際政治学〕

1962（昭和37）年

3月7日（水）5部に行き、来年度事業計画の相談。5時終。退庁。タクシーで民研へ。〔麻布〕龍土町の文化フォーラムへ。石原〔萠記〕氏に会い、加藤寛、河上民雄〔日本社会党委員長、河上丈太郎の長男〕、蠟山〔道雄〕（政道氏の息子）の3氏紹介される。「戦後16年史」（論争史）の相談。政治、経済、外交の3分野に大体分けるが、テーマ（問題）を総合雑誌から拾ってから考えることにする。食事して雑談。進歩的文化人の思想と行動、ロバート・ケネディ早大事件のこと（註）、アメリカ社会と大学のこと、「思想の科学」のこと、永井道雄、鶴見俊輔のことなど。8時解散。帰宅9時。

4月2日（月）退庁5時前。車で日本文化フォーラムへ。河上氏、加藤氏在り。蠟山道雄氏遅れて来る。食事して、河上（国内政党関係）、加藤（経済）、蠟山（国際政治）とそれぞれ戦後の論争テーマを説明。検討する。8時半頃まで。雑談もし、次回を30日とし解散。

4月30日（月）　5時半退庁。民研前から龍土町の文化フォーラムへ。6時半近い。加藤、蠟山道雄、石原氏ら在り。戦後論争テーマの検討。食事して石原氏の韓国訪問帰朝談多々。加藤氏のテーマの経済のテーマ7個ばかり設定して8時前、彼去る。入れ替わりに河上氏来る。国内政治について6個ばかり設定、続いて国際問題は中立主義問題を中心に各項目検討。9時15分頃まで種々懇談（大国論等）して解散。帰宅10時。

1963（昭和38）年

2月7日（木）　4時45分頃出発。車で文化フォーラムへ。石原氏の室で彼と会う。社会党史執筆の苦心談聞いてから委託の話出す。戦後思想史調査のこと、ドイツ観念論の功罪（碧海純一）のこと、隣接国研究のことなど。6時過ぎ、蠟山、河上、加藤氏ら集まってきたので、下に降り会議。例の戦後総合雑誌論文分類。国際政治、経済、国内政治の3つに分け、項目別に整理、原案を検討する。うなぎ飯食い、あれこれ雑談も出て9時近くなる。

1968（昭和43）年

2月9日（金）　1時半帰庁。すぐ前田寿氏らを乗せ、国際文化会館へ。蠟山氏に会い、〔カナマロ会の〕共同研究を依頼。永井〔陽之助〕、垣花〔秀武〕グループに入りやってほしいと。早いテンポで研究の要ありと、実際のわが国の核能力を認識する必要ありという話になる。人選も若干やり、リポート作成方法など相談し、3時辞去し帰庁。

7月12日（金）　8時40分車乗り出発。上野駅9時半着。10時5分前に「白山」急行に乗り込む。永井、前田、蠟山、佐藤〔栄一か〕君（国際問題研究所）ら在り。座席は離れ、新聞読み。12時40分頃、軽井沢着。タクシーで高原ホテル（警察の寮）行き。室割り。垣花は自分の別荘より来る。3時頃から一室に集合して報告書検討。佐藤氏がまとめたもの。口語体が多く、文章としてもまずい。あちこちでひっかかり難航。原爆兵器作成は不可能に近いことが述べられている。今までの勉強会の集大成。技術、組織、人、財政等の面から多角的にやったもの。6時一応終り。7時頃食事。海外アヴァンチュール物語り等。皆で近くの万平ホテルに行き、ウィスキーで懇談。9時まで。皆帰り。永井、蠟山と私は垣花氏の別荘訪問。昨年建てたばかりの山小屋風山荘。優雅なる生活を楽しむ如し。弟子と秘書2人。10時迎えの車来て退出。永井氏と風呂で長話。沖縄問題（本土並みで米と交渉する姿勢とれと。核付きになっても日本のコンセンサスは得られる）の話。若泉を若干批判。アメリカに利用されていると。上がって蠟山氏と話。同室なり。1時半まで、ベトナム問題、核防条約など。

7月13日（土）　8時起床。朝食後9時過ぎより会合。昨日の宿題で担当して補正したところを読み上げ直す。永井氏の分は核技術者の組織のところ、蠟山氏のは財政のところ。この2カ所の検討で12時となる。あとは前田氏が全部通読して修正することとする。チェックアウトして退出。「栄林」へ集合。総勢11名。シナ料理で打ち上げ会。映画の話など。2時解散。バラバラとなる。私は車に乗って帰ることとする。7時前、池袋下車。山手、東横、帰宅7時半。

8月20日（火）　9時35分登庁。10時半、明産ビルミーティングルーム行き。カナマロ会。関野英夫氏〔軍事評論家〕を招き、中共の核兵器のこと、わが国のABM体制のことなど聞く。核抑止力、中ソ対立、金門馬祖攻撃中止のことなど討議。中共原潜の存在についても。出席者は垣花、永井、前田、蠟山ら。午後1時終わり、「えびす」に行き昼食。TVやマクルーハン、マッカーシーの話など。2時辞去し、自民党本部の理髪店へ。

11月8日（金）　3時、国際文化会館行き。カナマロ会。蠟山氏より中共の核戦力についての考え方報告。4時まで。あと質疑1時間。中共の意図の問題に至る。戦略論の衰退～国際関係への解□〔1字不明〕～国内安定の重要性～学生問題となる。総合的対策が必要ということで学生対策、東大論など。5時半解散。永井氏の主張参考になる点多い。彼をホテルオークラに送り帰庁。

1969（昭和44）年

2月7日（金）　5時退庁。国際文化会館行き。カナマロ会。永井氏は東工大騒動で来られず。蠟山氏暇なく、まとめしていないと。京都会議のことなど話す。沖縄の核は不要という論理で詰めることにし、結論を急ぐこととする。垣花氏来る。東工大のスト問題を話し合う。前田寿氏より上智大の話。6時半終。

2月18日（火）9時55分登庁。新聞読み。蠟山氏遅れて20分頃来る。地下講堂にて彼の講演「安保論議と日本の選択」。核政策と沖縄問題のことなど。あまり話はうまくない。途中11時半頃石川忠雄氏来たとの連絡あり。退出して会う。

2月21日（金）3時、国際文化会館行き。カナマロ会。蠟山氏よりまとめの4項目など話。中共核の抑止力、対日脅威、米国の傘の信頼性、ゲリラ、ナショナリズムとの関係、核防条約可否論など討議し、大筋の結論を出す。5時終了。あと永井、垣花氏と東工大問題話し合う。次第に悪化の様相なり。車で帰庁5時半頃。

8月26日（火）6時前退出。「福田家」行き。蠟山氏来る。報告書催促の意を込めて宴。座談会、講演会が多い由。中ソ関係、安保問題の話。車運転のことも。9時了。ホテルニューオータニまで届け、帰宅10時前。（衛藤瀋吉と永井陽之助の仲のこと、潮出版社のこと、中央公論社のこと、政道氏のことなど話あり。道雄氏の成長を認める。上智大へ行くことになった由）。

1970（昭和45）年

1月10日（土）12時45分退庁。経団連ビル。本など読んで時間つぶし。1時半、10階の会議室へ。モートン・ハルペリン氏を囲む会に出席。機械設備悪く遅れる。久住、佐伯司会。ハルペリンとブルゼンスキー両氏より20分ずつSALTについて講演。あと質問。永井、岸田純之助、神谷、蠟山ら。3時休憩。SALTの効果、意義など。若泉、関寛治、三好修、堂場肇、森永和彦〔時事通信社〕ら来る。他に外務省、警察庁からも。USISより資料。私は3時で辞去。

1月14日（水）5時半過ぎ退庁。「もみぢ」行き。すぐ蠟山氏来る。ふぐ食べつつ話。日米専門家会議のこと、大きく成果があったわけではない。日米間の食い違いもなかなか大。（アメリカがアジアから兵をすぐ引いてしまうと日本人は考え過ぎるし、アメリカ人は日本人のナショナリズムを過大評価する）。中共の核と日本の安全、台湾問題、分裂国家の解決について、その他、北欧などのフリーセックス状況など。9時まで話して解散。帰宅10時前。同年1月、「日本の核政策に関する基礎的研究（その二）―独立核戦力の戦略的、外交的、政治的諸問題—」が出来。

11月24日（火） 6時過ぎ退庁。「松亭」行き。蠟山氏ら在り。肉を食べて話す。中国代表権問題、日中国交回復と台湾のこと、日米繊維のこと、米国の社会不安、日本の同和問題など。マスコミと知識人のことなども話し合い8時半解散。帰宅9時10分。

1971（昭和46）年

7月15日（木） 5時40分退庁。蠟山氏と「松亭」行き。西沢〔憲一郎〕次長紹介。公明党訪中の経緯、交渉中の苦労話、公明党内の事情、国連代表権問題、日共のこと、南米の話、アフリカ小国のことなど。話し方若干警戒気味でもあるが、あまり深くコミットしているとは思えない。それほど中国のことも知らず、公明党のことも知っていない様子。8時半過ぎまで話して解散。帰宅9時半前。

（註）1962年2月6日に米司法長官ロバート・F・ケネディが講演・討論会のため早稲田大学大隈記念講堂を訪れた際、来日に反対する学生が長官に質問状を突きつけて騒ぎ出し、ヤジと怒号が飛び交った。長官が学生を壇上に登らせて討論すると、応援部の学生が校歌を歌い出し、講堂は合唱に包まれ、混乱は収束した。

125 若泉《わかいずみ》 敬《けい》

（京都産業大学教授、国際政治学、沖縄返還交渉の佐藤栄作首相密使）

若泉氏は彼が学生時代から知っていた。東大の土曜会のメンバー（佐々淳行、矢崎新二、新居光、岩崎寛弥、粕谷一希ら）であり、内調として資金援助も若干行っていた。彼がロンドンに留学し、2年後に帰ってからはしばしば付き合ったのである。

1964（昭和39）年

11月18日（水）『調査月報』編集会議12時了。すぐ白亜ビル行き。審議員会議。若泉敬君が「中共の核実験とわが国〔日本〕の安全保障」について説明。質疑応答比較的活発なり。2時終り、帰庁。

12月2日（水） 昼、白亜ビル行き。審議員会議。若泉君から「中共の核実験と日本の安全保障」について修正報告（要点筆記し、〔本多武雄〕室長に後刻報告）。帰庁2時過ぎ。10月、中共が核実験を行ったので、若泉氏に「中共の核実験と日本の安全保障」という題で書いてもらった。「中共の核実験に対して過大な軍事的意義を付して恐怖に陥ることは、わが国の平和と安全を害する危険がある。日米安保条約が存在している限りわが国には何の影響も危険もありえない。日本は核武装はしない」という趣旨であった。この論文に若泉氏の署名はないが、内調が国際情勢研究会の名において依頼し、若泉氏が執筆、その後の彼の指針となったものである。

1965（昭和40）年

3月24日（水）　12時白亜ビル行き。審議員会議列席。ベトナム問題討議。長谷川才次氏のペーパーが読み上げられ、軍事面を若泉が説明。中共は出てくるかなど。あと質疑応答あり。2時終了。すぐ帰庁。

5月26日（水）　12時白亜ビル。審議員会議。久住氏の「核政策の問題点」、若泉君の「各国の核政策」。それぞれ質問と説明あり。2時了。帰庁。

1966（昭和41）年

2月12日（土）　2時、〔本多〕室長と退庁。2人でかすみ会事務所に至る。曽村、奈須田在り。萱原宏一フジテレビ企画局長まず来る。次いで入江通雅、若泉氏、桶谷繁雄氏ら集まる。雑談で防衛問題、マスコミ問題、社会党の運動方針批判などの話。3時より室長がアメリカ旅行の話（フーバーインスティチューション、ケープケネディ、ハワイの基地、アメリカのベトナム政策、CIAのこと等）をして、あと質疑。内調についての質問多い。中村菊男氏来る。中村勝範〔日本政治史〕氏を紹介。林三郎氏も参加。4時過ぎ室長去り、5時桶谷氏去り、続いて萱原氏去る。防衛問題、ガロワ理論、中共の軍備など話題。6時若泉去る。あと食事とって7時半まで東欧問題、官僚機構、歴史教育、中国人観等々で話。座談会記録誌出すこととする。林氏なかなかの貫禄。帰宅8時半。

3月3日（木）　退庁。車でかすみ会事務所行き3時着。若泉、入江、中村菊男と続いて来る。奈須田君と計5人で「安保問題座談会」の項目（私が持参）検討。概ね原案通り。「何に対して何を守るか」の結論を加えることとする。来週土曜にやることにして6時前解散。

3月12日（土） 午後1時、〔大津英男〕室長らと一緒にホテルオークラ行き。平安の間で言論人懇話会披露会。私らは2階の蘭の間に至りかすみ会。桶谷、林健太郎、中村菊男、林三郎、入江、曽村、若泉、小谷の8氏来る。奈須田ら傍聴。3時より5時40分まで。安全保障問題について討議。「何に対して何を守るのか」、「ナショナルコンセンサス」等、延々熱心。次回は19日と約束して解散。帰宅7時半。

6月16日（木） 12時前、白亜ビル行き。審議員会議。大来、佐伯、石川、矢部各氏欠席。若泉君よりペーパー「中共のわが国に対する直接侵略の可能性について」。読んで説明。質問活発。2時終。帰庁。

9月13日（火） 6時前退庁。半蔵門会館へ。かすみ会。秋の第1回。桶谷、中村菊男、村松剛、西義之、入江、小谷、桑原寿二、倉前義男、曽村、木村肥佐生、山崎重三郎（米軍顧問）、春日行雄（モンゴル協会事務局長）、奈須田、若泉（途中退席）ら16名。食事して放談。各人簡単に略歴など紹介。なかなか面白い。あと懇談。中村氏よりかすみ会の説明と要望あり。9時解散、西氏の車に便乗して帰宅9時半。

12月1日（木） 5時前、〔大津〕室長と退出。ホテルオークラ10階茜の間に至る。前審議員との懇親パーティー。福島慎太郎、木村健康〔東大教授、経済学者〕、今井久〔内務官僚、防衛事務次官〕、田中重之〔内務官僚、埼玉県教育委員長〕、加瀬俊一、長谷川才次、若泉敬、小林庄一〔財団法人アジア太平洋研究会〕、花井忠、気賀健三、山口喜雄〔警察官僚〕、植田捷雄〔東京大学教授、国際政治学者〕のほとんど全員が出席。新議員からは矢部貞治会長のみ。当方は室長以下主幹会議のメンバーに6部の者。石岡副長官、本多前室長も来る。なかなか愉快な話し合いとなる。途中、大津室長挨拶。7時に花井氏挨拶で解散。銀座に出てコンパルと「どい」へ。帰宅9時半。

12月8日（木） 午前中に出光丸見学後、新橋からタクシーで白亜ビルへ。審議員会議に出席。若泉氏より「中共の核武装と核軍縮に対する態度」。ペーパーにより説明。どうも彼の話し方迫力なし。少し鈍化したか。質疑あり、2時前終了。帰庁。

1968（昭和43）年

6月28日（金） 9時半登庁。10時過ぎより室長室にて若泉氏の話を聞く。主幹会議メンバーら。ベトナム和平問題、アメリカのアジア政策の変化、日米安保条約、米大統領選、沖縄問題と5点につき、米首脳、有識者の意見を説明。12時10分了。

1969（昭和44）年

12月11日（木）　審議員会議5時半終了。皆、霞友会館に移動。6時より新旧審議員の懇親会パーティーとなる。平沢和重氏（骨折のこと、ゴルフのこと、選挙予想、TVのことなど）、若泉氏（中公のこと、中教審のこと、産業大のことなど）、福島慎太郎氏（沖縄のこと）、小林庄一、杉江一三〔第2代統合幕僚会議議長〕、久住忠男各氏らと話。7時半までいて、次山王ホテルへ回る。米軍の招待パーティー。

1970（昭和45）年

1月10日（土）　12時45分退庁。経団連ビル。本など読んで時間つぶし。1時半、10階の会議室へ。モートン・ハルペリン氏を囲む会に出席。機械設備悪く遅れる。久住、佐伯司会。ハルペリンとブルゼンスキー両氏より20分ずつSALTについて講演。あと質問。永井、岸田純之助、神谷、蠟山ら。3時休憩。SALTの効果、意義など。若泉、関寛治、三好修、堂場肇、森永和彦〔時事通信社〕ら来る。他に外務省、警察庁からも。USISより資料。私は3時で辞去。

1971（昭和46）年

12月9日（木）　4時、白亜ビル行き。審議員会議。日華条約の扱い方、日中正常化のタイミングについて各人の意見開陳あり。会長の司会よし。なかなか政策的意見出て聞かせた。5時40分頃までやり終了。皆車で霞友会館へ移動。年末の忘年パーティー。前審議員らも来る。福島慎太郎、林健太郎、小池〔欣一〕内閣官房副長官、若泉、久住各氏らと話す。竹下〔登〕官房長官も来て皆に挨拶。平沢、佐伯、大平、花井、山口〔喜雄〕、植田〔捷雄〕らも在り。8時まで逐次退出。太田〔一郎〕会長をハイヤーで送り二ノ橋へ。帰宅9時前。

1972（昭和47）年

4月20日（木）　12時白亜ビル行き。審議員会議。若泉氏の安全保障に関する問題点の報告。佐伯ら討議あり。2時了。

1973（昭和48）年

9月27日（木）　12時白亜ビル行き。審議員会議。香山健一氏の話。「70年代の政治状況」。情報化社会、保守と革新の混淆。かなり面白いが老人にはダメ。石川、佐伯、若泉らが質疑。2時終了。帰庁。

1978（昭和53）年

6月9日（金）　4時45分退出。タクシーでホテルオークラ別館行き。地下2階、曙の間へ。日本文化会議10周年講演会。小林秀雄氏の「本居宣長」を終えて。書いたものより話し言葉の重要さ。漢文を訓読みにした日本人の教養。「うひ山ぶみ」は仕方なしに書いたもの。話し方までデモーニッシュで1時間、遂に質問は一つも出ずじまい。次のホールでパーティー。田中美知太郎挨拶。サイデンステッカー乾杯。鈴木重信司会。あと懇親会。林健太郎、吉村融、佐藤誠三郎、志水速雄、気賀健三、岡田英弘、香山健一、高根正昭〔社会学者〕、三輪良雄〔内務官僚、防衛事務次官〕、田中健五、林三郎、村松剛、清水幾太郎、永井陽之助、原田統吉〔陸軍中野学校第二期生〕らと話。挨拶だけは鈴木、若泉、池井優〔政治学者〕、奈須田、西村ら。8時半まで話して退出。虎ノ門まで歩き、自由が丘。帰宅9時半。

126　渡辺茂《わたなべしげる》

〈東京大学教授、東京都立工科短期大学〈現首都大学東京〉学長、システム工学者〉

1967（昭和42）年

8月15日（火）　5部の幹部会11時半終了。東大の渡辺茂教授来る。挨拶。欧米を回ってみた科学水準の話。昼、「えびす」に行く。プラスチック製品の話、業績評価システムのこと、アメリカの能率話など。1時終え、科学技術庁まで送り帰庁。

1968（昭和43）年

2月2日（金）　11時、渡辺氏来る。委託の件相談。「人民日報」の安保の事項を引き抜いて、コンピューターにかけ判断すること注文。金は3月末までで20万とする。

4月4日（木）　葬儀に列席。帰庁2時半。渡辺氏訪問の報告あり。分析の途中経過。

9月3日（火）　午前、渡辺、高瀬保両氏来る。次期調査計画を契約。今年1年の連続及び北京放送との比較。過去10年分を深く分析。

1969（昭和44）年

2月20日（木）　6時退庁。「一扇」行き。渡辺、高瀬両氏在り。海洋研究のこと。コンピューターのこと。数学のこと。人工心臓のこと。B52沖縄、その他の話をして8時20分解散。帰宅9時10分。

3月6日（木）　5時50分退庁。「福田家」行き。東大医学部の豊川〔行平〕、上田〔英雄〕両教授激励会。渥美〔和彦〕教授と藤村〔靖〕教授も来る。斡旋の渡辺氏も。医学部の現状、医局の実態、青医連の猛威、豊川氏の文春寄稿文読み上げ。話弾んで9時まで。大いに頑張ってくださいと励ます。各々タクシーで送らせる。帰宅9時半頃。

1970（昭和45）年

6月17日（水）　渡辺氏11時に来訪。「公害」について聞く。輪廻論。12時ホテルオークラ行き。食堂で昼食し、話の続き。1時、TBSまで送り帰庁。

1971（昭和46）年

9月17日（金）　6時45分まで時間待ち。打ち合わせ。「福田家」行き。渡辺氏在り。食事して話を聞く。中共の科学技術水準かなり高く、油断ならぬこと（有益）。科学の将来、システム工学のこと、人間の幸福とは、エネルギー源のことなど。9時20分まで。ハイヤーで帰宅10時。

10月21日（木）　12時白亜ビル行き。審議員会議。渡辺教授より中共の機械工業技術水準について説明。肝要なところはかなり水準が高いこと、資源も豊富なことなど。質問あり。やや驚きの表情。2時終了。

127　綿貫譲治《わたぬきじょうじ》

（上智大学教授、政治社会学）

1972（昭和47）年

7月31日（月）　6時前退庁。ホテルニューオータニ北斗の間でPVR、食事して綿貫譲治氏司会。飽戸弘氏報告「日本人の満足度」。調査結果について。面白い。仕事のやりがいなど。例により、佐貫〔利雄、帝京大学〕、牧野〔昇〕両氏のやりとり。吉村融、松原治郎氏らの質疑など。9時終了。〔川島広守〕室長も終わりまで。帰宅10時前。

1974（昭和49）年

1月11日（金） 6時前退庁。ホテルニューオータニ行き。16階で5部のWPCの会、食事して、伊藤善市氏〔東京女子大学〕司会、三浦文夫氏〔日本社会事業大学〕より「福祉とマンパワー」、牧野昇氏より「福祉と働きがい、生きがい」の報告。なかなか面白い。松原、綿貫、斎藤氏ら参加。9時終了。タクシーで六本木まで送ってもらい地下鉄。都立よりタクシーで帰宅9時40分。

1977（昭和52）年

1月22日（土） ホテルニューオータニ「有明」。現政研の会、綿貫譲治氏より「日本の社会構造と日本人の政治意識の底流と第34回衆議院選挙結集について」。調査数字を基礎に若干の解説。

7月30日（土） 12時退庁。帝国ホテル行き。現政研に出席。綿貫氏のアメリカ話若干。食事して公平〔慎策、杏林大学〕氏より参院選等の分析。自民どん底、政権選択意義その他。続いて佐藤誠三郎氏より、民意は選挙結果より世論調査の方がより信頼できる。労組の組織集票能力低下。共産党の頭打ち。技術ミス。自民は硬派タレント出る余地あり。公民は現状維持。衆院では新自クの出る可能性あり云々。あと質疑。綿貫、村松ら。3時過ぎまで。3時半頃退出。

1980（昭和55）年

7月7日（月） 5時半過ぎ退社。タクシーでパレスホテルへ。2階「菊の間」。経済部の現政研の会に参加。綿貫、飽戸、公平各氏らに大林主一氏〔政治記者〕の報告。選挙結果分析と政局（鈴木〔善幸〕総理のことなど〔鈴木の自民党総裁決定は7月15日だが、党内の主軸は鈴木を推す方向に大きく動いていた〕）。8時まで。あと質問、意見など。9時に終わる。沢井〔照之〕次長、山本哲夫主幹に挨拶。グリルへ行き一杯飲んで話。政局、野党のこと、その他。10時頃退出。

14　京都出張

志垣氏は政府に味方する学者をリクルートするにあたり、各地を飛び回って優秀な人材をその目で確め、委託研究費を渡していた。中でも有力な学者が多い京都を重視していたらしく、京都出張の動静に一章を割いている。志垣氏が一九六七（昭和四十二）年七月に学者担当の第五部の主幹になった直後、学者への委託費が大きく報じられる事件があった。『朝日新聞』が九月十六日朝刊社会面トップで、内調が共産圏情報と交換で研究費を援助するなど、露骨な誘いかけを強めていると批判的な記事を書いたのである。志垣氏の日記には、室長から連絡があり対応に追われたことや、会田雄次氏から講演の断りと研究費の一時停止の電話があった旨が記されている。朝日報道は翌月の京都出張にも響き、志垣氏は「大分仕事がやりにくくなった」と、日記でこぼすことになった。

政府機関と関係を持つことは情が移り、国民の正確な判断を失うことになる

一九六三（昭和三十八）年

二月二十六日（火）　五時半起床。食事せず六時出発。○○〔妻の名〕の車で目黒まで送ってもらう。山手線で東京駅。第1こだまに乗り込む。小津〔邦郎〕君在り。七時出発。車中、朝食、雑談。関ヶ原付近雪かなり降る。昼食後、京都午後一時着。雨。（中略）市警本部長と会い、五部の仕事のことなど話す。電話を借り、梶山雄一氏〔仏教学者〕、池田進氏〔教育学者〕に連絡。ＯＫ。車を借り洛陽荘まで。室で若干休養、仕事の打合せをして四時京大へ。文学部で梶山助教授に会い、近くの喫茶店に行き、調査の趣旨説明。なかなか慎重で引き受けないが、「東南アの宗教と政治」というテーマで一応やるという。インドの源流が主で、後に日本への影響を入れて書く。契約委託書渡して、後日確認することとして五時頃辞去。

次で教育学部に池田進教授を訪問。個室で三人、文春に載った座談会記事を基にし、宗教のこと、教育のこと、国家観のこと、人づくりのこと、大いに調子よく話す。六時過ぎ、洛陽荘の食事断ることにして三人で外出。池田氏の案内で京祇園車道の「みかく」に至り上る。牛肉の油焼と酒。池田氏ぜんそくで若干停滞したが、それでも教育、思想などの問題話し合い八時頃まで。概ね話し合ったことを中心に書いてくれることを約束。別れて洛陽荘に八時半頃帰着。入浴後あんま呼んでもむ。門限などうるさい。電話で上山氏に連絡。十一時頃就寝。

二月二十七日（水）　八時起床。八時半食事。雑談後碁一局。四子置かせて二目負。田中美知太郎氏に電話し、明日を約束。十二時出発して四条へ。高島屋食堂でやきそば食って、交通公社で帰りの切符を頼み、車で嵐山の方向、太秦へ。雨の中を探して。垂箕山八番の上山春平宅を訪問。二時過ぎ。彼の中公の戦争史観の論文をきっかけに戦争体験の話。中曽根〔康弘〕、早川崇、石田博英らをかなり評価している。自衛隊の在り方など意見なかなか面白いが、協力して意見書くことは頑として承知せず。政府機関と関係持つことは情が移り、国民の正確な判断を失うことになるとか、思想の科学の仲間に具合悪いとか、理由あり。やむを得ず、個人的つきあいの期待にとどめて辞去。四時頃。車で熊野神社へ。小津君を教育学部に降ろし、池田教授に会わせ、五万円渡し約束執筆を明確にする。小生は朝日会館〔「朝日会館（内の交通公社）」の意か〕公社で切符を聞いたがとれておらず、あきらめ。（中略）洛陽荘へ帰着。十二時就寝。

二月二十八日（木）　八時過ぎ起床。食堂で食事。支払い。安い。荷預け、車で鹿谷へ。これも少し探して田中美知太郎宅十時過ぎ訪問。読売の論壇時評の話から現在の思想的状況の話に及び、出版界、マスコミ批判など。学生の状況も聞く。若い人の激励、研究助成という意味で田中氏に斡旋してもらえないかと頼み、助手、助教授の若いところを考えようという。意見極めてよく合い同感。ヒモ付きと言われるのを恐れているのみ。何とかいきそう。今後一層詳しく手紙等でお願いすること、また意見聴取も頼んで十二時辞去。ヤケドの跡、小泉信三氏のごとし。京都府警へ。東京の田中〔雄一〕主幹に電話報告。車を借り、洛陽荘へ荷物受け取り、京阪電車へ。浜大津まで来て、車で〔滋賀〕県警本部へ。県警の寮に至る。総務課長を紹介される。酒と肴。八時半頃、皆で車（キャデラック）で京都のバーへ行き飲む。十一時半頃就寝。

三月一日（金）八時半起床。写真初めて少し撮る。琵琶湖など。大津駅まで行き、切符一等横浜まで買い、十時十二分発第1なにわに乗り込む。車中居眠りと読書。『CIA: The Inside Story』を弘文堂の訳で読む。面白い。横浜着四時半。東横線で自由が丘。帰宅五時半頃。

一九六四（昭和三十九）年

二月二十五日（火）三時半発の第2富士に川口〔順啓〕君と乗り込む。川口君の学生時代の苦労物語。資料も読む。食堂車で食事。九時四十分京都着。タクシーで洛陽荘へ。十一時頃寝る。

二月二十六日（水）八時二十分起床。四十分食事。田中美知太郎、上山春平、池田進、会田雄次氏らに電話し、会合打ち合わせ。川口君と十一時半、教育学部に池田教授を訪問。挨拶の後、車で「富ひさ」。てっちり、ふぐ料理へ。計十万円渡す。教育問題、アメリカの話など。二時半彼を教育学部に送り、人文科学研究所分館へ。会田教授に面会。学者が政府と協力しないこと（日陰の花）などから、キリスト教文明と日本史のことなど話し合い。研究調査に予算ある旨伝える。「近代政党比較研究」で若い助教授、講師らと一緒に研究しているというので、それに使ってもらうよう話す。趣旨了解、話してみるという。契約の書類渡す。

六時半、棚瀬、梶山両氏迎えにくる。車で近衛通の楽友会館へ。京大の学士会館のようなもの。会田氏別テーブルに在り。四人で食事。ロビーで来年度の計画打ち合わせ。「東南アの宗教と民族主義」というテーマで一応了解。十万円前渡しする。八時半頃出て、四条木屋町の喫茶店で雑談し、十時別れ。帰荘。

二月二十七日（木）　八時起床。八時半食事。十時車で出発。鹿谷の田中美知太郎邸を訪問。昨年のことほとんど忘れていたので、改めて説明。若い学者のため資金出すはずだったと話す。思い出してくれた。海外旅行のことやギリシャ文明のことなど話す。田中氏、八月にアメリカの学会に出席のため資金も必要としている時だったので、それに使ってもよいことにして概ねOKとなる。大学の助手もつれていくので、その研究費用にもという趣旨にする。来年三月には学生をつれて行くから、それも概ね予約。十万円を前渡し、受取りをとることが出来た。

十一時半頃辞し、百万遍へ。コーヒー飲んでから人文科研分館に至り、上山春平氏に会う。室で若干待ってから近くのレストランへ。ライスカレー食べて大東亜戦争史観、林房雄論、定点観測、防衛問題、海運問題などなど話す。昨年よりずっとくだけてきている。しかし研究費を受け取ることは断る。時折フリーな意見を述べること、防衛庁・自衛隊見学など便宜図ることなど約束。一時半別れ。

朝日問題で結局委託は中止してくれ

一九六七（昭和四十二）年

十月四日（水）二時半退庁。橋本〔豊〕君と東京駅へ。三時発のひかりで出発。新聞読み。委託相手の話と打ち合わせ。五時五十二分京都着。タクシーで京都国際ホテルへ。休息。電話あちこち。上山春平氏まず七時二十分ロビーに来る。沖縄問題の後、朝日の記事について意見。内調の組織改革が必要だという。八時十五分会田氏来る。橋本君がうまく出迎えて鉢合わせしないようグリルに案内。上山氏を帰してから三人で話。食事。大学の無秩序問題、朝日記事と委託問題話す。結局、既に渡した二十万円は会田氏のところで凍結してもらう。研究は一時中止。来年テーマを練り直してやるということにする。十時頃外に出て、祇園の「大恒」へ。舞妓二人と話して十二時まで。車で会田宅まで送りホテルへ。就寝一時頃となる。

十月五日（木）八時頃起床。私のみ食堂で朝食。九時半過ぎ、ハイヤーで〔左京区〕田中樋ノ口の猪木正道宅へ。約束の十時着。京大内部問題を聞く。見通し一応安心と。非常識な状態あちこち。沖縄返還問題も聞く。約四十五分で辞去。河井寛次郎の焼き物などあり。ベトナムの世論調査頼まれる。ホテルに帰り記憶をメモ。東京へ電話。内調異常なし。

午後から出かけ、電話した高坂正堯宅訪問。広い書斎（父君のもの）で話。やはり大学問題と沖縄問題。猪木氏の弁を聞きたがっていたので話す。大学院制度、他に委託は？等。上山氏の見解は話しておく。彼も委託しているかと聞かれる。

二時頃出て、衣笠の立命館大学経営学部へ。橋本君が行って星野芳郎教授を伴い来る。星野氏の車で若干離れた喫茶店で話。当方二人は食事。朝日問題で結局委託は中止してくれという。二十万円の凍結もダメで返却とする。彼の中共行った話聞く。左派の金のことは当然と思われているという。京大で委託止せといった者がいるらしい。四時過ぎまで話して別れ。

車で三十三間堂の「わらじや」へ。五時まで待つ。池田進氏来る。うなぎ煮込み料理と酒。京大の話は大したことなし、学生の身も考えよと。㊒と創価学会は若干心配しているが、大学については楽観。七時頃まで話す。タクシーで彼を北郵便局まで送りホテルへ。

十月六日（金）　七時半起床。私は九時朝食。荷をしまってチェックアウト。車で京都ホテルへ。二階のロビーで待つ。鎌倉昇氏〔京都大学、金融論〕、半頃来る。沖縄の経済問題、返還方式を聞く。地下喫茶へ行き、朝日記事問題、食管会計撤廃問題、後進国援助問題など話す。自由闊達でとらわれないところよし。十一時二十分頃別れ。今後の委託も話す。もう少し暇ができたらという。

四十分頃に今度は大阪市大の岩田慶治氏来る。食堂に行き、昼食して話。主として東南アジア調査のこと、少数民族のこと、アメリカの態勢の立派で脅威になることなど、案外熱が入る。委託は平気で続行。年末に現地に行く由。あとロビーで若干話してから一時半頃別れ。

橋本君とタクシーで京大行き。構内見学。法学部前ビラあれど、佐藤訪南ベトナム反対など。内調の件、一枚もなし。回ってみて一安心。この程度なら当然。

ホテルに帰り、荷を受け取り京都駅へ。二時四十四分発で大阪へ。新大阪ホテル着三時四十分。チェックイン。休んでから四時半、大阪科学技術会館行き。七階ロビーで待ち、約三十分。五時に宮脇一男大阪大教授（工博）来る。食堂で夕食。大学の貧困、技術教育、技術革新の問題、ピンキリ教育論、産業〔「学」の誤記か〕協同批判など話す。六時半まで。委託続行。別れて橋本君と歩く。帰ホテル九時四十分。十二時半就寝。

十月七日（土）八時起。新聞読み。朝食抜き。東京へ電話。異常なし。十時五十分頃退出。阪急ホテルロビーに至る。神谷不二大阪市大教授（法博）在り。そこで若干話。報告の遅れている理由（外国旅行の多いこと）。沖縄問題に入り、熱こもる。下の食堂にて昼食。佐藤批判あり。返還方式、核問題、世論対策など。ヨーロッパのことも話したが、結局沖縄が中心。十二時四十分頃まで話し、委託費十万円も受領してくれた。新幹線こだま五時四十五分発。新横浜乗り換え九時半。帰宅十時過ぎ。

第三部　回想編2

15　委託費を受けなかった人々

志垣氏らは、若い有望な学者に委託費を出して研究をさせることで、現実主義の論客を育て、それを政策にフィードバックしていた。ただ、同じように政策に資する意見を求めるにしても、〝別格〟といえる存在がいた。戦前の流れを汲む「オールド・リベラリスト」や、それより若い保守派の文化人、新京都学派などの面々である。粕谷一希の言葉を借りると、「戦前からのアンシャン・レジーム（旧体制）に属している人々」と言ってもいいかもしれない。内調が発足したときに二十九歳だった志垣氏と深い関わりを持つには至らなかった人もいるが、委託費など簡単には口に出せない碩学ばかりである。

風姿には気品があり、圧倒された

小泉信三（東宮教育参与、慶応義塾塾長）

一九五二（昭和二十七）年十月二十三日（木）、外務省の曽野明氏と連絡し、十時半に経済学者の小泉信三氏宅を訪問。曽野氏は小泉氏と親しかった。「二つの平和」の印刷の件を報告、NHKより抗議ありし件につき、陳弁した。本と謝礼を置き、今後の協力方をお願いして帰る。

一九六二（昭和三十七）年四月二十五日（水）十二時半、車で出発。広尾の小泉氏邸を訪問。「総理と語る」テレビ対談の国家の理想像について尋ねたところ、ちょっと考えさせてくれと言って引っ込み、二十分くらいで三枚程に書いてくれた。この書簡は〔池田勇人政権の〕浅沼清太郎秘書官が大いに評価し、池田総理にも報告したのである。民族国家の責任とか、道徳教育とか説明した後、橋本徹馬〔大正・昭和の国家主義者〕の話になった。『学者先生戦前戦後言質集』をほめてくれた。

同年四月二十七日（金）に、憲法記念日の政府声明について古屋亨室長より小泉氏の意見を聞いてくれというので、午後電話で意見を求めたが、極めて否定的であった。四月三十日（月）午前中にもまた電話して聞いたが、「特になし」との答えだった。

一九六四（昭和三十九）年一月十七日（金）午後五時、岩倉〔規夫〕賞勲局長と一緒に小泉氏宅を訪問、叙勲に対する意見を聞いた。等級多くせず、現閣僚が自己のためにやったと思われないよう注意すべしとの御意見だった。

一九六五（昭和四十）年四月二十一日（水）十二時前銀座へ。小泉信三氏を囲む会が第二明祐ビル「阿比留」にて行われ、安岡正篤、小田村四郎〔大蔵官僚〕、伊沢甲子麿〔教育評論家〕らが集った。イギリスの歴史学者、トインビーのこと、漢字、漢文の教養の大切なことなどが話題となった。

東京大空襲で火傷を負い、顔面は焼けただれていたけれども、小泉氏の風姿には気品があり、圧倒された。

委託費などは出さなかった。

内調が渡したパージ研究の資料

鶴見俊輔（哲学者、評論家）

一九五六（昭和三十一）年六月十四日（木）、新橋「マリモ」で鶴見俊輔氏を中央公論社の粕谷一希君から紹介され、粕谷君らと「天はる」で話をした。訴願資料を見せてほしいという。いろいろ発表の条件などをつけ、後日を期して別れた。

その後会ったのは、一九六〇（昭和三十五）年十月十二日（水）のことであった。十一時頃、横山貞子女史（のちに鶴見夫人）が来訪。鶴見俊輔氏の手助けとしてパージの資料（訴願資料）を見たいという。出すにはいろいろ順序があることなどを話した。十八日（火）午後三時過ぎに横山女史が来て、資料の話をしているうちに鶴見氏も来た。当方は下野信恭主幹も呼んで四人で話し合った。やはりパージ（追放）の資料を貸してくれというのである。

当時内調にはパージの資料があり、ほとんどは米軍（恐らくＣＩＡ）が写真に撮っていた。私どものところに残っている資料は不要であった。もし鶴見氏が何かの役に立たせるなら、渡した方がよいと考えた。下野氏も同じ考えである。この日を契機に鶴見氏、横山女史とのやりとりが始まったのである。その後、資料は横山女史が受け取りに来た。

二人の結婚祝賀会は、六〇年十二月十五日（木）に六本木の国際文化会館で行われた。司会は永井道雄氏で、来賓は丸山真男、高木八尺〔政治学者〕、無着成恭〔教育家、僧侶〕、加藤秀俊、久野収〔哲学者〕各氏ら有名人がずらりと並んだ。私も招待されていたが、あまり話す人もなく、『中央公論』の粕谷編集長と話して退席した。

一九六二（昭和三十七）年六月一日（金）十一時半頃に鶴見夫人が来訪し、『転向』下巻をくださった。一九六三（昭和三十八）年三月八日（金）夜には、両国の「ぼうずしゃも」で夫妻と会合した。久しぶりの再会に、和気あいあいと語り合ったことを覚えている。その後、貞子夫人は三月十四日（木）、二十九日（金）とみえて、資料を運んだ。七月十五日（月）十一時過ぎには鶴見夫妻と「キムラヤ」で会い、資料を最終的に渡したものである。

一九七二（昭和四十七）年三月十八日（土）、私ら夫婦は京都旅行をした。その折、鶴見夫妻と偶然出会った。貞子夫人は、しきりに一緒に食事でもして話し合おうと誘ってくれたが、私らは奈良に行く用があり、残念だが誘いに乗れずに別れることになった。鶴見氏は、これもまた人生だとか何とか言っていた。

パージの資料は、『共同研究　転向』に結実されている。

後年、鶴見氏は私のことについて上田耕一郎氏と共に『経済』（新日本出版社）二〇〇四年一月号復刊１００号記念増大号において、次のように語っている。

志垣寛、民郎父子のこと

上田　驚いたのは、志垣寛（生活綴方運動の指導者の一人）さんの名前が出てきたことです。総理府の役人をしていた志垣民郎さんは、その志垣寛のご長男〔次男の誤り＝引用者〕ですが、私の姉と小学校の同級生でした。そして、その民郎さんの妹さんの息子が映画俳優の志垣太郎さんです。

鶴見　へぇー、それは初めて聞いた。いま活躍していますよね。志垣寛は、たいへん面白い人でしたが、息子の民郎さんもしっかりした人でした。

上田　志垣寛さんは、当時、「児童の村小学校」というのを池袋でやっていました。私の親父は上田庄三郎というのですが、高知県の土佐清水で「児童共和国」と名付けて小学校の校長をやっていたが、志垣寛さんに呼ばれて上京したのです。

（中略）

「追放解除申請書」を見る

鶴見　私がびっくりしたのは、志垣寛の息子の民郎さんから突然手紙をもらった。彼は、役人でもかなり上の方なのです。係長と一緒に新橋のてんぷら屋で会った。総理府の自分のところに占領軍にたいする追放解除申請の文書がいっぱいあるが、これを誰も使うものがいないので、使ってくれというのです。政府の現役の役人ですよ。しかもわりに偉い部署にいる人が、上司を連れてきて言うのだから、たいへんびっくりした。とにかく預かって、それを見ると、なかには、右翼で捕まっている人間で、自分は右翼ではないと自筆で書いたものなどがいっぱいあるわけ。そうした文書をいろいろ見て、右翼でもたいしたことない人だなとか思った。

上田　ＧＨＱの追放は、当初はかなり右翼にきつかったから。公職追放された人数は、約二〇万人といいますし……。
鶴見 （中略）追放解除申請書という「宝の山」、これを見ることができた。これは志垣寛の息子のおかげです。これも出典を書かずに引用しました。
上田 民郎さんも、お父上の志垣寛さんの自由な精神を引き継いでいたんですね。

『戦艦大和ノ最期』の吉田満のこと

鶴見 それからもう一つびっくりした話をすると『戦艦大和ノ最期』を書いた吉田《よしだ》満《みつる》（戦艦大和の最年少士官、海軍中尉、戦後は日銀国庫局長）が文藝春秋社の雑誌『諸君！』の対談の相手に私を指名してきたのです。対談のあとすぐに私はカナダに行ったのですが、カナダでためてあった新聞を読むと、対談の直後に、吉田満が亡くなっているのです。本当にびっくりしました。彼の追悼集が出たら、そこで書いているのは、志垣寛の息子なのです。
上田 吉田さんとの対談は、『戦争とは何だろうか』に、「『戦後』が失ったもの」という題で収録されていますね。
鶴見 対談のあとで、吉田満は、私にこう言いました。「自分は今度日銀の歴史を書く担当になった。とてもうれしい。どこで日本が踏み誤ったかはっきり実証的に確定したい。日米戦争のときに成人に達していた者は、一人残らず自分が何をしたのか、どう思ってやったのか、それをカードに書いて出す義務がある」。彼は日銀の重役、監査役なのです。そういうことで精神の喜びを感じるというのは、戦艦大和に乗り込んで頑張るというのとはちょっと違う仕方で、志はやはり生きているのですよ。戦争中は司令艦にいて、戦後もまた日本経済の司令艦に入ったわけでしょう。彼は、『戦艦大和ノ最期』とは、まったく違う仕方で、戦後も精神が躍動しているのです。

だから志垣寛の息子が、誰も研究しているやつがいないから追放解除申請の資料を見せたいと、係長と相談して出してきたという精神と、吉田満が死ぬ前に私に対談を指定してきたのとは、同じ精神なのです。

ここには鶴見氏の思い違いもある。私が彼に手紙を出すはずはないし、第一住所を知らない。しかし、パージの資料を結局出したことは間違いない。

委託費は出さなかった。

自民党にプリンシプルがない

福田恆存（評論家）

一九六二（昭和三十七）年九月十六日（日）昼、大磯の福田恆存宅に電話し、五部の各省連絡会議での講演を依頼する。人づくりの問題。

同年九月二十一日(金) 十二時半、各省連絡会議始め、まず食事をする。十二時四十五分頃、福田氏来る。室長室で休憩。挨拶の後、小客間へ。講演「現代日本の教育的課題」、特に人づくりについて。福田氏より講演約一時間二十分、世界観の不足、和魂の貧困、道徳問題、日本近代化のことなど。あまり体系的でなく、言い足りない点ところどころにあり。質問あり。エゴイズムの抑制が道徳、消費は美徳に非ずなどの答え。三時十五分頃終わる。室長室で暫時話して、NHKまで送り届ける。

六時前退庁。赤坂の「一扇」に至る。七時、福田氏来る。酒と食事。文学論、教育論、国際問題、演劇論、スポーツ論、無責任ジャーナリズムなど話す。九時解散。車で帰宅九時四十分。

一九六三(昭和三十八)年四月十三日(土) タクシーで砂防会館六時四十分着。始まっており、初めは座席に行けず。幕間で席へ。「夏の夜の夢」。劇団「雲」による公演。非常に面白い。幕間短いのがよく、パックが成功。小池朝雄のボトム、仲谷昇の大工、岸田今日子、伊藤幸子らよくできている。九時半終了。福田恆存氏に挨拶して帰る。

一九六八(昭和四十三)年七月二日(火) 七時、ホテルオークラロビーにて福田恆存氏と待ち合わせ。四階の和食室に行き食事。「解ってたまるか！」のこと。案外観客少ないと。日本文化会議のこと、金のこと、当分会として不要。個人としての企画は考える。石原萠記や文化フォーラム批判あり。文化省の必要、政治家が文化を分かってないこと、自民党にプリンシプルのないこと、左翼に負けること、国家と個人（主義）のことなど。九時まで話して別れ。帰宅十時前。

一九七〇（昭和四十五）年二月五日（木）　六時頃退庁して迎えに行く。北野アームス五〇五号室。「福田家」へ。〔大津英男〕室長ら在り。韓国の漢字廃止問題、日本の共産革命の条件について、右翼化問題、核問題（核武装、中共の恫喝など）、日米関係、安保問題、演劇のこと、文化問題、文化庁のこと、芝居を見る習慣の有無、日本文化会議のこと、『自由』誌のこと、石原萠記のこと、池島信平のこと、その他話す。八時半解散。北野アームスまで送り、帰宅九時過ぎ。

一九七四（昭和四十九）年二月四日（月）　三時半、車で出発。文京区本駒込の現代演劇協会へ。三百人劇場披露会。狂言「末広がり」を見る。四時半了。内部を見せてもらい、三階稽古場でパーティー。小林秀雄乾杯、原文兵衛ら挨拶。福田恆存氏に挨拶し、月末会合を約束。鈴木重信氏を紹介される。五時退出。

同年二月二十八日（木）　六時前退庁。「ふくでん」行き。福田恆存氏在り。〔富田朝彦〕室長も間もなく来る。日本文化会議のこと、経営のこと（四千五百万の借金）、芥川らのクーデター計画〔詳細不明〕のこと、サンケイと日共の闘いのこと、『正論』誌のこと、国会の在り方、文化庁、文化政策のこと、三大紙から閉め出されていること、政府資料のことなど。九時二十分まで話して解散。北野アームスまで送って、帰宅十時過ぎ。文化会議へ若干の資金要請あり。

一九七六（昭和五十一）年十月二十五日（月）　六時十五分退庁。銀座東急ホテル行き。七六〇号の福田恆存氏宅へ電話。福田氏来る。一緒に六本木の「和田門」へ。肉のたたきなど食って話。日本の文化的水準、観客が笑わないこと、日韓文化交流の重要性、新劇団経理の困難さ、尺貫法弁護論、親分子分関係、ロレンスのキリスト分析、現代演劇協会援助の件など。九時半まで話す。六本木角で別れ。

一九七七（昭和五十二）年七月二十一日（木）　二時半出発。銀座東急ホテルへ。三時七六〇号室に福田恆存氏を訪問。体調の挨拶。高木書房の企画「日本を取り巻く国際環境」の話。日米関係、韓国撤兵問題、日中米中問題、日本人の安易性、日本の孤立化などについて話し合い。啓発の資料必要ということになる。次で参院選の検討。自民党が常に執権政党であると国民は思っていること、与野党逆転の呼び声に国民は警戒したこと、新自由クラブは警戒すべき相手であること、その他の話。国際報道資料配付の要をまた言われる。時事の資料送ることとする。四時半頃退出。

一九七九（昭和五十四）年十一月二十二日（木）　四時、福田恆存氏来る。十五名ばかり参集したところで虎の門懇談会開始。福田氏より話。朴〔正熙〕大統領に会ったこと、優れた人物であること、今後韓国は弱まり、北に侵略される恐れありと。中東の危機、第三次大戦の可能性、日本の防衛問題はもはや手遅れか、アメリカは助けに来ない、憲法改正せよ、しかしこれも手遅れなど。一時間話し、質問かなりあり。六時十分終了。五万円渡し、「平吉」へ案内。防衛論（日本は守れる、ソ連とのことなど）、竹村健一のこと、TVのこと、芝居のこと。八時前車呼んで、福田氏は去る。

多く付き合ったが、委託費などは出さなかった。

いずれも上山氏の癇にさわる

上山春平（哲学者）

（14　京都出張の一九六三年、六四年の項参照。）

一九六四（昭和三十九）年四月十五日（水）　五時半退庁。京橋の中央公論社七階へ。六時半頃、粕谷一希、上山春平氏まず来る。次いで高坂正堯、次に奈須田敬、続いて堀田〔政孝防衛庁教育〕局長。六人で夕食。もっぱら上山氏と堀田氏の応答やりとり。防衛問題、自主防衛、待機命令、シビリアンコントロール、韓国問題、〔自衛〕隊見学など。奈須田君の例の先走り発言、「クーデター起こすほど元気が欲しい」、「上山さんらに書いてもらって啓発」。いずれも上山氏の癇にさわる。九時半まで話して解散。

結局、委託費は受け取らなかった。

田中内閣はアクシデントで潰れる

安岡正篤（陽明学者）

一九六六（昭和四十一）年五月二十日（金）　十二時、東京プリンスホテルへ。四階九重の間で〔教育評論家〕伊沢〔甲子麿〕君肝いりの会。安岡正篤、瓦林潔九州電力副社長、小島龍一〔内調職員〕、堀田政孝〔同〕、渡辺正一郎〔同〕、伊藤肇〔安岡氏の高弟〕、遅れて小田村四郎〔大蔵官僚〕、堤清二〔西武百貨店〕も。会食。帝王学、インドネシア問題、中共問題、経営者の問題など。一時半まで話し解散。

同年六月十四日（火） 六時退庁。帝国ホテル新館二階桃の間。出光佐三著『マルクスが日本に生まれていたら』品評会。安岡正篤、今村均〔旧陸軍大将〕、与良ヱ《あいち》〔元中部日本新聞社社長〕、渡辺正一郎、小田村四郎、宮下博〔人物不詳〕、小島龍一、小田村寅二郎〔国民文化研究会〕、増尾彦太郎、室伏□（1字不明）吾、伊沢氏ら。数名読後感述べ、出光氏の応答。あと食事して懇談。九時頃まで。

一九六七（昭和四十二）年一月三十日（月） 昼、田村町の中国飯店へ。河田重〔日本鋼管相談役〕、安岡正篤氏、西松三好〔西松建設〕、与良ヱ、増尾氏、小田村寅二郎、田辺兄弟〔人物不詳〕、金森久雄〔経済官僚〕、小島龍一、吉岡章〔人物不詳〕、伊藤肇、伊沢甲子麿、出光（佐三）氏ら。十三人。選挙の話、政界浄化のこと、ケネディ兄弟のこと、中共問題、財界のことなど。

同年四月七日（金） 調査官連絡会、十二時終了。歩いて溜池の東華園に至る。日本鋼管の河田重氏の主宰する会。安岡正篤、西松、金森久雄、嘉悦康人〔嘉悦学園長〕、宮下（大蔵省）、伊沢ら十人。上海料理を食べつつ知事選と女の話。

同年九月二十七日（水） 車で登庁十二時前。中国飯店行き。伊沢会に出席。河田、山本源左衛門〔東京海上火災保険社長〕、安岡正篤、小野政男〔人物不詳〕、小田村四郎、宮下、金森、芹川、伊沢ら。水野成夫〔フジテレビ社長〕のこと、堤清二のこと、宇宙研のことなど。一時四十分解散。
同年十二月八日（金）　班長会議、十二時過ぎ終了。すぐ赤坂の「栄林」へ。東京海上山本源左衛門氏の席。安岡正篤、与良ヱ、金森久雄、小田村四郎、伊沢甲子麿、小島龍一参集。東京海上ビル擁護論、創価学会論、漢文教育論、国際収支、ポンド切り下げ、日教組など話す。二時過ぎまでいて解散。

一九六八（昭和四十三）年六月七日（金）　昼、東京プリンスホテルへ。安岡正篤氏、伊沢、増尾ら在り。小島、堤清二氏来て食事。伊沢君の天皇論、アメリカ批判など。参院選問題、中共問題、原潜、東京都知事問題、若い者のサイケの感覚、西武デパートのこと、上田耕一郎のことなど話す。二時前解散。なかなか堤よし。
同年十一月六日（水）　十二時、溜池の東華園行き。伊沢会。河田重、安岡正篤、上村健太郎〔内務官僚、東京十二チャンネルプロダクション社長〕、金森久雄、小田村四郎、小野政男、伊沢ら。学生問題が話題の中心。つぶせとの意見（安岡、河田）。上村氏は手なしという。都議選のこと、ソ連大使のPRのことなど話す。一時半解散。

一九七四（昭和四十九）年二月四日（月）　主幹会議は木下〔昌昭〕君に頼んで十二時前出発。

ユニバック前の「赤坂荘」行き。安岡、西松醇厚〔西松建設〕、渡辺正一郎氏在り。続いて近藤貞、伊沢、国島文彦〔警察官僚〕ら来る。食事し懇談。青嵐会のこと。日本は旗頭が必要なタテ社会。会長ができないようではダメ。田中内閣はアクシデントで潰れる。健康のこと、梅干しと番茶。接してもらさず、ナポレオン以下権力者になってから女色、酒等で弱くなった話など。二時解散。

委託費などはもちろん受け取っていない。

やはり多彩多才な人物なり

堤清二（セゾングループを築く。辻井喬の筆名で作家、詩人としても活躍）

堤清二氏とは個人的にも親しくなり、自宅に招かれたこともある。彼はしばしば私たちを招いてくれた。その例を示そう。

一九六五（昭和四十）年九月三十日（木）　班長会議十一時四十五分了。タクシーで芝のプリンスホテル行き。三階で西武百貨店堤氏招待の昼食会。伊沢、渡辺正一郎、小島龍一、伊藤肇、小田村四郎。日韓問題、右翼問題、マスコミ（三大紙等金の面、共同・時事のこと）、全学連、大蔵官僚論（国有財産投下問題）等々の話。堤氏なかなか分かる。二時解散。

一九六六（昭和四十一）年十月十八日（火）昼、赤坂プリンスホテル行き。堤清二との会。小野政男、渡辺、小田村四郎、宮下、伊沢、与良ヱの八人。福本問題、代議士のこと、知事選、総選挙のこと。堀田〔政孝〕有望の由。官僚決起のこと話す。二時前解散。

一九六八（昭和四十三）年十月十六日（水）十二時過ぎ、小島氏と芝のプリンスホテル行き。堤清二氏の招待会。東京海上の山本源左衛門、出光の武貞〔彦一郎〕専務、荘、増田、伊沢と計八人。主として堤氏の東欧旅行談、週刊誌に書かれる話、チェコ問題、東西貿易の必要性、学生問題など。一時半解散。

一九六九（昭和四十四）年一月三十日（木）〔夕方〕堤清二氏に会い、日本国中タガがゆるんでいる話。リーダーシップの不足、管理能力の不足について。

同年九月二十五日（木）十二時、小島氏と一緒に麻布のプリンスホテル行き。泉の間で伊沢、増尾、小田村、堤と六人で昼食して話。『財界』誌対談のこと、下田会議、中曽根発言、安保問題、米側意見のこと、日米経済協力体制のこと、防衛論、札幌地裁判事の傾向について、佐藤四選不可なること、各種佐藤批判出る、池田大作と会うというので創価学会の話、辻井喬の小説のことなど。二時過ぎまで話し合って解散。やはり多彩多才な人物なり。

一九七二（昭和四十七）年十一月十六日（木）昼、プリンスホテル行き。四階桂の間で伊沢、金森、奈良、渡辺正一郎、小田村、宮下と集まり、堤清二氏来る。田中内閣の方向に疑念多し。列島改造論と土地買い占め。派閥選挙と新人の進出、四次防と予算、田中邸訪問人、円切り上げ問題など話す。堤氏は相変わらず若々しい。一時二十分頃去り、あと二時前まで食事して解散。

一九七三（昭和四十八）年三月二十二日（木）十二時、銀座の「吉兆」へ。瓦林九電社長と近藤〔良貞〕高岳製作所会長在り。マスコミの話。堤清二、伊沢来る。やや遅れて柴田周吉氏〔三菱化成工業社長〕も。昼食しつつ有田〔一寿〕クラウン社長参院選出馬の話。金森久雄君退官の話。瓦林氏南ア行きの件も。間もなく有田氏来て、福岡選挙区から出るとの話。かなりやる気あり。皆で勧める。一時四十分解散。

同年六月八日（金）六時前退庁。ホテルオークラ行き。有明の間にて、現代演劇協会十周年記念パーティー。堤氏と自民党批判の話。安達〔健二〕文化庁長官と文化庁の話。斎藤広氏と日本文化会議と金の援助の仕方の話。

一九七四（昭和四十九）年十二月十日（火）十二時前出て車で赤坂の出光寮へ。安岡正篤、有田一寿、堤清二氏らを囲んで昼食会。小田村、宮下、広江、国島、津沢、伊沢、武貞ら。新内閣批判、特に永井道雄文相の評判悪し。財界批判も出る。あと部落問題。二時解散。

一九七八（昭和五十三）年九月二十六日（火）十二時過ぎ外出。赤坂見附から歩いて「清水」へ。堤清二、丸山昂〔防衛事務〕次官、宮下創平審議官あり。続いて伊沢氏、遅れて小田村来る。六人で宴。小田村の退官慰労会。官庁の機密漏洩のこと、栗栖〔弘臣〕氏のこと、中曽根のこと、新自クラブ（以上二件堤氏評価せず）、中川一郎のこと、小田村の健康と農林漁業金庫のこと、右翼のこと、福田内閣の評判好転のことなど話し合い、二時解散。

一九八〇（昭和五十五）年三月二十四日（月）十一時出社。四十分出発。赤坂見附より「清水」。伊沢、国島文彦、小田村、金森久雄、丸山昂、やや遅れて堤清二来る。七人で食事し話す。国島氏の退官慰労。右翼の騒音何とかならぬか、防衛問題（北海道のこと）、参院選自民苦戦のこと、日ソ貿易うまくないこと、経済問題など。一時半に国島、小田村去り、あと若干話して二時前解散。

これが最後の会合で、堤氏は執筆活動に忙しくなった。委託費などは必要なかった。

16　一宿一飯組

次に述べる人々は一宿一飯組として処遇される。一度は食事を一緒にしたとか、話をしたとかいう程のつきあいである。

＝以下、五十音順

浅井正昭〔心理学者〕、阿部斉〔政治学者〕、池田潔〔英語学者〕、池田進〔教育学者〕、石渡利康〔国際法学者〕、磯村英一〔都市社会学者〕、遠藤欣之助〔民社党立党に参画、『改革者』編集長〕、大久保貞義〔独協大学教授〕、大谷恵教〔早稲田大学教授、政治学者〕、岡田直之〔社会学者〕、奥原唯弘〔憲法学者〕、尾上正男〔ソビエト外交史学者〕、北岡勲〔政治学者〕、北川敏男〔統計数学者〕、木村健康〔経済学者〕、日下喜一〔政治学者〕、工藤重忠〔政治学者〕、久野昭〔哲学者〕、桑田三郎〔国際私法〕、高山岩男〔哲学者〕、小松春雄〔政治学者、西洋政治史〕、坂本二郎〔未来学者〕、向坂正男〔官庁エコノミスト〕、笹本駿二〔ジャーナリスト〕、白井浩司〔フランス文学者〕、白鳥令〔政治学者〕、杉森久英〔小説家〕、高木宏夫〔宗教学者〕、高瀬浄〔経済学者〕、舘稔〔人口学者〕、田中重之〔内務官僚、埼玉県教育委員長〕、千谷七郎〔精神病理学者〕、筑波常治〔科学評論家〕、中山健男〔憲法学者〕、西野照太郎〔アジア・アフリカ問題専門家〕、花井忠〔弁護士、検事総長〕、浜井修〔倫理学者〕、林知己夫〔統計学者〕、林雄二郎〔未来学、情報社会論〕、福井治弘〔政治学者〕、福島新吾〔政治学者〕、宮本正尊〔仏教学者〕、三輪知雄〔生化学者〕、武藤光朗〔社会思想家〕、村井藤十郎〔商法学者〕、森隆夫〔教育学者〕、山本賢三〔名古屋大学教授、核融合、プラズマ科学〕、吉田健一〔批評家、作家〕、綿貫芳源〔行政法、環境法〕。

吉田健一氏は、吉田茂元総理の息子で酒が好きであった。ゆったりとした態度で菊正を飲む風情はなかなかのものであったのを覚えている。綿貫芳源氏は、私の高校の一年先輩でいろいろ教示を受けた先輩である。

17　ミスターXの退官

私はその後、国民出版協会（内閣調査室の外廓団体）に十二年間いて、「虎の門懇談会」を月一回主催した。その後、村井順氏の総合警備会社（ALSOK）の子会社、千代田管財（株）（現在のALSOK保険サービス〈株〉）に十二年間在職し、七十九歳をもって退職した。

内調退職当時の心境を最もよく伝えてくれるものとして、東京新聞の大槻立一記者が書いた「ミスターXの退場」があるのでここに転載する。（東京新聞一九七九〈昭和五十四〉年八月十八日〈土〉朝刊）

世相巷談「ミスターXの退場」

「もうこの辺でいいだろう。私の使命も終わったようだ」——こう静かにつぶやきながら一人の政府高官が退官していった。

Xとしておこう。高官といっても行政の表舞台には出ず、戦後一貫して公安、警備関係、それも国民意識の分析を専門の仕事として歴代保守内閣を裏側から支えてきた人だ。

なぜ、ミスターXの使命は終わったのか。なぜ、彼が退官する心境になったのか。

このX、役人時代、多くの場合は覆面をしていたが、実は毎年八月になるとしばしば国民の前に姿を現していた。テレビ局の終戦記念番組で必ず使われる「学徒出陣」のニュース映画。あの日本ニュース第百七十七号（昭和十八年十月二十七日）の画面の中で、秋雨煙る神宮外苑競技場を角帽、学生服にゲートル姿、重い小銃を肩にめりこませながら悲壮な表情で行進しているのだ。

「あれが私の人生の原点です」——。T大法学部在学中に学徒出陣、中国大陸を転戦し敗戦、復員後A省入り。

戦中多くの学友、戦友を失い、戦後は多くの友人が、革命または革新への道を選んだ。革新のカナメ、社会党のスローガンは「青年よ、銃をとるな」だった。魅力的だった。

だが、Xは体制側の、それも公安の道へ進んだ。Xの心理状態は屈折したが「戦前、戦中のドイツ、日本などのファシズムと同様、マルクス・レーニン主義という単一イデオロギーで支配される国に日本がなった場合、若者が再び銃をかつがされる危険性が多いのではないか」と考え、自分の役職を納得した。当時の国際共産主義脅威論を自分なりに解釈したのだ。

二十七年の皇居前血のメーデー事件、三十五年の安保闘争とXの仕事は急激にふえ「体制の危機をモロにはだ身で感じた」そうだ。

「だがもう安心できる。一人あたりの国民所得が約百万円になり、分配もうまくいってているのか、自分が中流の生活をしていると思っている国民が九〇%もいる。これが成熟した社会というのかな。家族で外食もでき、好きな本も読め、戦争もない。案外、私が学徒出陣のとき夢見た社会なのかもしれない」

「いまの若者をシラけ世代なんて批判するのはかわいそうだ。若者は反逆するといっても、いまは生命をかけても倒そうという、過酷な体制がないんだもの。公安調査庁や警察庁は予算目当てにいろいろいうが、こわいのはテロだけだ」

Xは退場していった。だがことしの夏も、若き日のXはテレビ画面に登場した。戦争体験の原点だけは風化させたくない。（森）

私はかねて、花鳥風月と親しみ、己の命ずるまま人生を思う存分楽しみたいと思っていた。PSRの人々と接触して、世間的な仕事はもういい、この人たちに委せればいいと思っていたから、五十五歳を機に引退することを考えた。村井順先輩からは、けしからんと怒られ、古屋亨先輩からはいつのまにか辞めてしまったと非難されたが、私の人生はこれでよかったと思っている。

例えば、ある室長が副長官に昇格しようとしてやった手口は相当なものであった。竹下登をはじめとして、あらゆる手づるに声を掛け、副長官になろうとした。私は官僚というものは、政治家とは一歩離れて己を持するものであると思っていたから、このような室長の行動は目に余るものがあった。だが、彼は遂に副長官になるのである。そして然るべく評価を受け、出世の途を歩んだ。

私は、世の中とはこういうものだと感じたのである。

権力欲の強かった者は、他にもいた。彼は内調室長から警察官僚を経て、赤じゅうたんを踏んで大臣にまで上り詰めた。彼に対する周囲の評判は決して芳しいものではなかった。

以上の二人は権力亡者として私の心に残る人である。

「内閣調査室秘録」解題

岸俊光

歴史は夜つくられる

「午後六時退庁。△△で○○と食事」——。内閣調査室幹部、志垣民郎氏の仕事は、人々が家路を急ぐ夕方から本格化する。学者との酒席は連日連夜に及び、多かった時期には一晩のうちに四軒、五軒と回り、別の席と掛け持ちすることも珍しくなかった。

「この一年人と会うということが仕事の本体となった。それは極めて有益なことであり、将来武器ともなりうるものだ。これは努めてやらねばならぬ」（志垣氏の一九六七年の日記の回顧）、「5部の仕事の学者との付合いは相変わらず激しかった。夜会うのが仕事とあきらめて体の続く限り務めた」（六八年の日記の回顧）

この濃密なつきあいが内調の学者人脈を強くするとともに、さまざまな委託研究の充実につながったのは間違いない。やはり歴史は夜つくられるのである。

内調の「文化面」を担当する志垣氏が知識人対策に深く関わることになったのは、進歩的文化人を攻撃する雑誌の連載を執筆してからだった。この連載は吉田首相や緒方竹虎副総理らに賞賛され、『学者先生戦前戦後言質集』という本にまとめられて、内調内で志垣氏の評価を高めた。

そこから転じて、志垣氏は将来有望な学者を左翼にせずに取り込んだり、政府の味方になってくれる学者を育てたりする仕事に邁進する。その学者人脈は志垣氏が幹部になった一九六〇年代に花開き、内調が学者に露骨な働きかけを強めているという朝日新聞の報道で一時動揺をきたしながらも、日本の核政策研究などで重要な成果を上げるのである。

志垣民郎という男

ここで志垣氏の貴重な証言を理解するうえで助けになる志垣氏の人となりや内調の歴史を紹介しておきたい。

志垣氏は一九二二（大正十一）年十月二十二日、東京・神田に生まれた。父母とも熊本の出身で、父の志垣寛は教育評論家として名を馳せた人だった。兄の名前である乾郎の「乾」は天を、民郎の「民」は民衆（地）を意味するという。

一家は一九二三（大正十二）年の関東大震災に罹災し、転々とした挙げ句、中野の野方に落ち着いた。自宅近くには、長じて日本共産党参議院議員になる上田耕一郎と同党議長になる不破哲三の兄弟が住んでいた。兄弟の父の上田庄三郎と志垣寛は、共に教育畑で交流があった。

青年期の志垣民郎氏の節目になったのが、一九三五（昭和十）年四月に旧制・東京高等学校尋常科に進学したことである。「東高」の略称で知られる官立の七年制高校で、明治時代以来の蛮カラな書生風俗とは違う、リベラルな校風で知られた。

東高のあだ名の「ジュラルミン高校」について、志垣氏と親交があった元『中央公論』編集長の粕谷一希はこう説明している。

「ジュラルミンは、アルミニウムを主成分とする軽合金で、性質が優秀なために、一九三〇年代、急速に飛行機・自動車などをはじめ、社会生活に使用され出した合成金属である。／鉄や鋼といった天然産と比べて優秀であって軽い。ジュラルミン高校の命名は、東高の生徒は、スマートで都会的で優秀だが、なんとなく軽い、という若干の皮肉を含めた言葉だったのである」（粕谷一希著、文春新書『鎮魂　吉田満とその時代』、二〇〇五年）

東高人脈は、公私にわたって志垣氏の人生に大きな影響を及ぼすことになる。内調を語るには回り道に見えるかもしれないが、もう少し志垣氏の東高時代を跡づけてみたい。

吉田満との友情

東京高等学校は一九二一（大正十）年十一月に設立され、五一（昭和二十六）年三月に東大教養学部に解消された。文理各科、甲乙丙の三類があり、志垣氏は英語を第一外国語とする

「文甲」を選択した。

高等科三年の時、志垣氏は全寮制の「大成寮」寮頭を務めた。弓道部に入ったことは、のちに同じ弓道部先輩の村井順と出会うきっかけになった。

東高は二十九年間の歴史において、多くの有為な人材を輩出した。志垣氏の先輩には、糸川英夫（ロケット工学者）、桶谷繁雄（金属学者）、同級生には土田国保（警視総監）らがいた。同窓の縁で、志垣氏が内調に勤務してから親しくつきあう人々である。

読売新聞グループ本社代表取締役主筆の渡辺恒雄は四年後輩にあたり、志垣氏が歴代の内調室長を紹介するなど三十年以上の交流がある。

最も深くつきあった同級生は小説家の吉田満であった。

粕谷は志垣氏と吉田の関係について「生涯、吉田満との交際をつづけ、吉田満に兄事し、影響を受けつづけた存在」（『鎮魂　吉田満とその時代』）と紹介している。

志垣氏の日記によると、志垣と吉田は一九三九（昭和十四）年十一月に合宿した際、寝台が隣り合わせだったことから親しくなったようである。二人は東大法学部に進んでからも同級生で、志垣氏は後年、吉田が日銀勤務のかたわら執筆した『戦艦大和ノ最期』の熱心な読者になった。

志垣氏が戦時体験をつづった「私の戦争日記」は、志垣氏の人物や当時の世相を知る貴重な記録である。その一部を引用しよう。

昭和十六年（一九四一年）一二月八日、日本は米英に対し宣戦を布告した。当時私は旧制高校三年生であったが、支那大陸で蔣介石に手を焼いているのに、何と無謀なことをするものかと思った。多くの友達が浮き立っているのに、どうしてもこの戦争を肯定できなかった。しかし、緒戦のハワイ攻撃とイギリスの「プリンス・オブ・ウェールズ」と「レパルス」を撃沈し戦果拡大によって止むなく戦争にひきこまれていくのであった。／その後シンガポールの陥落があり、マニラを攻略、戦は順調にみえた。／この間私の生活は、久里浜における吉田満（名作『戦艦大和ノ最期』の著者）との友情にあけくれる。〈夏の光のさすもとに／あなたも君も寄つてきて／夢の一時過します／思ひ出多き久里浜の／思ひ出のこす文とめて／波の叫びを吹く風を／愛の眼で眺めませう〉

四一年夏の久里浜への小旅行は、吉田が志垣氏を誘って実現したとみられる。日米開戦の数ヵ月前、吉田を含む良家の子女が久里浜に集った。男八人、女六人のグループは、夏の陽光の下で、朝の体操、海水浴をやり、夜はピンポンや街歩きを共にした。金銭的に彼らほど恵まれていなかった志垣氏にしてみれば、「自分との生活環境の差に、心の襞に微妙な動揺もあったことであろう」と粕谷は想像する。
そうではあっても、久里浜生活は苦しい戦時下に残された夢のような時間だった。グループのリーダーは三年後に出征先の南方で散り、ほのかに慕情を抱いた二人の姉妹は四年後の東京大空襲で命を落としたのである。
「私の戦争日記」の中で、志垣氏は吉田のことを「ゲーテ的天才」、「俺の如き現実的小市民の近寄る所ではないかもしれない」とも書いている。戦争へ大きく傾く時代に運命的なものを感じながら、志垣氏は畏友吉田満との友情を大切にした。

それから三十九年後の一九八〇年、五十六歳の短い生涯を閉じた吉田満の思い出文集が編まれた時、志垣氏は学校関係の代表として刊行世話人の一人を務めた。そこに「愛と意気と」と題した一文を寄せ、東高時代の吉田との友情を紹介している。志垣氏の人柄もよく表す逸話なので、紹介しておきたい。

「高校三年の時、私はある女性と恋愛的感情をもつに至った。日米開戦と大学受験という環境の悲壮感も手伝って私は、彼女と結婚の口約束までしてしまったのである。その女性とは吉田も会ったことがあり、写真の交換までしていたから、なかばライバルのような関係でもあった。

従って、吉田にはすぐ知らせた。すると彼は『結婚の約束？　それは少し早すぎるのではないかな』といろいろ忠告してくれた。／幸か不幸かその約束は、彼女の方から解消を申込んできたので、私は悩みはしたが、吉田の忠告もあり、受験勉強に専念することとなった。／吉田は、あらゆることで私の先生であったが、恋愛についてもよいアドヴァイスをくれた。『智恵子抄』や武者小路実篤をすすめてくれた。後年、彼が幸福な結婚をし、よい家庭をきずいた基礎もその辺にあったと考える」（中央公論事業出版『追憶　吉田満』、一九八〇年）

学徒出陣

一九四二（昭和十七）年四月、志垣氏は東京帝国大学法学部政治学科に入学した。入学後まもない同十八日、米陸軍のドーリットル飛行隊が日本本土を初めて空襲した。翌四三年二月にガダルカナル島を撤退、同年四月には山本五十六連合艦隊司令長官が戦死し、戦局は敗退への道を刻一刻と辿っていた。

かくして十月二十一日、志垣氏は「人生の一大転機」となる学徒出陣を迎える。東大入学から約一年七カ月、わずか十三科目をとっただけで仮卒業となり、大学を追い出された。

雨中の明治神宮外苑競技場で行われた出陣学徒壮行会を伝える日本映画社の「日本ニュー

ス」第一七七号には、東大の前から七番目の列で、銃を右肩に抱え、ゲートル姿で行進する志垣氏の姿が映し出されている。

「私は、そして私の同期たちも、自分たちが戦争に駆り立てられるという現実を、平然と受け止めたのである。戦争に行くのが嫌だという考えは、まったくなかった。文科系だけが出征して理科系の学生が残るのも、国家の政策としては当然だと思った。そう考えなければ生きていけない時代であった」

志垣氏は、月刊誌『東京人』二〇一四年二月号に「学徒出陣から七十年、総括なき戦後民主主義。」と題するエッセイを寄せ、当時をこのように回想している。

入隊後は、横浜の教育隊や小平の陸軍経理学校、松本の中部五〇部隊勤務を経て、中国戦線に配属された。

志垣氏は後年、一九四四（昭和十九）年に陸軍経理学校に入校した同期の桜のことを『文藝春秋』の長寿グラビア「同級生交歓」に寄稿した（『文藝春秋』八六年三月特別号）。内調の委託団体、国民出版協会の会長になっていた志垣氏のほか、日本ＩＬＯ協会副会長の久野木行美、味の素会長の鈴木三郎助、新日本製鉄社長の武田豊、東京大学名誉教授の三ヶ月章、ブリヂストンサイクル会長の石井公一郎が、ホテルニューオータニの一隅でにこやかに一葉の写真に収まっている。

中国の配属先は野戦飛行場設定隊、つまり現地で飛行場を造る部隊で、数百人の中国人苦力《クーリー》と共に南京の大校飛行場などを造った。戦地ではあったが、敵と対峙するようなことはなかったという。

あの戦争は何だったのか

危機が訪れたのは、むしろ終戦後だった。すぐに帰国が叶うはずはなく、部隊は糧食の調達にも事欠く状態になった。志垣氏はここで「現金搬送指揮官」を務めたのである。戦後四十年の一九八五（昭和六十）年、志垣氏はこの時の体験を『文藝春秋』九月特別号に寄稿している。その大要は次の通り。

終戦後の不穏な状況の中、部隊が宿泊する徐州から南京の司令部まで、約三百五十キロの行程を、ほとんど歩いて現金を受け取ってこなければならない。金のことなら主計将校である自分の役割かもしれないと思って引受けた。腕っ節の強い兵四人と経理部の下士官一人を伴い、五日間をかけて南京に到着した。途中、鉄橋に爆薬が仕掛けられ列車が河に転覆して死体が浮いている脇を歩いた時は、平然を装うのに苦労した。行動中、身にしみたことは、指揮官たる自分がうろたえたりすると兵隊たちの態度が急に変わることである。長たるものはどんな時でも、少なくとも表面上は毅然としていなければならない、と。

結局、一行は四億五千万円分の儲備《ちょび》券（汪兆銘政権が発行した中央銀行券）をズダ袋に入れて徐州まで運んだ。部隊は翌年三月に復員するまでその金で食いつなぎ、仲間から大いに感謝されたという。

無事に捕虜生活を終え、両親と祖母と妹二人がいる東京の家に帰った志垣氏だが、その心は癒えなかった。

「あの戦争は何だったのか、なぜ負けたのか、『生きて虜囚の辱めを受けず』の言葉は何だったのか、これらの疑問が胸いっぱいになって、大学に戻る気にならなかった」

「同期が次々と復学するなか、私はどこにも行かず、家でひたすら本を読んだ」「この間読んだのは主に芥川の全集であった」

「日本人は簡単に民主主義に転換したがその仕方は極めてお粗末であった。昨日まで軍国主義一本槍で来たものが、一夜にして民主主義と平和になってしまった。そうなってもいいがそのやり方はもう少し考えてやるべきではないのか」

後年のエッセイには、総括なき戦後日本に対する志垣氏の割り切れない思いが切々とつづられている。

それは、吉田満の著作の次の一節などにも通じる問いかけだろう。

「日本人はごく一部の例外を除き、苦しみながらも自覚し納得して戦争に協力したことは事実であるのに、戦争協力の義務にしばられていた自分は、アイデンティティーの枠を外された戦後の自分とは、縁のない別の人間とされ、戦中から戦後に受けつがるべき責任は、不問にふされた。戦争責任は正しく究明されることなく、馴れ合いの寛容さのなかに埋没した」（文藝春秋『戦中派の死生観』所収「戦後日本に欠落したもの」、一九八〇年）

そして内調へ

半年が過ぎ、志垣氏は父の仕事を手伝った後にようやく文部省に入った。「雇《やとい》」という一番下の事務員から戦後社会に復帰したのである。

文部省時代に東高、東大の先輩にあたる村井順と知り合い、結婚の仲人までしてもらった。

その縁で村井から、新設された内閣総理大臣官房調査室に誘われることになる。

「（五月の連休が明け）久しぶりに登庁すれば既に内閣官房調査室発令官報にありと、皆知っている。（中略）首相官邸に至り村井さんに挨拶。文化面を担当してもらうとの話あり」

志垣氏は一九五二（昭和二十七）年五月七日（水）の日記（以下、「志垣日記」）に、その後二十六年を数えた内調生活の初めの一歩をこのように記している。

そして内調を退職してから十二年後、志垣氏は役人人生を次のように振り返った。「私の役人としての主たるテーマは、日本を共産革命の脅威から守るということであった」（私家版『退官以後』、一九九〇年）。

反共主義という点で、志垣氏には「日本情報機関の父」吉田茂や、初代内閣官房調査室長となった村井順と共通するものがあった。だがその一方で、戦後、周囲の素早い転身に違和感を覚え、戦争への考察、反省なしに民主主義をどうして理解できるのかと、疑問を持ち続けた側面にも注意する必要がある。

「どのような主義主張であれ、社会が一色に染まっては危うい」。そう語る志垣氏の姿勢は、内調の弘報活動でも随所に発揮されることになった。

「土曜会」への接近

内閣調査室の知識人対策は、進歩的文化人への攻撃にとどまらなかった。並行して、これは、と目を付けた「現実主義者」とのパイプを築いてきた。内調の協力者となる「現実主義者」の人脈を開拓した意味は大きく、一九六〇年代に核政策の委託研究などを進める伏線となった。

特に東京大学法学部を中心とする学生有志の研究団体、土曜会への接近は重要である。土曜会の会員には、後に佐藤栄作首相の密使役を務める国際政治学者の若泉敬や、「現実主義」の学者を多数世に出した『中央公論』編集長、粕谷一希ら、学界や官界、言論界のキーパーソンが含まれていた。

国会図書館憲政資料室が最近公開した文書資料によると、土曜会は一九五〇（昭和二十五）年五月（六月という記録もある）、全面講和論争が一世を風靡していた頃、朝鮮戦争の勃発直前に誕生した。毎週土曜に会合していたところから、土曜会という名前になったという。

一九五二年九月、機関誌『時代』創刊に際して作られた基本綱領の一部を紹介しよう。

一、我々は現在の歴史的危機を直視し、その危機克服のために、一方「新しき時代」創造への気魄と意欲を有ち、他方あらゆる既成の思想体系を批判しつつ、「新しき時代」原

理への方途を求め、真摯にその思想的・社会的基礎の探究に志す学生の有志団体たらんとする。（中略）

四、我々は、社会革新の実質的基礎は学生が現在の社会の実体に接触し、その現実を把握する事によって、正しい批判と結合の方式を見出す事にあると信じ、社会各分野の有識者、先覚者、グループ、団体との積極的連携と交流を求め、その中に正しい伝統と新しい萌芽を探り、より確実で強力な革新を将来に期する。（後略）

土曜会は発足十年を前にした五九（昭和三十四）年四月、『土曜会成立の経緯とその思想』と題した小冊子を刊行した。基本綱領を改めて紹介するとともに、機関誌『時代』に掲載された佐々淳行（後に初代内閣安全保障室長）や矢崎新二（後に防衛事務次官）の論文を再録するなどしている。

矢崎の「はじめに」や佐々の「学生運動に於ける土曜会の位置」から読み取れるのは、マルクス主義のイデオロギーに対する不信感であり、容共的な学生運動に対する嫌悪感である。基本綱領に掲げた「社会各分野の有識者、先覚者、グループ、団体との積極的連携と交流」の代表例となったのが、元首相芦田均との交流であった。

一九五二（昭和二十七）年十月から五四（同二十九）年までの間、芦田と土曜会をはじめとする東大法学部学生との交流は確認できただけでも十二回を数えた。五二年十月十三、十四両日の『芦田均日記』（岩波書店、八六年）には、学生らと会い、資金援助した様子が次のように記されている。

「十月十三日（月）晴　（前略）交詢社で東大の新人会と土曜会の代表的な学生六人と会食。青山学院の横山君も立会つた。いづれも金がないというから貧者の一灯を寄附しようと話して別れた。『大学の空気は全く外からの想像以上です。何しろ社会党右派が反動だと呼ばれる。それから右の政党は問題外です。だから新人会でも社会党左派と言はなければ存在し得ないんですよ』と学生が口を揃えて言う。今日逢つたことは参考にもなり有益だつた。（後略）」

「十月十四日（火）くもり　（前略）十時半に家を出て交詢社で東大の新人会と土曜会の代表者、学生国防研究会の横山君と三人に逢つて、三者に夫れ夫れ寄附金を五万円宛渡した。私が彼等に言つたことは、『君達はお国の為めに身を張つて闘つている人だ。その運動はどこ迄も学生として純真にやりなさい。私は内密に物心両面から君達を援ける義務がある。然しこの関係は内密にして置かないと君等の運動の妨げになる。私は君等を利用しようと考えたり、Patronらしく口を出したりする気持はない。何等ヒモのつかない援助として受取つて置き給へ』。学生達は元気よく、いろいろの話をした。（後略）」

資金援助の実態

では、内閣調査室と土曜会の関係はどのようなものだったのだろうか。実は、内調は草創期から土曜会に目をかけ、機関誌『時代』の発行などを支援してきた。

「志垣日記」の一九五二年七月二十九日（火）の項には、次のように土曜会関係者が登場する。

「（前略）午后一時、溜池にて佐々、新居〔光〕の両君に会う。事務室（赤坂産業ビル）にて話。今後の方針等。雑誌発行の件、アルバイトの件、等。アイスクリーム食って三時別る」

土曜会の機関誌『時代』が創刊されたのは五二年九月であり、「志垣日記」の「雑誌発行の件」とは『時代』のことであろう。先にふれたように、土曜会メンバーが元首相の芦田に十月に会った際に金を無心したのも、『時代』の発行等で資金が必要だったためと思われる。

当時、多くの学生は共産党の強い影響下にあった。土曜会が作られた当時を振り返った一九五八年の『時代』十号にも、「戦後の学生運動が一番激しかったのは、昭和二十三、四、五年ころなんです。そのころそれに対抗する学生運動が出てきたわけだ」といった記述がある。

志垣氏も編者のインタビューに「当時、東大は左翼勢力が強く、出版物等でも負けそうだった。そこに『時代』一誌でも出れば、一応の対抗策といえた」、「反共の組織として（マルクス主義のイデオロギーに反対する）土曜会に援助するのは当然だった」と述べている。

土曜会を最初に志垣に紹介したのは室長の村井か、それとも別の人物か、志垣氏の記憶ははっきりしない。だが内調の発足時点で、すでに結成から二年を迎え、優秀な会員が活動の幅を広げようとしていた土曜会は、うってつけの協力相手だったといえよう。

一九五二〜五四年の「志垣日記」から、土曜会に関連する記述を拾ってみる。前述したように、五二年七月に佐々らの名が初めて現れた後、志垣氏と土曜会は急速に接近した。

「（五二年）八月二十七日（水）　曽野〔明〕氏放送討論会出席の為、学生動員頼まれ、佐々〔淳行〕君に連絡」、「八月二十八日（木）　佐々君の方六人土曜に来ること決定」

「八月三十日（土）　佐々、高橋、新居、五十嵐の四人のみ。ゴローの二階に至り話。ビールとすし。土曜会の在り方について。曽野氏七時半頃来場。紹介。例によって一席弁ず。今日の四人は意気投合。国際情勢の判断、大学教授批判等共鳴。明後日の放送討論会の打合せ、戦術」

「九月一日（月）　曽野氏と編集打合せ。土曜会のメンバーに感心」

佐々の『焼け跡の青春・佐々淳行』（文藝春秋、二〇〇六年）などによると、この討論会はNHKのラジオ放送で、テーマは「非武装中立は是か非か」。外務省情報文化局の曽野明課長が学生に応援を頼んだ経緯がある。佐々らには、東大でソ連批判連続講演会をした時に曽野が講師を引き受けてくれた恩義があり、お返しとして討論会に参加した。会場は非武装中立派で埋め尽くされ、曽野は野次と怒号に包まれたが、若泉敬ら土曜会の学生がフロアから次々に非武装中立論を論破したという。

土曜会は内調だけでなく外務省にもパイプを持っていたことが分かる逸話といえよう。

月々四万五千円渡す

「志垣日記」の中で目を引くのは、内調から土曜会メンバーへの資金提供である。

「（一九五二年）九月十六日（火）　矢崎と佐々、『時代』百六十部持ちて来る。室長室にて受取り、八千円渡す」

「十月二十日（月）　矢崎、新居両君来る。五十嵐君、大日向君の件、早大の件、宇都宮氏の件等、話あり。十月分として五万円（内、五千円は五十嵐君用のを天引き）渡す」

「十一月二十二日（土）　新居君来り、ソ連研究講座、駒場祭、国防協会などについて報告あり。三万手交」
「十一月二十七日（木）　高橋君来る。国防協会用の二万円渡す」
「十一月二十八日（金）　佐々君来る。学生運動の原稿料五千円渡す」

五二年の日記に残るだけでも、以上のやりとりがある。志垣氏は編者のインタビューに「月々四万五千円渡していた」と証言している。五二年当時の国家公務員の初任給（大学卒業程度・六級職）が七千六百五十円だったことを思えば、支援はかなり多額だった。

日記を見る限り、内調と土曜会の交流は、土曜会機関誌『時代』が創刊された五二年九月十日直後が一つのヤマ場になった。

五四年の日記によると、三月二十八日（日）には、佐々と新居が東大卒業の挨拶に志垣氏の自宅を訪れている。

若泉敬と粕谷一希

土曜会には優秀な人材が多く、後年各界の指導的地位に就いた者もいた。

そうした中で、内閣調査室が一九六〇年代に核政策研究を本格化する際に重要な役割を果たしたのが、沖縄返還交渉で佐藤栄作首相の密使役を務めた国際政治学者の若泉敬と、高坂正堯ら現実主義の論客を多数世に出した『中央公論』編集長、粕谷一希であった。

ここからは志垣氏の回想録を振り返るかたちで、内調ゆかりの知識人の重要な一人だった若泉と、志垣氏の近くにいて人脈作りを助けた粕谷について紹介しておきたい。

若泉については近年、幾つかの優れた伝記が発表されている。だが、内調との関係はほとんど知られていない。前述のように粕谷の著書『鎮魂　吉田満とその時代』には、志垣民郎氏のことが出てくる。それでも粕谷自身と内調との関係には言及していない。

「学者たちは内調とつきあっていると言われるのを恐れていた」と志垣氏が言うように、政府の情報機関と関係を持つことはタブー視された時代だったのである。

若泉が土曜会機関誌『時代』に初めて登場したのは、一九五四年二月十五日発行の第四号である。若泉の東大入学は五〇年四月。土曜会はその年の五月に発足し、『時代』が創刊されたのは約二年後の五二年九月のことだった。若泉の『時代』デビューは、当初の中心メンバーである佐々や矢崎よりかなり遅かった。

その理由は、若泉が土曜会の創設メンバーではなく、最初は渡辺恒雄や氏家齊一郎（元・日本テレビ放送網代表取締役会長）らがつくった東大新人会に入り、二つの会が交流するようになって勧誘を受け、土曜会に加わったためとみられる。

それでも、若泉は土曜会関係の活動に熱心で、生涯の友も得た。『時代』第四号に掲載された若泉の原稿は、アジア国連学生大会に出席するため、五二年十二月に訪れたインドに関するものである。

「最近のインド――青年に欠ける独立精神――」と題する若泉の論説は大要以下の通り。

首都ニューデリーをはじめ、ラクノウ、ハイダラバッド、マドラス、カルカッタなどを約二カ月半めぐって抱いた全般的印象は「飢えたる巨象」とでも表現すべきものだった。「長い闘争と多くの尊い犠牲の上にかちとられた独立であるにもかかわらず、その国の将来をトすべき青年学生に新しいインド建設の情熱と意欲が期待したほど感ぜられなかったのは、わたくしの皮相的観察の故だったろうか。もちろん例外は沢山あったが、一般的印象として、かれらに毅然たる独立精神とか、自主自立の気概といったものが何か欠けているように思われた」

若泉はインド・ナショナリズムには共感できなかったらしく、不満を隠さない。

併せて、日本の一部知識層や社会主義者に信奉されているインド「第三勢力論」について、「幻影以上の何ものでもなく、またあり得ない」と厳しく批判した。

熱のこもった論説は、一九九六年に若泉が没した後、土曜会以来の友人が若泉のことを「真に対等な日米関係の抜本的な再構築」、「自由自尊の顕現」を目指した憂国の士などと評したことにも通じるものがある。

インド、ビルマを回って帰国すると、若泉は五三（昭和二十八）年九月に「大林健一」の筆名で、小冊子『独立インドの理想と現実　インドは「第三勢力」たりうるか』を出版した。その抜粋が『時代』に掲載された経緯は不明だが、インドの見聞を基に日本の第三勢力論を批判したところは、「特定の既成イデオロギーの教条主義的態度にくみしない」という土曜会精神の現れとみることができよう。

インド第三地域論の原稿は、内調の志垣氏と若泉が関係を深めるきっかけにもなった。若泉が『時代』に登場する機会は第四号から多くなり、イギリスに留学以降、五六（昭和三十一）年十一月十五日付の第七号「英国の学生と政治」などが続いた。ここでは、日本の非核政策に関連する論考を引こう。

最初は五八（昭和三十三）年三月二十五日付の『時代』第九号に掲載された「日米関係の基本問題」である。五四（昭和二十九）年三月に東京大学法学部政治学科を卒業した若泉は、保安庁保安研修所の教官（助手）となる。その後、ロンドン大学大学院に留学し、夏休みを利用してアメリカ各地を旅行した。第九号の論考はカリフォルニア州リバーサイド市に滞在中、キワニスクラブ（国際奉仕団体）で行った演説を邦訳したものである。

ここで若泉は、日米間に友好的で合理的な関係を維持することが重要としながら、望ましからぬ問題をいくつか取り上げる。その一つが駐留米軍の基地問題である。日本国民の多くは自衛力が強化されるまでは駐留を必要と認めているが、「いつまでも無制限に駐留することはよくない」と述べる。

次に触れたのが沖縄の問題である。若泉は、極東で朝鮮戦争のような事態が起きない見通しが得られるまで沖縄の米軍基地は必要だという見解を示した。

三番目に挙げたのは、核兵器の爆発実験であった。日本人の反対を紹介しつつ、「多くの日本人は、国際連合の軍縮会議で西欧諸国とソヴィエト連邦が何らかの協定に達し、一方的ではなく双務的な軍縮取極めが得られることを衷心より願っております」と訴えた。

ここまで『時代』の記事から若泉の足跡をみてきた。それではこの間、土曜会の活動を支援してきた内閣調査室と若泉の関係はどのようなものだったのだろうか。「志垣日記」の若泉に関する記述を追ってみよう。

結論を先取りすれば、「志垣日記」に若泉が現れる頻度は、『時代』に若泉論文が掲載される頻度と軌を一にしている。『時代』に若泉論文が載る時には、それと前後して若泉が日記の話題にのぼったり、若泉自身が志垣氏を訪ねたりしているのである。

若泉のことが「志垣日記」に初めて登場したのは一九五三（昭和二十八）年五月十四日（木）

の項の「新居君来り、若泉君の『インドの第三地域論』原稿持参。」という一文であった。五月二十七日（水）の「新居君来る。若泉君の稿料と、四万五千円渡す」がこれに続いた。

小冊子『独立インドの理想と現実』が出版されたのは五三年九月。『時代』に「最近のインド」が掲載されたのは五四（昭和二十九）年二月十五日の第四号だから、日記の記述は小冊子が出る少し前になる。処女作の刊行にあたり、内調が土曜会初期メンバーの新居光を通じて若泉に稿料を渡し、援助した可能性がある。

とはいっても、若泉と志垣氏の関係が深まるのは、若泉が五四（昭和二十九）年に東大を卒業し、保安研修所に就職してからだった。

「志垣日記」の同年三月二十五日（木）の項には「昼、室長、佐々君、矢﨑君、新居君、若泉君と六人、からす亭に赴き食事。三人の卒業祝いなり。土曜会のこと、MRA〔道徳再武装。キリスト教の精神を基調に精神的道義の再建を通じて人類の和合を説く運動〕のこと、国警のこと、英、仏、独のこと、カンニング、道徳のことなど話」とある。

四月以降、面会はさらに頻繁になった。

四月五日（月）「七時、〔木村行蔵〕室長宅に着く。青年の集い。佐々、若泉両君激励と調査室青年部への話」

五月六日（木）「若泉君来たので事務所の件と毎月の援助の件話す。室長と三人でからす亭行き、食事。若泉君の海外旅行記の印刷発行について打合わせ」

五月十五日（土）「二時半頃、若泉君来り。購入希望図書示す。六月中休みというのでその間に原稿書いてもらうこととす。土曜会の『時代』の内容につき話」

八月十六日（月）「三時より官邸大食堂にて、室長、工藤、真先、中田、若泉、志垣と六人で会合。若泉君の『共産主義との共存は可能か』の説明あり。質疑応答を行う。今後も研究続けること約束」

主な記述をみても、国警（現・警察庁）に就職して疎遠になった佐々に代わり、若泉と内調との関係が志垣氏だけでなく他の職員にも広がった様子がうかがえる。双方の濃密な関係は、若泉が五五（昭和三十）年一月にロンドン大学に留学するまで続いた。

「雑誌ヅラ」をしていた粕谷

さて、ここからは粕谷一希と内閣調査室の関係をみてみよう。粕谷と土曜会の関係は、土曜会初期の中心メンバーだった佐々や矢崎とも、東大卒業後さらに親しくなった若泉とも違うものだった。

『土曜会』の存在は知っていたが、自分から積極的に関わろうとは思いもしなかった」、「その遠い存在である彼らが雑誌をつくることになり、なぜか私に編集長をやらないかと持ちかけてきたのである。私が駒場のキャンパスの芝生でひなたぼっこしていると、新居光が突然、『おまえは雑誌ヅラしているから入らないか』と言ってきた」

粕谷の著書『作家が死ぬと時代が変わる——戦後日本と雑誌ジャーナリズム』（日本経済新聞社、二〇〇六年）には、こうした興味深いエピソードが綴られている。

ここでいう雑誌とは、土曜会の機関誌『時代』のことである。なぜ『時代』という名にしたかというと、「〔「秀才」の名をほしいままにした同世代のシンボル的存在〕遠藤麟一朗の『世代』という雑誌に憧れて」いたからと粕谷は書いているが、「〔岩波書店の〕『世界』に対抗する綜合雑誌に」も合い言葉にしていたらしい。

いずれにしても、粕谷は一高で一緒だった本間長世、芳賀徹、高階秀爾、清水徹ら学者肌の仲間に近く、土曜会のような血の気の多い行動派は遠い存在のはずだった。なのに、大学を一年落第するほど雑誌づくりにのめり込んでいった。

粕谷が編集長を務めた『時代』創刊号（一九五二年九月十日）、第二号（五三年二月八日）、第三号（同年八月八日）のうち、ここでは第二号を取り上げよう。

『時代』は学生に原稿を依頼するやり方が主だったが、第二号は土曜会の佐々淳行らが「国際情勢の分析と理解のために」と題して講演会を開き、その講演録を雑誌にまとめたものである。講師は総じて反共的な顔ぶれであり、中には内閣調査室の「助っ人」だった外務省の曽野明や、内調が中国社会の体験録出版を援助した鳥居幸子が含まれていた。

「国際的神経衰弱時代」と題した曽野の講演は、米ソ戦争は武力面では簡単に起こらない、スターリン論文がそれを裏付けている、日本人には国際的神経衰弱の兆候がある、といった国際情勢の見方を示している。

ヨーロッパ各国を見て回った曽野の視点は、米ソ戦争を恐れる多くの日本人とはかけ離れていた。例えば曽野は、トルストイの『戦争と平和』を引いて、ロシア人の考え方は戦争か平和かではなく、戦争と平和の両面があると指摘する。米英仏がヨーロッパで一致して立ち上がらなければ戦争は起こらない、ソ連はそうなっては困るからアジアでやる、朝鮮動乱も米ソの政略的かけ引きと見れば大戦争にならなかった所以が分かる、といった具合である。そこには進歩的文化人を批判するのに戦前戦後の言説を比較するよう助言した、曽野の「役人離れした発想」が現れていた。

土曜会の面々が講師を選んだ経緯は不明だが、曽野や鳥居は当時の内調につながる人脈であり、佐々ら初期メンバーと志垣氏、曽野らの距離の近さがうかがえる。

鶴見俊輔と内調をつなぐ

もう一つ、粕谷について特筆すべきは鶴見俊輔と内調の関係を取り持ったことである。鶴見はリベラルな立場で幅広い批評活動を展開し、戦後の思想・文化界に大きな影響力を持った評論家、哲学者である。戦後の進歩的文化人を代表する存在でもあった。

鶴見が初出する「志垣日記」一九五六（昭和三十一）年六月十四日（木）の項には、粕谷から紹介された鶴見に、（パージの）訴願資料を見せてほしいといわれたこと、そこで発表の条件をさまざまに付け、後日を期して別れたことが記されている。

当時、鶴見は東京工業大学助教授、粕谷は月刊誌『中央公論』編集部に在籍していた。志垣氏の手になる『学者先生戦前戦後言質集』が出版されたのは、五四（昭和二十九）年のことである。三十そこそこで若かった鶴見が対象になることはなかったとはいえ、内調と鶴見とはやはり意外な取り合わせといえよう。

次に鶴見が日記に登場するのは、やや間が空いて六〇（昭和三十五）年十月十二日（水）であった。

「十一時頃、横山貞子女史来訪。鶴見俊輔の手助けとしてパージの資料を見たいと。マイクロになっていること、出すのにいろいろ順序があることなど話」。横山貞子とは、後の鶴見夫人である。同十八日（火）の項をみると、資料の提供に向け調整が進んだことが分かる。

「三時過ぎ、横山嬢来り。資料の話。鶴見俊輔氏も後から来る。下野〔信恭〕氏〔内閣調査官〕も呼んで四人で『転向』のこと、鶴見氏の最近の活動のことなど聞く。資料は出してやることに概ね努力」

内調には当時、パージの資料が保管されていた。米軍がほとんどの写真撮影を終えており、内調の資料はもはや不要だった。志垣氏も上司の下野も、鶴見の役に立つなら渡した方がよいという考えに傾いたという。

同二十四日（月）の項には、「横山嬢来り。『転向』の話。赤尾敏、藤山愛一郎などもっていく」という記述が残る。

蛇足ながら、六〇（昭和三十五）年十二月十五日（木）に志垣氏は鶴見と横山の結婚祝賀会に招かれた。式では永井道雄が司会を務め、久野収、丸山真男、高木八尺、高橋甫《はじめ》、加藤秀俊、無着成恭ら、『世界』、『中央公論』関係の文化人が多数出席した。志垣にはなじみの薄い顔ぶれだったようで、粕谷と話して早々に辞去したことも書かれている。

その後、鶴見夫人が訪れたのは六二（昭和三十七）年六月一日（金）であった。「十一時半頃、鶴見俊輔夫人来訪。下野氏と会う。『転向』下巻を一冊ずつくれた。パージの資料使ったというので。『声なき声の会』の話などして去る」と同日の日記にある。内調の資料がどう用いられたかは不明だが、『共同研究　転向　下』に何らかの形で反映したとみられる。

内調と何らかの関係を持った知識人は少なくないが、それを公にした者はほとんどいない。鶴見俊輔は、その唯一といっていい例外である（註）。

鶴見は、吉田満『戦艦大和ノ最期』の解説で吉田の死に際して「私たちの世代の最良の人をうしなった」と綴り、粕谷は、二十一年間の中断を経て『鎮魂　吉田満とその時代』を書き終わり、「自分のアイデンティティを確認できた」と振り返った。

志垣氏と鶴見、粕谷は、世間的な立場こそ違っていたが、その精神には響き合うものがあったというべきだろう。内調は進歩的文化人を目の敵にしたが、志垣氏自身は人間的な幅を持ち合わせていたといえよう。

（註）鶴見と若泉敬はともに内調と重要な関わりを持った学者だが、二人の立ち位置は全く異なり、面識もなかったとみられる。それでも鶴見は若泉のＮＨＫ番組に接して、自筆の手控えノート『「もうろく帖」後篇』（編集グループＳＵＲＥ、二〇一七年）の二〇一一年六月二十五日の項に「核持ち込みを嘘で隠した当事者として、自殺。／この日は私の八九歳の誕生日なり。若泉のような役をつとめなかったことをありがたく思う。若泉に良心あり。悼む。」と書き残した。

志垣氏はなぜ記録を公表したのか

以上述べてきたように、志垣氏は情報機関である内閣調査室の元幹部という枠ではとらえきれない人物である。志垣氏がこの回想録を執筆したのは、編者が日本の核政策を研究するため志垣氏のもとに通うようになってしばらく経った頃だった。

回想録の基になった日記には、内調の日々の業務とともに、切れ味鋭い寸評が添えられている。率直な描写からは組織に生きる者の悲哀まで伝わり、語られることのなかった戦後日本を辿る第一級の資料といえる。

それにしても、なぜ志垣氏は内調の仕事を書く気になったのだろうか。編者なりの答えは、まず内調の仕事に対する自負心である。占領期を経て独立し、豊かになっていく日本を見て、自分の仕事は正しかったという確信を持ったのだろう。もう一つは、内調の組織原理にとらわれない志垣氏の価値観である。戦後日本の歩みを自分の頭で理解し、価値づけてもらいたいと思ったのではないか。

今後、情報機関の記録がこれほど詳細に明かされることはあるまい。平成が終わり、令和という新しい時代が幕を開けて、志垣氏が活躍した昭和は遠くなりつつある。だが昭和が今日の原型を作ったことは疑いないだろう。地続きであるその時代を、志垣氏の回想録によって再考する意味は大きい。

編者による後書き

岸俊光

本書は内閣調査室の草創期を知るメンバーが、実態を生き生きと綴った初めての証言録である。

編者（岸）は、佐藤栄作政権の時代に内調が知識人に委託した「核保有研究」を調べるうちに、元内調主幹（国内、国際各部門の長の呼称）の志垣民郎氏から内調が手がけた数々の業務について聞く機会を得た。それは国民の目には届くことのないインテリジェンス機関の詳細な活動記録であり、戦後日本の裏面史ともいうべきものであった。

内調は一九八六年に内閣情報調査室に名称変更され、その室長は二〇〇一年から内閣情報官に格上げされた。

二〇一一年から内閣情報官を務める北村滋氏は、二〇一八年版の内閣情報調査室採用案内の冒頭で内閣情報官の職務を「内閣の重要政策に関する情報の収集調査に関する事務」を掌理することと説明している。さらに、政府の最高意思決定権者である内閣総理大臣をはじめとする官邸首脳及び政策部門に対し、その道のプロたちが収集・分析したインテリジェンスを適時に報告するとともに、そのために必要となるインテリジェンス機能の強化を推進し、内閣を直接支える任務を担っている、と語っている。

内閣官房組織令第四条は、内調が担当し、内閣情報官が掌理する主な事務を「内閣の重要政策に関する情報の収集及び分析その他の調査に関する事務」と定める。職員は「内閣が適時適切に政策を立案、遂行するために必要な情報」を収集、分析し、内閣を「情報」面から支えている、というのである。

ただ、これらの記述から内調の具体的業務を思い描くのは難しい。北村氏が厳しさを増す日本の安全保障環境の事例として、北朝鮮の核・ミサイル、中国公船の領海侵入、国際テロ、サイバー空間における情報窃取活動を挙げていることから、安全保障上の情報活動などが想像されるにすぎない。

ここに安倍晋三首相の政官人脈の一端を示す興味深い数字がある。

第二次安倍内閣が発足した二〇一二年十二月二十六日から二〇一七年一月二十七日までの四年余の間に、新聞に掲載された首相の日々の動向を集計したところ、北村氏は首相との面会数が六百五十九回で、最も多かった。二位は、斎木昭隆元外務次官の五百十四回、三位は谷内《やち》正太郎国家安全保障局長の三百五十五回、四位は菅義偉官房長官の三百二十三回（『日本経済新聞』二〇一七年一月二十九日朝刊）。首相官邸の人の出入りを調べる総理番記者も旧官邸のように官邸内部の人物との面会まで把握することはできないが、この頻度の高さは安倍首相が内調のインテリジェンスを重視していることを物語る。

現実政治で重きを成すようになったことを反映してか、内調職員が重要な役どころで出演するドラマも作られている。

例えば、テレビ朝日系でシリーズ化されている刑事ドラマ「相棒」には、仲間由紀恵演じる警察庁のキャリア官僚、社美彌子が登場する。美彌子はかつて内閣情報調査室に出向した際、ロシアの元スパイと関係を持ったという設定になっている。

また小松左京が一九七三年に発表し、四百万部を超えるベストセラーとなった『日本沈没』にも内閣調査室が登場する。日本海溝の底で起きている異変に気づいた地球物理学の権威に、内閣調査室の男が秘密裏に研究調査費を出すという筋立てだった。

秘密のイメージが先行するのは、具体的な活動がほとんど公開されていないためであるし、注目度の高さは国民の危機管理に対する関心の表れとも言えるだろう。

ただ、危機管理の重要性が広く認識されるようになったのは近年のことである。

一九九五年一月十七日に発生した阪神・淡路大震災、その二カ月後の三月二十日に東京で起こったオウム真理教による地下鉄サリン事件をきっかけに、首相官邸機能の強化が議論されるようになった。一九九八年八月三十一日に北朝鮮の弾道ミサイル、テポドンが日本列島の上空を飛び越えた事件も拍車をかけた。

それ以降、内調の拡充を含む政府の情報機能の強化はトレンドになった。二〇〇一年一月に内閣情報官を設置、同年四月に内閣衛星情報センターを設置、二〇〇三年三月に日本初の情報収集衛星を打ち上げ、二〇〇八年四月に外国の情報機関から日本の重要情報や職員を保護するカウンターインテリジェンス・センターを設置、二〇一三年十二月に国家安全保障会議（日本版NSC）が発足、二〇一五年十二月に官邸直轄の情報収集部隊である国際テロ情報集約室を新設、といった具合である。

他方で、近年の情報収集機能強化の動きを懸念する声もある。

二〇一四年十二月、安全保障などに関する重要情報を「特定秘密」に指定して管理し、漏洩した者に厳罰を科す特定秘密保護法が施行された。法案審議においては「特定秘密の内容が曖昧で、政権の恣意的な判断の余地がある」、「取材・報道の自由との線引きも曖昧で、言論の自由や国民の知る権利にも抵触する恐れがある」と批判された。

また、内閣官房報償費（官房機密費）について最高裁が二〇一八年一月、「重要政策の関係者に非公式の協力依頼をするためなどに使われ、支出先の氏名などが明らかになると円滑、効果的な業務の遂行に支障が生じる」と開示判断の原則を示し、注目を集めた。

内調の活動費用も官房機密費に含まれる。「その経費の性格上、予算に計上されて以来一貫してこうした取扱いを原則としている」と具体的な使途は公表されず、実態はベールに包まれている。

必要性が一定程度認められるようになった政府の情報機能には、なお見過ごせない問題が残っている。一翼を担う内調も危険視され、批判を受けた時代があった。

日本占領の七年間は、日本国憲法、旧安保条約をはじめとする現代日本の基盤がつくられた大変革期であった。その半面、独立以前と以後は、前書きで松本清張の見方を紹介したように、画然と区別されるものばかりではないだろう。

安保・治安体制をみても、一九五〇年六月に朝鮮戦争が勃発すると、それを受けて一九五〇年八月に警察予備隊創設、一九五二年四月に内閣総理大臣官房調査室新設、同年七月に公安調査庁設置、一九五四年七月に自衛隊発足と、アメリカの意向に沿い、矢継ぎ早の強化策が図られた。アメリカ支配という点では、断絶よりも連続を感じさせる、独立前後の歴史のうねりである。

日本独立の直前に、親米反共の首相直属の情報機関として内閣総理大臣官房調査室が新設されてから六十有余年の時が流れた。情報機関に対する社会の受け止め方にも当時と今とではかなりの差があり、一つのイメージで語るのは適当ではないかもしれない。しかし、重みを増す情報機関の出発点を知ることは今こそ大事なことだろう。

松本清張は、内調をモデルにした小説『深層海流』を書き終わったあと、「『深層海流』の意図」と題する小文で、自らの作品の限界を次のように率直に述べている。

旧安保成立以来の日本を小説的に書こうとすれば、遺憾ながら「深層海流」に書いた程度がぎりぎりの線だと考える。それぞれに実名を登場させて具体的にはっきりさせるためには、もっと時日を経なければならぬ。私が「深層海流」の中に書いたことは、正確と思われる資料と調査によっているのだが、部分的には勿論フィクションになっている。旧安保時代の日本のかくされた姿が少しでも捉えられていたら私の目的は達する。

志垣氏の回想録は、清張や吉原公一郎氏が半世紀以上前に小説のかたちで迫ろうとした戦後の陰影を伝える初の内部証言だ。内調がかつて日本の共産化を防ぐことを最重視し、ＣＩＡとも長く緊密な連携をとってきたことが明らかになった。その事実と向き合い、今では見えにくくなった社会の影に目を向ける意味を改めて考えてみたい。

志垣民郎（しがき　みんろう）
1922（大正11）年、東京生まれ。旧制東京高等学校、東京帝国大学法学部卒。43年の学徒出陣に召集され、中国戦線に従軍。復員後、文部省などを経て、52年から内閣総理大臣官房調査室勤務。第5部、第3部、第1部主幹を歴任。78年に退官後は、社団法人国民出版協会会長、千代田管財株式会社（現ＡＬＳＯＫ保険サービス株式会社）社長・会長を務めた。

編者　岸　俊光（きし　としみつ）
1961年、愛媛県生まれ。全国紙記者。学芸部の論壇記者や論説委員を務める。ＮＰＯ法人インテリジェンス研究所特別研究員。日本の非核政策研究により早稲田大学で博士号（学術）を取得。近著に『核武装と知識人　内閣調査室でつくられた非核政策』（勁草書房）。

文春新書
1226

内閣調査室秘録《ないかくちょうさしつひろく》　戦後思想《せんごしそう》を動《うご》かした男《おとこ》

2019年7月19日　第1刷発行

著　者　志垣民郎
編　者　岸　俊光
発行者　飯窪成幸
発行所　株式会社　文藝春秋
〒102-8008　東京都千代田区紀尾井町3-23
電話（03）3265-1211（代表）

印刷所　大日本印刷
製本所　加藤製本

定価はカバーに表示してあります。
万一、落丁・乱丁の場合は小社製作部宛お送り下さい。
送料小社負担でお取替え致します。

ISBN978-4-16-661226-0